延安大学博士科研项目（YDBK2020-08）资助

制造企业资源整合、商业模式创新与服务化绩效

梁永康 著

中国社会科学出版社

图书在版编目（CIP）数据

制造企业资源整合、商业模式创新与服务化绩效/梁永康著.—北京：中国社会科学出版社，2022.3
ISBN 978-7-5203-9844-2

Ⅰ.①制… Ⅱ.①梁… Ⅲ.①制造工业—工业企业管理—资源管理—研究—中国②制造工业—工业企业管理—商业模式—研究—中国③制造工业—企业绩效—研究—中国 Ⅳ.①F426.4

中国版本图书馆 CIP 数据核字（2022）第 038354 号

出 版 人	赵剑英
责任编辑	车文娇
责任校对	周晓东
责任印制	王 超
出 版	中国社会科学出版社
社 址	北京鼓楼西大街甲 158 号
邮 编	100720
网 址	http://www.csspw.cn
发 行 部	010-84083685
门 市 部	010-84029450
经 销	新华书店及其他书店
印 刷	北京明恒达印务有限公司
装 订	廊坊市广阳区广增装订厂
版 次	2022 年 3 月第 1 版
印 次	2022 年 3 月第 1 次印刷
开 本	710×1000 1/16
印 张	13
插 页	2
字 数	213 千字
定 价	69.00 元

凡购买中国社会科学出版社图书，如有质量问题请与本社营销中心联系调换
电话：010-84083683
版权所有 侵权必究

前　言

制造业服务化是实现我国制造业高质量发展的重要路径之一。许多制造企业通过增加服务要素在投入和产出中的比重，从单纯的产品制造商转变为综合服务提供商，借助服务化获得了新的竞争优势。虽然理论上服务化能够给制造企业带来稳定的收入和利润，但对传统制造企业而言，服务化转型还相对比较陌生，服务化对企业的贡献还不完全清楚。已经实施服务化的制造企业，存在服务化绩效水平不高，甚至面临陷入"服务化悖论"的风险。因此，如何提升制造企业服务化绩效成为需要解答的重要理论和现实问题，学者也逐渐将服务化的研究焦点放在服务化绩效的前置影响因素上。企业是资源的集合体，其拥有或控制的资源影响着企业的竞争优势和收益水平。制造企业在服务化过程中，需要整合来自企业内外部的各类资源以适应服务化要求，同时需要借助商业模式创新，来实现向服务提供商的转变。实践中能够取得较好服务化绩效的制造企业都是善于资源整合、采取服务化商业模式创新的企业。然而，当前学术界关于这一方面的理论研究还远远落后于实践，对资源整合、商业模式创新对服务化绩效的影响关系及其作用机理缺乏深刻认识。

基于此，本书遵循"资源整合—商业模式创新—服务化绩效"的分析思路，综合运用资源基础理论、商业模式理论、企业能力理论、服务创新理论等相关理论，采用扎根理论、多案例研究、实证分析等定性与定量相结合的多元研究方法，以制造企业服务化作为研究情境，重点研究了"资源整合、商业模式创新对服务化绩效的影响关系及其作用机理"这一核心问题，所做的主要工作和创新点如下。

（1）突破以往从资源整合过程和资源整合方式对资源整合进行解析的研究视角，提出资源整合柔性的概念，并从资源整合延展性和可塑性两个维度进行考量。制造企业在服务化过程中需要整合来自企业自身、合作伙伴以及客户的技术类资源、运营类资源和市场类资源。资源整合柔性体现制造企业在面对外部环境不确定时，为了适应服务化要求不断进行资源整合的动态能力。其中，资源整合延展性体现企业识别可供整合资源的有效范围、获取有效资源的能力，反映资源整合的范围、层次以及被整合资源的可选择性；资源整合可塑性体现企业配用整合资源以使资源发挥最大价值的能力，反映资源整合的强度、效率以及被整合资源的可适用性。本书不仅丰富了资源整合领域的理论研究，而且为制造企业的服务化资源整合实践提供理论指导。

（2）突破以往从主题设计和构成要素对商业模式创新进行解析的研究视角，从功能型和情感型价值主张的视角出发，提出产品导向和客户导向两种服务化商业模式创新方式，并从价值创造、价值获取、适用条件、表现形态等方面对其进行了理论区分。通过探索性案例研究发现，在服务化过程中制造企业常常根据发展阶段和自身特征选择不同的服务化商业模式创新方式：当处于转型初级阶段，企业资源整合柔性相对较弱时，一般采用产品导向服务化商业模式创新方式来促进服务化绩效提升；当处于转型高级阶段，企业资源整合柔性相对较强时，一般采用客户导向服务化商业模式创新方式来获取更高的服务化绩效。本书从理论上对服务化商业模式创新方式进行了区分，为企业在实践中选择不同创新策略提供理论支持。

（3）系统性识别了制造企业服务化绩效的构成维度，开发出具有较好信度和效度的测量量表。在以往研究成果基础上，结合典型企业案例，先采用扎根理论方法构建出服务化绩效指标全集，然后采用数理统计方法，通过指标重要性分析、相关性分析以及信效度检验"三层筛选"，最终识别出服务化绩效的4个构成维度，即产品绩效、财务绩效、客户绩效和市场绩效，并在实证研究中开发出包含13个测量题项的服务化绩效测量量表，检验结果显示量表具有较好的信度和效度。本书结论可帮助制造企业厘清服务化对企业带来的贡献，为后续广泛开展服务化绩效相关的实证研究提供了理论基础。

（4）构建并验证了服务化情境下"资源整合→商业模式创新→服务化绩效"的理论模型。在相关理论和已有研究成果的基础上，对资源整合、商业模式创新对服务化绩效的影响机理及其作用关系进行逻辑推理，并提出研究假设，采用规范的实证研究方法对假设进行验证，结果发现：资源整合延展性和可塑性对服务化绩效影响存在差异，可塑性的影响作用更显著；产品导向服务化商业模式创新和客户导向服务化商业模式创新对服务化绩效影响存在差异，客户导向型的影响作用更显著；资源整合延展性和可塑性对服务化商业模式创新均有显著正向影响，相比之下可塑性的影响作用更大；两种类型的服务化商业模式创新方式均在资源整合与服务化绩效之间起到部分中介作用。本书对服务化绩效影响因素方面的实证研究进行了有力补充，验证了资源整合影响商业模式创新进而影响服务化绩效的作用路径，为揭开资源整合作用机制"黑箱"提供了新的视角。

目　　录

第一章　导论 1

　　第一节　研究背景与问题 1
　　第二节　研究目的与意义 9
　　第三节　研究思路与方法 11

第二章　文献综述 15

　　第一节　服务化及其绩效相关研究 15
　　第二节　资源整合相关研究 24
　　第三节　商业模式创新相关研究 30
　　第四节　研究述评 42
　　第五节　本章小结 44

第三章　基础理论分析 45

　　第一节　制造企业服务化资源整合分析 45
　　第二节　制造企业服务化商业模式创新分析 56
　　第三节　制造企业服务化绩效维度分析 69
　　第四节　本章小结 79

第四章　探索性案例研究 80

　　第一节　研究设计 80
　　第二节　案例分析 83
　　第三节　案例间讨论与初始命题提出 96
　　第四节　本章小结 101

第五章　影响机理与概念模型 …… 102
- 第一节　资源整合对服务化绩效的影响 …… 102
- 第二节　商业模式创新对服务化绩效的影响 …… 107
- 第三节　资源整合对商业模式创新的影响 …… 111
- 第四节　商业模式创新的中介作用 …… 114
- 第五节　概念模型 …… 116
- 第六节　本章小结 …… 118

第六章　实证研究设计 …… 120
- 第一节　问卷设计 …… 120
- 第二节　变量测量 …… 122
- 第三节　小样本预调研分析 …… 128
- 第四节　大样本正式调研分析 …… 138
- 第五节　本章小结 …… 151

第七章　实证检验分析 …… 153
- 第一节　假设检验 …… 153
- 第二节　结果讨论 …… 160
- 第三节　本章小结 …… 166

第八章　结论与展望 …… 167
- 第一节　研究结论与管理启示 …… 167
- 第二节　研究创新点 …… 172
- 第三节　研究不足与未来展望 …… 174

附　录 …… 176

参考文献 …… 184

后　记 …… 202

第一章 导论

第一节 研究背景与问题

一 现实背景

（一）制造企业服务化趋势明显

在新一代信息技术和产业革命背景下，制造业和服务业融合发展的速度不断加快，制造企业的角色也随之发生改变，由传统的产品制造商向综合服务提供商转变。新的服务主导逻辑正在取代传统的商品主导逻辑，指导制造企业的发展战略和行动[1]。卡特彼勒（Caterpillar）、通用电气（GE）、富士施乐（Fuji Xerox）等公司已经实现了从传统制造商向服务提供商的转变，服务为公司带来新的竞争优势，成为价值增值的主要来源。根据德勤（Deloitte）公司的调研报告 Global Service and Parts Management Benchmark Study，在受访的 80 家全球领先制造企业中，服务业务在全部销售中所占份额的平均值为 26%，各行业领域最高的 10% 企业的这一比例均超过 50%，服务净利润贡献率平均值为 46%[2]。制造企业实施服务化战略或进行服务化转型已成为全球趋势。当前，我国制造业正处在转型升级、提质增效、迈向高质量发展的关键时期。2015 年 5 月国务院印发的《中国制造 2025》，成为我国实施制造强国战略的第一个十年行动纲领，明确要求"积极发展服务型制造和生产性服务业"，"引导和支持制造业企业延伸服务链条，从主要提供产品

---

[1] 刘林青、雷昊、谭力文：《从商品主导逻辑到服务主导逻辑——以苹果公司为例》，《中国工业经济》2010 年第 9 期。

[2] 董伟龙、屈倩如：《装备制造业服务化转型与创新》，《中国工业评论》2015 年第 Z1 期。

制造向提供产品和服务转变"。2016年7月工业和信息化部联合国家发展和改革委员会、中国工程院制定并印发《发展服务型制造专项行动指南》，进一步明确我国服务型制造发展方向与重点行动任务。2017年9月工业和信息化部办公厅公布《2017年服务型制造示范企业（项目、平台）名单》，全国30家企业、60个项目、30个平台入选；2018年10月公布第二批服务型制造示范名单，全国33家企业、50个项目、31个平台、6个城市入选。此外，浙江、福建、河南、江苏、四川等省份也相继公布了本省服务型制造示范名单。随着国家政策引导和示范企业带动，越来越多装备制造、电子信息、消费品等制造领域的企业开始"二次创业"，实施服务化转型。

（二）资源整合成为制造企业服务化转型的关键能力

企业是资源的集合体，它所拥有或控制的资源影响其竞争优势和收益水平[1]。市场竞争的加剧，迫使企业不断重构其资源基础，使企业意识到只有将资源整合并利用起来，才能真正为企业带来价值。对制造企业而言，资源整合能力成为驱动制造企业实现服务化转型的核心能力之一[2]。围绕服务业务的顺利开展，制造企业一方面需要将内部研发设计、生产制造、销售服务等各价值链环节进行流程再造，以充分挖掘现有资源的服务价值；另一方面需要将外部供应链、金融、市场、技术等方面的资源进行优化配置，以保障服务价值的实现。实践中通过服务化战略获得竞争优势的企业，都是善于进行资源整合的企业。沈阳机床集团致力于由传统机床制造商向工业服务商转型，依托企业核心产品（i5系列智能机床、ASCA高端机床）与自主核心技术为客户提供"机床解决方案、机床融资租赁、集成解决方案"等增值服务，凭借"基于i5智能机床全生命周期管理的产融深度融合项目"入选2017年工信部首批服务型制造示范项目名单。公司整合同济大学、沈阳计算所等技术创新资源，不断完善i5智能控制系统，开发新一代i5智能机床；整合银行、产业基金等金融资源，推行"按时间、按零件、按价值"收费的U2U全新商业模式。通过培育公司资源整合能力，沈阳机床形成了"德国设计、上海

---

[1] Wernerfelt, B., "A Resource-Based View of the Firm", *Strategic Management Journal*, Vol. 5, No. 2, 1984.

[2] 杨水利、梁永康：《制造企业服务化转型影响因素扎根研究》，《科技进步与对策》2016年第8期。

研发、沈阳制造、全球销售"的格局,为服务化转型提供了有力支撑。

(三) 制造企业新的服务化商业模式不断涌现

管理学大师彼得·德鲁克认为,当今企业之间的竞争就是商业模式之间的竞争。根据IBM全球企业咨询服务部(GBS)《2006年全球CEO调查》,竞争的压力使CEO将商业模式创新放在了远远高于原来所预期的优先等级上,与产品创新、市场创新和运营创新的位置同样突出。在服务化背景下,许多制造企业通过商业模式创新获得竞争优势。苹果公司曾经一度濒临破产,凭借"硬件+软件+服务"的全新商业模式不仅使企业起死回生,更成为"全球最值钱的公司",2017年净利润达到484亿美元,增长约6%,利润规模连续3年居全球首位[①]。航空发动机制造商罗尔斯—罗伊斯(Rolls-Royce)公司采用"租用服务时间"的全新商业模式,为客户提供"发动机维护保养、发动机租赁和发动机数据分析"等服务,2017年公司针对飞机租赁商客户创新推出涵盖"客户支持、交接服务、资产管理"在内的LessorCare发动机服务。富士施乐公司在办公设备领域不断进行服务化商业模式创新,依托强大的技术研发能力和高质量系列产品,不断为客户推出涵盖"文档管理、文档流程管理、成本和输出管理"的整体解决方案服务,涵盖"1∶1直复营销、色彩管理、可变数据印刷"的生产型打印系统解决方案服务,以及全包服务(客户只需按打印和复印量支付费用)和轻松保远程服务(通过物联网监控、维护设备并及时补充耗材),2018年4月公司更是提出基于"智能工作创新"战略的全新服务化商业模式(为客户提供高精准数据录入服务、工程图纸信息提取服务、专业知识系统化服务、云安全服务、行为分析优化服务)。制造企业通过服务化商业模式创新在激烈的市场竞争中赢得机会与优势。

(四) 我国制造企业整体的服务化绩效获取能力还相对较弱

当前,我国制造业面临转型升级的难题,服务化成为很多企业实现转型升级的路径选择。然而,与国外制造企业相比,我国制造企业服务化转型起步较晚,经验有限,在服务化绩效方面表现明显不足。德勤公司在2014年对中国198家装备制造企业的服务创新调查中发现,虽然中国装备制造企业已经开展了形式多样的服务业务,但整体上服务化水

---

① https://finance.qq.com/a/20180422/006499.htm.

平较低，服务为企业带来的经济效益不明显，78%的受访企业的服务收入占总收入的比重不足10%，81%的受访企业的服务净利润的贡献率不到10%，这两项指标与国外的26%和46%差距较大。近年来，随着国家政策的引导以及示范企业的带动作用，越来越多的制造企业开始意识到服务化对企业经营的重要作用。然而，大部分制造企业仍然对服务化转型比较犹豫，根本原因在于"不确定服务化真正可以给企业带来哪些好处"，"不懂得如何进行服务化转型"。一些企业开始尝试服务化转型，但却将服务化单纯理解为"给客户提供简单的产品售后服务"，服务提供没有给企业带来利益反而增加了企业的服务成本，使企业陷入"服务化悖论"的困境。

由以上可知，制造企业实施服务化或进行服务化转型升级已经成为制造业高质量发展的重要路径。实践中许多制造企业通过整合企业内外部资源、借助商业模式创新实现了服务化转型并获得巨大成功。尽管企业已经意识到了资源整合和商业模式创新对服务化的重要性，但是面对陌生的服务领域，大多数制造企业并不清楚在服务化过程中企业应该整合哪些资源，怎样进行服务化商业模式创新，如何提高企业服务化绩效以避免贸然实施服务化导致企业陷入"新的困境"。这些问题都是制造企业服务化过程中亟待解决的重要现实问题。因此，本书将围绕制造企业服务化过程中资源整合、商业模式创新对服务化绩效的影响问题，探讨制造企业服务化过程中资源整合的内容、服务化商业模式创新的方式，以及对服务化绩效的影响及其作用机理，为我国制造企业的服务化实践提供理论指导。

二 理论背景

（一）制造企业服务化绩效前置影响因素的实证研究较少

学者 Vandermerwe 和 Rada 关注到一些制造企业通过服务来增加其核心产品的价值，于1988年首次提出服务化（Servitization）这个术语来描述此现象，他们评估了企业推行服务化的动机，指出服务为企业所带来的累积效应正改变着竞争态势，高层管理人员应该将服务融入公司整体战略[①]。此后，越来越多的学者开始关注制造业服务化议题，从最

---

① Vandermerwe, S., Rada, J., "Servitization of Business: Adding Value by Adding Services", *European Management Journal*, Vol. 6, No. 4, 1988.

初的服务化内涵与特征、服务化类型与模式、服务化实现路径、服务化价值创造机理等定性研究，逐步深入到服务化影响因素、服务化与企业绩效关系等定量研究。

虽然服务化对制造企业的作用已经引起学者的重视，但对于服务化能够给企业带来哪些贡献、服务化绩效如何衡量等问题还未见系统研究，对服务化绩效的概念和内涵仍然存在分歧。学者根据自己的研究需要，提出"服务绩效""服务创新绩效""服务转型效果"等相似概念。与发达国家制造企业实施服务化效果不同，我国大部分制造企业服务化还处在初级阶段，服务化给企业带来的"好处"更多表现为"对企业产品质量的弥补"，许多企业还未将服务作为企业新利润的来源，主要原因在于我国制造企业的服务化程度以及服务的资本、知识和技术强度还比较低[1]。学者也尝试从企业特质或组织要素角度来解释造成服务化绩效差异的原因。Kohtamäki 等（2013）提出组织能力的作用[2]；Parida 等（2014）认为组织结构调整对服务化效果具有积极影响[3]；胡查平等（2014）认为组织战略一致性和社会技术能力能调节服务化绩效[4]；肖挺（2016）提出服务介入时机以及高管团队特质对其产生的影响[5]；Fliess 和 Lexutt（2019）通过文献梳理提出"服务化房子"（Servitization House）的整体框架，阐释了公司、客户和环境相关因素对服务化成功的影响[6]。

不难发现，制造业服务化领域的研究已经成为学术界的热点，随着服务化研究的不断深入，如何提升制造企业服务化绩效逐渐成为学者新的关注点，但目前学术界对服务化绩效的概念和测量维度的认识还比较

---

[1] 陈洁雄：《制造业服务化与经营绩效的实证研究——基于中美上市公司的比较》，《商业经济与管理》2010 年第 4 期。

[2] Kohtamäki, M., Partanen, J., Parida, V., et al., "Non-Linear Relationship between Industrial Service Offering and Sales Growth: The Moderating Role of Network Capabilities", *Industrial Marketing Management*, Vol. 42, No. 8, 2013.

[3] Parida, V., Sjödin, D. R., Wincent, J., et al., "A Survey Study of the Transitioning towards High-Value Industrial Product-Services", *Procedia Cirp*, Vol. 16, 2014.

[4] 胡查平、汪涛、王辉：《制造业企业服务化绩效——战略一致性和社会技术能力的调节效应研究》，《科学学研究》2014 年第 1 期。

[5] 肖挺：《高管团队特征、制造企业服务创新与绩效》，《科研管理》2016 年第 11 期。

[6] Fliess, S., Lexutt, E., "How to be Successful with Servitization—Guidelines for Research and Management", *Industrial Marketing Management*, Vol. 78, 2019.

模糊，研究更多停留在质性分析层面，缺乏关于服务化绩效的量化实证研究，部分学者也尝试从单个财务指标或少量多维指标来衡量服务化绩效，但关于如何测量服务化绩效的系统研究仍然缺乏。因此，亟须对制造企业服务化绩效进行系统解构，开展有关服务化绩效前置影响因素方面的实证研究。

（二）资源整合对制造企业服务化绩效的影响机理尚无清晰的理论解释

资源基础理论认为企业拥有的独特资源是获取竞争优势的来源。Barney（1991）将企业资源定义为能被企业控制和利用并为企业创造财富的各种物质要素[1]。Amit 和 Schoemaker（1993）认为企业资源是组织拥有或可控制的有用因素[2]。企业资源类型多样，无论是将其笼统划分为有形资源和无形资源、传统资源和新资源、隐性资源和显性资源等，抑或是详细划分为技术资源、资本资源、人力资源、市场资源等，只有将不同资源加以整合利用，重构企业资源基础，才能真正为企业带来价值。资源整合就是企业针对不同资源，通过选择、汲取、配置、激活等活动，形成新的核心资源体系的过程[3]。经过资源整合，企业能够提升其各种动态性能力，继而提高经营绩效[4]。学术界大多数学者认为资源整合对企业绩效具有积极影响。对实施服务化的制造企业而言，资源整合同样对服务化绩效起到重要作用。制造企业需要围绕服务化，识别和筛选所拥有的资源，以制造为基础，以服务为导向，重构企业的价值链活动。已有研究发现与服务相关的资源和能力是制造企业服务化转型成功的关键[5]，资源整合能力可以有效提升制造企业服务化转型的效果[6]。

---

[1] Barney, J. B., "Firm Resource and Sustained Competitive Advantage", *Journal of Management*, Vol. 17, No. 1, 1991.

[2] Amit, R., Schoemaker, P. J. H., "Strategic Assets and Organizational Rent", *Strategic Management Journal*, Vol. 14, No. 1, 1993.

[3] 董保宝、葛宝山、王侃：《资源整合过程、动态能力与竞争优势：机理与路径》，《管理世界》2011 年第 3 期。

[4] Wu, L. Y., "Entrepreneurial Resources, Dynamic Capabilities and Start-up Performance of Taiwan's High-Tech Firms", *Journal of Business Research*, Vol. 60, No. 5, 2007.

[5] Fliess, S., Lexutt, E., "How to be Successful with Servitization—Guidelines for Research and Management", *Industrial Marketing Management*, Vol. 78, 2019.

[6] 杨水利、梁永康：《制造企业服务化转型影响因素扎根研究》，《科技进步与对策》2016 年第 8 期。

尽管学者已经发现资源整合对服务化转型（或服务化绩效）具有重要影响，但关于资源整合对服务化绩效的影响机理研究还比较匮乏。当前学者关注的资源整合的结果变量主要集中在企业绩效、企业能力和企业竞争力等方面，研究对象也多以新创企业或创新型企业为主[1]。因此，亟须将资源整合这个前置变量引入制造企业服务化研究情境，深入剖析资源整合对服务化绩效的影响关系及作用机理，无论是对制造企业服务化实践，还是对丰富资源整合理论和服务化理论研究，均有重要意义。

（三）商业模式创新在资源整合与服务化绩效之间的作用机制尚不明确

商业模式可以简单地理解为企业赚钱的方式，也可以认为是企业创造价值的基本逻辑，也有学者把商业模式看作企业各种价值活动所构成的体系或集合。对于商业模式的基本构成要素也有不同的理解，但大致可以归纳在价值主张、价值创造和价值获取这三个层面。对制造企业来说，必须适当改革原有的商业模式来达到服务化转型的目的。在实践中许多制造企业都在进行商业模式的创新以适应服务化的要求。已有研究一致认为商业模式创新对服务化转型具有积极促进作用。商业模式创新理论为服务化绩效研究提供了新的解释逻辑，逐渐受到学者的关注。

然而，现有研究大多采用质性分析方法研究制造企业服务化过程中的商业模式创新问题，关于商业模式创新对服务化绩效的影响关系及作用机理的直接研究比较匮乏，更缺少量化实证研究。已有的类似研究则是关于商业模式创新与企业绩效之间的关系问题，对商业模式创新的解构主要集中在商业模式构成要素或商业模式主题设计等视角，取得了较为丰富的研究成果。少数学者注意到商业模式创新在资源整合与企业绩效之间的中介作用，并进行了实证研究[2]。可见，从资源整合和商业模式创新角度来研究服务化绩效问题并不缺少理论基础。但总体而言，目前还十分缺乏在制造企业服务化情境下，对资源整合、商业模式创新与

---

[1] 尹苗苗、王玲：《创业领域资源整合研究现状与未来探析》，《外国经济与管理》2015年第8期。

[2] 庞长伟、李垣、段光：《整合能力与企业绩效：商业模式创新的中介作用》，《管理科学》2015年第5期；易朝辉、周思思、任胜钢：《资源整合能力与科技型小微企业创业绩效研究》，《科学学研究》2018年第1期。

服务化绩效的系统研究，商业模式创新怎样影响制造企业服务化绩效，它在资源整合与服务化绩效之间是否存在中介作用等理论问题都亟须得到解答。

三 研究问题

结合制造企业当前服务化转型的现实背景和理论研究背景，可以发现，虽然理论上服务化能够给制造企业带来稳定的收入和利润，但对传统制造企业而言，服务化转型还相对比较陌生，服务化对企业的贡献还不完全清楚。即使是已经实施服务化的制造企业，也存在服务化绩效水平不高，甚至面临陷入"服务化悖论"的风险。因此，如何提升制造企业服务化绩效成为需要解答的重要理论和现实问题。随着服务化研究的深入，学者逐渐将研究视角聚焦在服务化绩效的前置影响因素上。企业是资源的集合体，企业拥有或控制的资源影响着企业的竞争优势和收益水平。制造企业在服务化过程中，需要整合来自企业内外部的各类资源以适应服务化要求。同时，需要借助商业模式创新，实现向服务提供商的转变。实践中能够取得较好服务化绩效的制造企业都是善于资源整合、采取服务化商业模式创新的企业。然而，当前学术界关于此方面的理论研究还远远落后于实践，对资源整合、商业模式创新与服务化绩效的影响关系及其作用机理缺乏深刻认识。

鉴于此，本书紧密结合我国制造企业服务化实践的现实情况，综合运用资源基础理论、商业模式理论、企业能力理论和服务创新理论等相关理论，重点围绕制造企业在服务化过程中"如何通过资源整合、商业模式创新来提升服务化绩效"这一关键问题展开研究，探讨制造企业服务化情境下资源整合、商业模式创新与服务化绩效之间的影响关系及其作用机理，主要研究问题包括以下四个方面。

一是服务化绩效方面。服务化可以为制造企业带来哪些好处？服务化绩效如何衡量？

二是资源整合方面。制造企业服务化过程中需要整合哪些关键资源？什么是资源整合柔性，如何衡量？资源整合对服务化绩效的影响机理是怎样的？

三是商业模式创新方面。制造企业进行服务化商业模式创新的方式有哪些？不同创新方式会对服务化绩效产生什么样的影响？资源整合如何影响商业模式创新？

四是中介效应方面。制造企业是否可以通过服务化商业模式创新来实现资源整合对服务化绩效的影响作用？

第二节 研究目的与意义

一 研究目的

制造企业服务化转型是实现制造业价值链提升和竞争力提升的重要途径。本书基于企业资源观视角，从制造企业进行服务化转型的实际情况出发，对制造企业在服务化过程中的资源整合、商业模式创新与服务化绩效之间的影响关系及其作用机理进行研究。在搜集典型企业案例和相关研究文献的基础上，梳理出现有研究观点，通过理论分析构建出三者之间的关系框架并提出研究假设。借助实证研究方法来验证假设，揭示资源整合、商业模式创新与服务化绩效之间的影响机理，对制造业服务化理论进行有益的拓展。本书的研究目的主要体现在：

一是明晰制造企业服务化绩效的概念，探索服务化绩效的构成维度。

二是厘清制造企业服务化情境下资源整合的内容，从资源整合柔性角度出发，探索资源整合的构成维度，揭示资源整合对服务化绩效的影响与作用机理。

三是明晰制造企业服务化情境下商业模式创新的概念，从价值主张视角出发，探索符合我国制造业发展实际的服务化商业模式创新方式，揭示不同商业模式创新方式对服务化绩效的影响，阐释资源整合对商业模式创新的作用路径。

四是揭示商业模式创新在资源整合与服务化绩效作用路径中所起的中介作用。

二 研究意义

（一）理论意义

自学者 Vandermerwe 和 Rada 于 1988 年首次提出制造企业的"服务化"概念以来，国内外学者围绕着制造业服务化问题进行了较为深入的研究。服务化成为制造企业提升经济效益、保持持续竞争力的重要途径。而对制造企业而言，企业自身资源是有限的，在以制造为基础、以服务为导向的服务化要求下，为了满足客户的多样化需求，越来越多的制造企业意识到重构企业资源基础，通过内外部资源整合来实现服务化、提升服务化绩效的重要性。资源整合对企业绩效具有重要影响。同时，提升服务化绩效离不开制造企业的商业模式创新。随着服务化领域研究的不断深入，商业模式创新与服务化之间的研究逐渐成为新的热点问题。成功实施服务化的制造企业都有一套与之相适应的商业模式。

通过现有研究文献梳理，可以发现，虽然在资源整合、商业模式创新及服务化领域的研究比较丰富，但都是以独立模块研究为主。资源整合的相关研究多是以新创企业或者创业领域为研究对象，很少涉及实施服务化的制造企业。实证方面也更多的是研究资源整合对企业绩效的影响，还未见有研究其对服务化绩效的影响。服务化领域的研究也多是一些质性分析，仅有少量实证研究。在研究主题上也大多集中在服务化概念、路径、模式、影响因素等方面，较少涉及服务化绩效问题。虽然也有学者注意到商业模式创新对服务化的影响，但对通过商业模式创新的中介作用，实现资源整合对服务化绩效的影响研究则相对匮乏。基于此，本书将资源整合、商业模式创新与服务化绩效纳入统一研究框架，对资源整合、商业模式创新与服务化绩效之间的影响关系及其作用机理进行深入分析，以期拓展资源基础理论和商业模式创新理论的研究领域，丰富制造企业服务化领域研究。其理论意义在于以下几方面。

第一，本书把资源整合、商业模式创新与制造企业服务化绩效纳入一个整体的理论框架，深入研究资源整合对服务化绩效的影响机理，以及商业模式创新在资源整合与服务化绩效之间的中介作用。以资源基础理论、商业模式理论、企业能力理论、服务创新理论为基础，研究服务化绩效的重要前置因素，探究适合我国制造企业服务化绩效提升的资源整合与商业模式创新的有效机制，既拓展了资源整合与商业模式创新的研究领域，也丰富了服务化理论内容。

第二，本书通过对典型企业服务化实施的具体情况进行深入分析，运用多案例分析和扎根理论研究等质性分析方法梳理出服务化绩效的衡量维度，在此基础上通过实证研究方法对提出的维度和题项进行信效度检验，开发出服务化绩效的测量量表，为服务化绩效方面的实证研究提供理论基础。

第三，本书从制造企业服务化发展过程中有关商业模式创新的具体实践出发，以商业模式的价值主张为切入点，将制造企业服务化过程中的商业模式创新划分为产品导向商业模式创新与客户导向商业模式创新两种方式，探究其与服务化绩效之间的影响关系，在一定程度上丰富了商业模式创新理论内容。

（二）实践意义

制造业服务化是我国制造业实现高质量发展的重要途径之一，在市场需求和政策推动下，国内一些企业在服务化方面开展了富有成效的探索。围绕着服务化，制造企业怎样进行内外部资源整合来对原有商业模式进行适当调整，以实现企业从产品提供者向综合服务供应商转变，进而提高企业服务化绩效是制造企业亟待解决的问题。因此，本书的研究具有以下三个方面的实践意义。

一是本书从制造企业服务化资源整合柔性视角出发，深入剖析资源整合对服务化绩效的影响，对"制造企业围绕提升服务化绩效、明确资源整合方向以及在不同阶段采取不同整合策略"提供决策依据。

二是本书深化了商业模式创新对于制造企业服务化绩效的影响路径，对"制造企业在服务化过程中采用不同顾客价值主张策略来进行商业模式创新，继而提升服务化绩效"提供实践指导。

三是本书通过对制造企业服务化过程中的资源整合柔性对商业模式创新作用机理的研究，探寻资源整合对商业模式创新的影响关系。对"制造企业在服务化商业模式创新时如何进行资源整合，进而选择企业适用的服务化商业模式来提升服务化绩效"有着重要的实践价值。

第三节　研究思路与方法

一　研究思路

（一）本书的基本思路

本书遵循"理论基础与实践基础相结合、定性分析与定量分析相结合"的原则，从制造企业服务化的现实背景和理论背景出发，提炼出问题。在对前人研究成果进行文献梳理的基础上，提出"资源整合→商业模式创新→服务化绩效"的基本研究构想。首先，明晰研究问题涉及的基本理论，结合实地调研以及对我国工业品制造企业、消费品制造企业的典型服务化案例的分析，推导出资源整合、商业模式创新与服务化绩效三个变量之间的初始假设命题。其次，结合已有研究观点，对变量之间的影响机理进行深入分析，提出相应的研究假设并构建资源整合、商业模式创新对服务化绩效影响的概念模型。最后，通过问卷调查搜集样本企业数据，利用实证研究分析方法对所提假设进行验证，得出研究结论。本书的基本研究思路框架如图1-1所示。

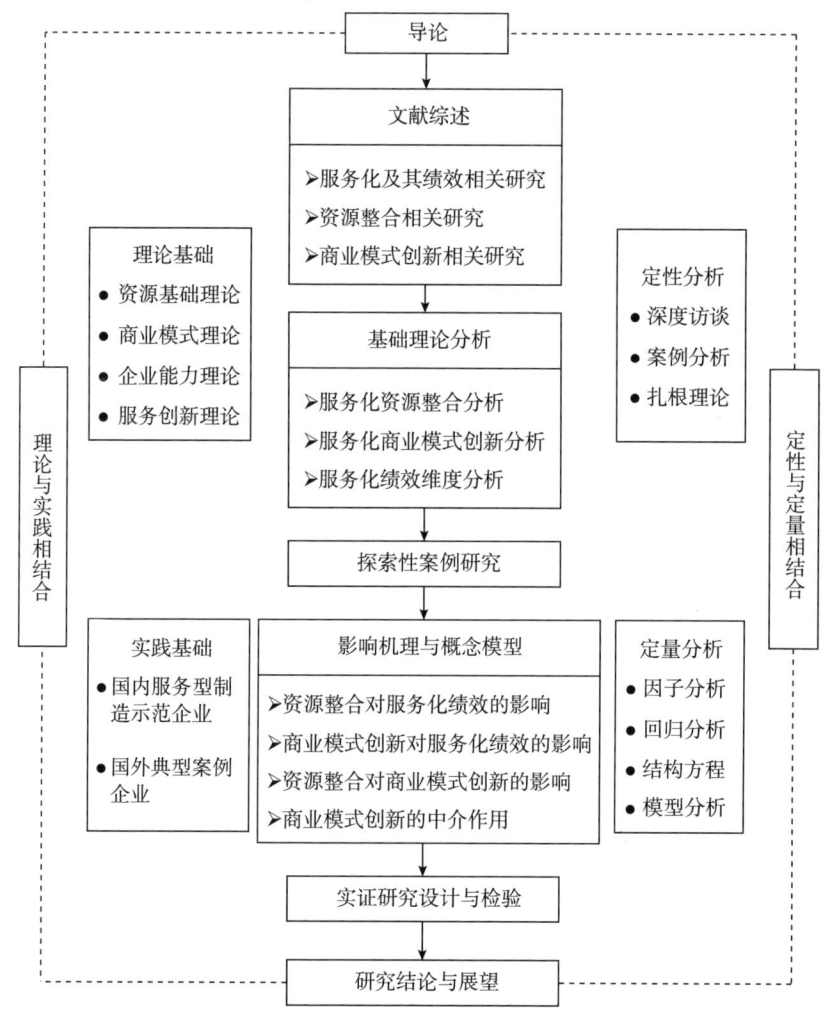

图1-1 本书的基本研究思路框架

(二) 本书内容

本书共由八章内容组成。

第一章为导论。首先,从制造企业服务化转型升级的现实背景和理论背景出发,提出研究聚焦的核心问题;其次,进一步阐明研究的主要目的、理论意义和实践意义;最后,确定研究的基本思路、主要内容和方法。

第二章为文献综述。围绕本书关注的主要研究问题,以制造企业服务化、服务化绩效、资源整合、商业模式创新等为关键词,对国内外相关研究进行系统梳理,厘清现有研究脉络与研究侧重点,指出现有研究的借鉴意义以及存在的问题和不足,阐明本书研究的切入点,为后续研究奠定理论基础。

第三章为基础理论分析。在对现有研究文献梳理的基础上,结合制造企业服务化研究情境,分别对制造企业服务化资源整合、商业模式创新与服务化绩效进行基础理论分析。首先,明确制造企业服务化过程中资源整合的内容,提出资源整合柔性的概念与测量维度;其次,对制造企业服务化商业模式进行分类,解析服务化商业模式创新的核心要素,提出服务化商业模式创新的两种不同方式并进行理论区分;最后,通过扎根理论质性分析和数理统计定量分析,界定出服务化绩效的测量维度。

第四章为探索性案例研究。通过专家访谈和实地调研,选取四家实施服务化的典型代表企业进行探索性案例研究,经过研究设计、案例分析与研究讨论,从实践角度探索制造企业在服务化过程中资源整合、商业模式创新与服务化绩效之间的影响关系及其作用机理,提出资源整合、商业模式创新与服务化绩效影响关系的初始假设命题。

第五章为影响机理与概念模型。根据已有文献的研究观点,结合制造企业服务化情境,通过系统的逻辑推理提出制造企业服务化过程中资源整合、商业模式创新、服务化绩效三个变量之间影响关系的研究假设,在此基础上构建出本书研究的概念模型。

第六章为实证研究设计。首先确定采用调查问卷的方式获取所需的数据,明确问卷设计的原则和程序;其次根据前人研究的成熟量表,结合探索性案例研究成果,设计出研究中被解释变量、解释变量、中介变量的测量量表,并对控制变量进行设置,形成初始问卷;再次通过小样本预调研测试问卷质量,根据测试结果对问卷进行修正和调整,形成正式问卷;最后进行大样本正式调研,获取实证研究所需数据,并对数据进行初步分析。

第七章为实证检验分析。以大样本正式调查所获取的企业数据作为数据来源，借助 SPSS、AMOS 等统计分析软件对数据进行相应处理，从实证角度检验第五章所提的相关研究假设，并对检验结果进行讨论，进一步明确资源整合、商业模式创新对服务化绩效的影响关系及作用机理。

第八章为结论与展望。对前面所做的研究工作进行系统总结，简要阐述研究所取得的主要结论，提炼出研究的创新点和主要理论贡献，并结合我国制造企业服务化转型的实际情况提出有针对性的管理建议，同时提出本书存在的局限性与未来进一步研究的方向。

二 研究方法

（一）文献检索法

运用文献检索法搜集整理国内外相关研究，在回顾和梳理国内外经典文献的基础上，参考制造企业进行服务化转型的成功经验，完成对理论模型的构建，并提出变量及各维度间的相关假设。

（二）专家访谈法

通过对本研究领域相关专家和学者进行深入访谈，了解专家与学者对于本研究领域的学术观点及建议，归纳和总结出访谈内容以便进一步夯实研究基础。

（三）案例分析法

采用跨案例研究、扎根理论研究等方法对实施服务化的典型制造企业进行深入系统分析，归纳总结出制造企业服务化过程中资源整合的范围和层次、商业模式创新的方式以及服务化绩效的具体表现形式，为研究中确定变量的测量维度以及题项开发提供实践方面的参考。

（四）问卷调查法

根据构建的理论模型及研究假设来设计调查问卷，在选取少量样本进行预调研的基础上，对问卷进行必要的修改和完善，最终形成正式问卷，通过大规模问卷调查，为实证研究做好准备。

（五）实证研究法

本书采用因子分析、回归分析和结构方程模型分析等实证研究方法，通过 SPSS 软件、AMOS 软件等对调研数据结果进行科学分析，以验证研究中所提出的相关假设，并对分析结果进行讨论，进而得出本书的研究结论。

第二章 文献综述

围绕本书的研究主题,本章主要对服务化及其绩效、资源整合和商业模式创新方面的国内外相关文献进行梳理,识别出现有研究存在的理论缺口,进一步明确本书的研究方向。

第一节 服务化及其绩效相关研究

一 制造企业服务化的概念

当前学术界关于制造企业服务化的概念尚未形成统一认识,学者多从市场营销、服务管理、运营管理等领域介入服务化问题研究,出现了对服务化现象描述的多种概念,如"服务化""服务增强型制造""制造业服务创新""产品服务系统""服务型制造""服务衍生"等(见表2-1)。

表 2-1　　　　服务化相关术语概述

术语	含义	代表性研究
服务化	制造商提供更全面的市场套餐或以顾客为中心的商品、服务、支持、自我服务和知识的组合包,以此来增加核心产品的价值	Vandermerwe 和 Rada(1998)
	制造商的角色由物品提供者向服务提供者转变	White(1999)
	制造企业从生产产品为中心向提供服务为中心转变	Reiskin(1999)
	服务化包括企业内部服务效率和与产品相关的外部服务两个层面	Szalavetz(2003)
	服务化是一种组织能力与过程的创新,通过卖产品向卖产品服务系统的转变来更好地创造价值	Baines 等(2009)

续表

术语	含义	代表性研究
服务增强型制造	制造企业运用增强服务来提高自身产品竞争力,将服务作为企业新价值来源	Burger 和 Lester（1997）
制造业服务创新	指围绕整个产品生命周期中服务内容的变化或与顾客互动关系的变化而进行的创新活动	Wise 和 Baumgartne（1999）
产品服务系统	客户可以不必拥有产品的所有权,只需从企业那里购买产品效用,制造企业从销售实物产品转变为销售解决方案	联合国环境规划署
服务型制造	为了实现制造价值链中各利益相关者的价值增值,通过产品和服务的融合、客户全程参与、企业相互提供生产性服务和服务性生产,实现分散化制造资源的整合和各自核心竞争力的高度协同,达到高效创新的一种全新制造模式	孙林岩等（2007）
服务衍生	制造企业以具有竞争优势的制造/服务能力、所积累的知识/经验为基础,在服务型制造整体理论框架的指导下,以实物产品为载体,在产前、产中和产后各个阶段赋之更多服务,以服务形式体现由实物产品衍生出的价值,实现产品主导逻辑向服务主导逻辑的转型	罗建强（2015）

资料来源：根据相关文献整理。

文献梳理发现，尽管学者对服务化现象的描述存在差异，但其各自提出的术语的内涵基本保持一致，无论是以服务为核心的"组合包"，还是从产品中心向服务中心的转变，抑或是服务作为制造企业新的价值来源等，均体现服务对制造企业的重要性，从这些不同定义中可以提炼出制造企业服务化所具有的四个特性。

第一，服务导向性。服务逻辑逐渐成为指导制造企业发展的战略和行动的核心，制造企业可以为客户提供基于产品的服务和基于需求的服务。

第二，价值创造性。制造企业服务化可以给企业和客户创造价值，服务提供既可以满足客户需求，也可以给企业带来新的利润来源。

第三，客户中心性。制造企业从以产品为中心转向以客户需求为中心，从向客户销售产品转变为与客户建立长期稳定关系。

第四，创新性。制造企业服务化涉及企业组织能力过程的创新，也涉及制造模式和业务模式的创新。在制造企业服务化过程中，产品创新和技术创新是服务创新的基础，服务创新已经成为制造企业一项重要的创新活动。

二 服务化绩效的概念

近年来，制造企业服务化绩效问题成为学者关注的焦点，通过文献梳理发现，目前学术界对制造企业服务化绩效尚未形成明确统一的概念界定。学者根据自身研究情境和研究需要提出"服务化绩效""服务创新绩效""服务绩效""服务转型绩效""服务化结果"等不同术语，如表2-2所示。

尽管学术界对绩效的定义尚未形成统一认识，但总体上强调的是绩效的结果性[①]。《现代汉语词典》（第7版）里"绩效"的基本解释为"成绩；成效"。从表2-2中可以发现，学者提出的不同术语的含义存在一定差异。其中，"服务创新绩效"强调企业对服务行为本身进行的创新，对制造企业而言，服务创新就是制造企业开发新服务或者改善原有服务的过程；"服务绩效"则强调制造企业向客户提供服务所产生的业绩；而"服务化绩效""服务转型绩效"和"服务化结果"强调的是制造企业实施服务化所产生的效果。

在管理学研究中，企业绩效通常用来反映企业的经营效果，被用作了解企业的具体运作结果是否符合企业的目标设定。对制造企业而言，服务化行为与企业其他行为一样，都是为了实现企业的经营目标。从微观层面看，服务化绩效是制造企业在服务化过程中产生的绩效，体现制造企业进行服务化转型或者实施服务化战略（此过程涉及服务创新活动和服务提供活动）的成效。因此，在现有文献基础上，本书借鉴Zhang和Banreji（2017）[②]、王雪原等（2017）[③]的研究观点，将服务化绩效界定为：服务化绩效是指制造企业实施服务化（以核心产品/核心

[①] 孙颖：《低信任下企业网络能力对服务创新绩效的影响研究》，博士学位论文，天津大学，2009年。

[②] Zhang, W., Banerji, S., "Challenges of Servitization: A Systematic Literature Review", *Industrial Marketing Management*, Vol. 65, 2017.

[③] 王雪原、刘成龙、王亚男：《基于扎根理论的制造企业服务化转型需求、行为与绩效结果》，《中国科技论坛》2017年第7期。

技术为基础，利用其在价值链上的优势向客户提供各种创新型服务）而取得的业绩，它用来衡量实施服务化对制造企业发展所带来的贡献（服务化为企业带来的益处），反映企业的服务化水平。

表2-2　　　　　　　　服务化绩效相关术语及其含义概述

术语	含义	代表性研究
服务化绩效	制造业服务化为公司带来的利益或好处	Zhang 和 Banreji（2017）
	服务化转型过程中服务提供对制造企业绩效产生的影响	胡查平等（2018）
	制造型企业服务化程度对组织绩效产生的影响	杨志波（2018）
	高新技术制造企业提供服务对企业绩效产生的影响	孙文清（2016）
服务创新绩效	企业通过服务创新活动促进新服务产生或对现有服务进行改进而取得的业绩，用来衡量企业服务创新的成效	Avlonitis 等（2001）；Alam（2002）；Jaw 等（2010）；Hsueh 等（2010）；李纲等（2017）；蒋楠等（2016）；赵益维（2015）；简兆权等（2014）；王家宝（2011）
服务绩效	制造企业销售产品和服务所带来的服务收入与客户满意	康遥等（2016）
服务转型绩效	制造企业实施服务化战略、进行服务转型所带来的企业绩效	张雅琪等（2017）
服务化结果	制造企业服务化转型为企业发展带来的贡献	王雪原等（2017）

资料来源：根据相关文献整理。

三　服务化绩效的测量

通过文献梳理发现，已有研究对服务化绩效的测度主要从单一财务指标、财务绩效与非财务绩效、过程绩效与结果绩效等方面进行衡量。胡查平等（2014）发现制造企业服务化绩效的获得很大程度上依赖于组织战略的一致性和社会技术能力的调节，实证研究中设计了产品销售量增加、市场份额提高、销售利润提高、投资回报提高四个财务指标来测量服务化绩效①。Deutscher 等（2014）认为可以用客户期望、服务重要性、服务响应速度等非财务指标来衡量服务化的绩效②。Guo 等（2015）提出从产品绩效、客户绩效、财务绩效三个维度测量制造企业的服务绩效③。Zhang 和 Banreji（2017）认为服务化效益表现在战略收益、财务收益、市场收益三个方面④。王雪原等（2017）通过扎根理论方法发现制造企业服务化绩效结果表现在创新、生态、市场、关系管理等方面⑤。Ambroise 等（2018）认为服务化的财务表现通常以增长、盈利能力和价值来衡量，尤其以客观盈利指标为重点⑥。

部分学者在研究时借鉴服务业企业服务创新绩效的衡量思路展开讨论。狭义的服务创新指发生在服务业的创新行为，而广义的服务创新指一切与服务相关或针对服务的创新行为⑦。在针对服务业企业的新服务开发绩效研究中，Cooper 和 Kleinschmidt（1987）提出三个衡量新服务开发成功的标准，即财务绩效、机会窗口、市场效应⑧。后来，Cooper 等（1994）在对金融服务创新评价时将衡量维度进一步调整为财务绩效、关系增强、市场发展三方面⑨。Fizgerald 等（1991）认为在对新产

---

① 胡查平、汪涛、王辉：《制造业企业服务化绩效——战略一致性和社会技术能力的调节效应研究》，《科学学研究》2014 年第 1 期。
② Deutscher, C., Eggert, A., Thiesbrummel, C., "Differential Effects of Product and Service Innovations on the Financial Performance of Industrial Firms", *Journal of Business Market Management*, Vol. 7, 2014.
③ Guo, A. F., Li, Y. K., Zuo, Z., et al., "Influence of Organizational Elements on Manufacturing Firms' Service-Enhancement: An Empirical Study Based on Chinese ICT industry", *Technology in Society*, Vol. 43, 2015.
④ Zhang, W., Banerji, S., "Challenges of Servitization: A Systematic Literature Review", *Industrial Marketing Management*, Vol. 65, 2017.
⑤ 王雪原、刘成龙、王亚男：《基于扎根理论的制造企业服务化转型需求、行为与绩效结果》，《中国科技论坛》2017 年第 7 期。
⑥ Ambroise, L., Prim-Allaz, I., Teyssier, C., "Financial Performance of Servitized Manufacturing Firms: A Configuration Issue between Servitization Strategies and Customer-Oriented Organizational Design", *Industrial Marketing Management*, Vol. 71, 2018.
⑦ 简兆权、陈键宏、郑雪云：《网络能力、关系学习对服务创新绩效的影响研究》，《管理工程学报》2014 年第 3 期。
⑧ Cooper, R. G., Kleinschmidt, E. J., "New Products: What Separates Winners from Losers", *Journal of Product Innovation Management*, Vol. 4, No. 3, 1987.
⑨ Cooper, R. G., Easingwood, C. J., Edgett, S., et al., "What Distinguishes the Top Performing New Products in Financial Services" *Journal of Product Innovation Management*, Vol. 11, No. 4, 1994.

品和新服务开发进行评价时不单单只从财务指标去考虑,而应该从过程和结果两个方面去衡量[1]。Voss(1992)提出企业新服务开发的过程绩效包括成本、有效性和速度,结果绩效包括财务、竞争和质量[2]。Storey和Kelly(2001)借鉴平衡积分卡的概念,从财务指标、顾客指标、内部指标以及行动方案层级等对企业新服务开发绩效进行测量[3]。Avlonitis等(2001)从财务绩效和非财务绩效两个维度来衡量新的金融服务的创新绩效问题[4]。在针对制造企业的服务创新绩效研究中,赵益维等(2015)借鉴了Jaw等的研究成果,提出制造企业服务创新绩效由企业的市场绩效、服务研发效率和顾客吸引效果三个维度构成[5]。耿洁(2015)对制造企业服务创新模式与实践对服务创新绩效的影响进行了深入分析,研究借鉴了Storey和Kelly两位学者编制的量表,从服务内容、服务范围、服务组织、市场绩效四个维度衡量制造企业服务创新绩效[6]。康遥等(2016)验证了服务化战略对服务绩效的正向影响,服务绩效从顾客满意度和服务收入占比两个方面衡量[7]。蒋楠等(2016)在对服务型制造企业服务提供与服务创新绩效的关系探讨中,设计了"新服务和质量达到了客户预期的目标""企业服务收入所占比例不断增长"等四个题项来对服务创新绩效进行测量[8]。

四 服务化绩效的影响因素

制造企业服务化绩效受到来自组织自身、外部环境等多层次因素影

---

[1] Fizgerald, L., Johnston, R., Silvestro, R., et al., *Performance Measurement in Service Business*, London: CIMA, 1991.

[2] Voss, C. A., "Measurement of Innovation and Design Performance in Services", *Design Management Journal*, Vol. 3, No. 1, 1992.

[3] Storey, C., Kelly, D., "Measuring the Performance of New Service Development Activities", *The Service Industries Journal*, Vol. 21, No. 2, 2001.

[4] Avlonitis, G. J., Papastathopoulou, P. G., Gounaris, S. P., "An Empirically-Based Typology of Product Innovativeness for New Financial Services: Success and Failure Scenarios", *Journal of Product Innovation Management*, Vol. 18, No. 5, 2001.

[5] 赵益维、陈菊红、周延杰等:《IT能力对制造企业服务创新绩效的作用路径研究》,《统计与信息论坛》2015年第7期。

[6] 耿洁:《制造企业服务创新模式与实践对服务创新绩效的影响研究》,硕士学位论文,哈尔滨工业大学,2015年。

[7] 康遥、陈菊红、同世隆等:《服务化战略与服务绩效——价值共创调节效应》,《软科学》2016年第3期。

[8] 蒋楠、赵嵩正、吴楠:《服务型制造企业服务提供、知识共创与服务创新绩效》,《科研管理》2016年第6期。

响，以组织内部和组织外部为主线，通过文献梳理可以勾勒出现有研究关于服务化绩效影响因素的基本轮廓，涵盖内部的组织要素、创新要素以及外部的环境要素等，如表2-3所示。

表2-3　服务化绩效影响因素

因素类别		主要因素
内部	组织要素	战略规划、战略一致性、战略导向；资源禀赋、资源整合、人力资本、服务知识；组织设计、组织结构、组织能力、组织植入、组织文化、组织分工、产业链角色
	创新要素	商业模式创新、技术创新、服务创新
外部	环境要素	资源约束、产业竞争强度、服务经济水平、技术进步、客户需求、政策法律、机构联系、人口密度

资料来源：根据相关文献整理。

Santamaría等（2012）以西班牙制造企业为对象，研究制造企业服务创新的前因问题，他们从服务相关因素、制造相关因素、企业特征、部门特征四个方面考虑其对服务创新绩效的影响，发现服务相关因素在制造企业服务创新中具有重要作用，员工培训活动、先进技术的使用以及与客户的密切合作都对制造企业的服务创新产生积极影响，一些对服务公司创新不重要的活动（如研发活动）也对制造企业的服务创新具有积极影响，服务相关因素还对制造企业产品创新和过程创新具有积极促进作用。[①]

Turune和Finne（2014）将服务化研究的视角聚焦在制造商经营的组织生态环境上，借鉴组织生态学理论，研究发现人口密度、竞争人口、有效资源、机构联系、技术创新、政策法律等生态环境要素对制造商服务化有着重要影响[②]。

Guo等（2015）认为制造企业在实施服务化过程中必须考虑组织要素的影响，他们以中国ICT企业为样本验证了组织要素对服务增强的影

[①] Santamaría, L., Nieto, M. J., Miles, I., "Service Innovation in Manufacturing Firms: Evidence from Spain", *Technovation*, Vol. 32, No. 2, 2012.

[②] Turunen, T., Finne, M., "The Organisational Environment's Impact on the Servitization of Manufacturers", *European Management Journal*, Vol. 32, No. 4, 2014.

响，结果发现服务技术能力、战略导向（市场导向与创新导向）、组织设计、资源禀赋等组织要素有利于制造企业提升其服务程度与效果。①

Zhang 和 Banreji（2017）通过对以往文献的系统评估创建了影响服务化效益的潜在关系模型，研究发现制造企业服务化效益的取得受到来自组织架构、商业模式、开发流程、客户管理和风险管理五个方面的挑战。②

Fliess 和 Lexutt（2019）为了识别和系统分析服务化成功的影响因素，对 EBSCOhost 和 Web of Science 数据库中的代表性文献进行了系统梳理，研究发现影响服务转型成功的因素涵盖公司相关因素、客户相关因素和环境因素三类，其中公司相关因素包括组织架构调整、服务相关的资源和能力、服务化战略、公司规模和位置，客户相关因素包括客户整合、对高级产品的需求、信任与承诺、为服务付费意愿，环境因素包括市场规模和复杂性、立法发展、竞争强度、行业特点、技术发展。③

刘继国（2008）对制造企业投入服务化战略和产出服务化战略的影响因素分别进行了研究，结果发现企业的环境因素（资源约束、市场波动、技术波动）和组织因素（高层管理者重视程度、员工文化程度、组织专业化分工程度）会对制造企业实施投入服务化战略产生影响，继而影响企业的创新能力和生产效率；而环境因素（环境管制、行业竞争、行业创新）、组织因素（高管态度、全职和兼职员工比例、物品成本）和顾客因素（价格意识）则对制造企业实施产出服务化战略产生影响，继而影响产品的差异化优势与企业的财务绩效。④

曲婉等（2012）认为制造企业基于服务创新活动的服务转型，本质上是价值创造和价值流动过程，他们利用戴勒姆公司的案例研究，认为服务创新、客户需求、技术进步、宏观环境等因素能够推动企业服务

---

① Guo, A. F., Li, Y. K., Zuo, Z., et al., "Influence of Organizational Elements on Manufacturing Firms' Service-Enhancement: An Empirical Study Based on Chinese ICT Industry", *Technology in Society*, Vol. 43, 2015.

② Zhang, W., Banerji, S., "Challenges of Servitization: A Systematic Literature Review", *Industrial Marketing Management*, Vol. 65, 2017.

③ Fliess, S., Lexutt, E., "How to be Successful with Servitization—Guidelines for Research and Management", *Industrial Marketing Management*, Vol. 78, 2019.

④ 刘继国：《制造业企业投入服务化战略的影响因素及其绩效：理论框架与实证研究》，《管理学报》2008 年第 2 期；刘继国、赵一婷：《制造业企业产出服务化战略的影响因素及其绩效：理论框架与实证研究》，《上海管理科学》2008 年第 6 期。

化转型①。

肖挺等（2014）认为制造业服务创新活动是融合服务业创新与制造业创新的过程，他们通过对国内 81 家企业的调查发现人力资本、信息技术和客户关系等因素会对企业服务创新产生正向影响②。

綦良群等（2014）立足装备制造行业，总结出影响装备制造业服务化的两大类因素，即环境因素（包括资源约束、产业竞争强度、服务经济水平、技术进步因素、政府政策与制度）和组织因素（包括高层管理者管理水平、员工数量及构成、组织专业化分工），实证研究发现各影响因素对服务化作用的强度与方向存在差异③。

杨水利和梁永康（2016）利用制造企业服务化转型典型案例的扎根理论分析提出影响制造企业服务化转型的三层组织因素，包括决策层因素（产业链角色、战略规划、领导者能力）、能力层因素（资源整合能力、技术创新能力、技术服务能力）和模式层因素（商业模式创新）④。

王绒等（2017）对影响制造企业服务化战略实施的组织内部因素进行了研究，他们先通过文献分析和深度访谈搜集影响服务化的十个内部因素，然后设计相关测量量表，通过主成分分析得到影响服务化战略的四大类组织因素，分别为服务导向"组织结构、组织文化、组织能力、组织流程与考核设计"⑤。

肖挺和黄先明（2018）认为制造企业服务化创新水平受到企业规模、产品特性和产品创新能力的影响，通过对江西、湖南、湖北、河南、江苏五省的 491 家制造企业进行问卷调查，发现中型规模企业对服务化转型热情较高，产品复杂度与产品工艺创新对服务化具有正向

---

① 曲婉、穆荣平、李铭禄：《基于服务创新的制造企业服务转型影响因素研究》，《科研管理》2012 年第 10 期。

② 肖挺、刘华、叶芃：《制造业企业服务创新的影响因素研究》，《管理学报》2014 年第 4 期。

③ 綦良群、赵少华、蔡渊渊：《装备制造业服务化过程及影响因素研究——基于我国内地 30 个省市截面数据的实证研究》，《科技进步与对策》2014 年第 14 期。

④ 杨水利、梁永康：《制造企业服务化转型影响因素扎根研究》，《科技进步与对策》2016 年第 8 期。

⑤ 王绒、陈菊红、吴欣：《保障性视角下制造企业服务化战略组织影响因素探索》，《科技进步与对策》2017 年第 2 期。

作用①。

此外，一些学者将注意力集中在特定因素对服务化的影响上，研究发现战略一致性②、企业文化③、服务知识④、服务嵌入⑤、组织植入⑥、企业能力⑦等要素均对制造企业服务化绩效产生积极影响。

第二节　资源整合相关研究

一　资源整合的概念

企业通过筛选来重组可利用的各种资源，从而改造原来的资源体系以形成新的更具柔性和价值性的资源体系。资源整合注重在企业能力范围内部署与使用不同资源，其表现为对不同资源的组合，但更强调资源间的合并。Sirmon 等（2012）认为资源整合是企业对不同来源、层次、结构、内容的资源进行筛选、获取、配置、激活和融合后形成独特能力的过程⑧。Peters（2016）认为资源整合是服务生态系统中价值共创的核心，是资源相互作用形成均衡效应和异质效应的过程⑨。从资源的来

---

① 肖挺、黄先明：《制造企业服务化现状的影响因素检验》，《科研管理》2018 年第 2 期。

② 胡查平、汪涛、王辉：《制造业企业服务化绩效——战略一致性和社会技术能力的调节效应研究》，《科学学研究》2014 年第 1 期。

③ Dubruc, N., Peillon, S., Farah, A., "The Impact of Servitization on Corporate Culture", *Procedia Cirp*, Vol. 16, 2014.

④ 蒋楠、赵嵩正、吴楠：《服务知识获取模式对服务创新绩效影响研究——以服务型制造企业为例》，《科技进步与对策》2015 年第 9 期。

⑤ 王琳、赵立龙、刘洋：《制造企业知识密集服务嵌入的内涵、动因及对服务创新能力作用机制》，《外国经济与管理》2015 年第 6 期。

⑥ 王绒：《制造企业服务化战略、组织植入对服务创新绩效的影响研究》，博士学位论文，西安理工大学，2018 年。

⑦ 胡查平、汪涛、朱丽娅：《制造业服务化绩效的生成逻辑——基于企业能力理论视角》，《科研管理》2018 年第 5 期。

⑧ Sirmon, D. G., Hitt, M. A., Ireland, R. D., et al., "Resource Orchestration to Create Competitive Advantage: Breadth, Depth, and Life Cycle Effects", *Social Science Electronic Publishing*, Vol. 37, No. 5, 2012.

⑨ Peters, L. D., "Heteropathic versus Homopathic Resource Integration and Value Co-Creation in Service Ecosystems", *Journal of Business Research*, Vol. 69, No. 8, 2016.

源视角,可以将学术界对资源整合的理解划分为三类观点[①]:一是认为资源整合就是对企业不能控制但可以使用的外部资源进行整合,二是认为资源整合就是对企业内部拥有控制权的资源进行整合,三是认为资源整合就是对企业内部和外部的资源进行整合。

结合对资源整合内涵的梳理,本书在 Kraaijenbrink 等（2007）[②]、马鸿佳等（2011）[③]、Sirmon 等（2012）[④] 的研究基础上对服务化资源整合的概念进行界定,认为服务化资源整合就是指制造企业为了实施服务化或实现服务化转型对来自企业自身、合作伙伴以及客户的各类服务创新资源进行识别、获取、配置和利用,以便形成独特的服务能力来满足客户多样化需求。

二 资源整合的过程与方式

资源整合是企业成长的关键,对构建持续竞争优势具有积极作用。文献梳理发现,学者根据资源整合过程中各活动发生的先后顺序将其划分成若干阶段,如表 2-4 所示。同样,在研究中学者也将资源整合的方式划分为若干类型,如表 2-5 所示。

表 2-4　　　　　　　　资源整合过程的划分

活动环节	活动内容	代表性研究
三阶段	资源识别和选择、资源获取、资源开发和部署	Amit 和 Schoemaker（1993）
四阶段	资源识别、资源吸引、资源组合、资源转化	Brush 等（2001）
三阶段	资源识别与选择、资源汲取与配置、资源激活与融合	饶扬德（2006）
三阶段	资源构建、资源绑聚、资源利用	Sirmon 等（2007）
三阶段	资源识别、资源获取、资源开发	蔡莉和柳青（2007）

[①] 尹苗苗、王玲:《创业领域资源整合研究现状与未来探析》,《外国经济与管理》2015 年第 8 期。

[②] Kraaijenbrink, J., Wijnhoven, F., Groen, A., "Towards a Kernel Theory of External Knowledge Integration for High-Tech Firms: Exploring a Failed Theory Test", *Technological Forecasting and Social Change*, Vol. 74, No. 8, 2007.

[③] 马鸿佳、董保宝、葛宝山:《资源整合过程、能力与企业绩效关系研究》,《吉林大学社会科学学报》2011 年第 4 期。

[④] Sirmon, D. G., Hitt, M. A., Ireland, R. D., et al., "Resource Orchestration to Create Competitive Advantage: Breadth, Depth, and Life Cycle Effects", *Social Science Electronic Publishing*, Vol. 37, No. 5, 2012.

续表

活动环节	活动内容	代表性研究
两阶段	资源识取、资源配用	马鸿佳等（2011）
四阶段	资源识别、资源获取、资源配置、资源利用	董保宝等（2011）

资料来源：根据相关文献整理。

表 2-5　　　　　　　　　资源整合方式的相关研究

划分依据	整合方式	代表性研究
整合范围	小规模整合、大范围整合	Eisenhardt 和 Brown（1999）
整合机制	基于正式机制的整合、基于非正式机制的整合	Zahra 和 Nielsen（2002）
整合程度	稳定调整、丰富细化、开拓创造	Sirmon 等（2007）
	稳定调整型、开拓创造型	蔡莉（2010）
	稳定型、突变型	尹苗苗和马艳丽（2014）
驱动因素	技术驱动型、资金驱动型、人力驱动型	王旭等（2010）
资源类型	资源内聚、资源耦合	彭学兵等（2016）

资料来源：根据相关文献整理。

三　资源整合与服务化绩效关系研究

企业拥有或者控制的资源影响着它的竞争优势和收益水平，在进行服务创新时企业往往会面临诸多不确定性，甚至会遇到一些阻碍，为了降低这种阻碍对企业的影响，需要对企业的服务创新资源进行整合。通过制造活动与服务活动融合、客户参与、企业间协同等方式，服务型制造企业可以实现资源整合、业务协作和产品创新，延伸与扩展制造价值链，最大化创造顾客价值与企业价值[1]。Belal 等（2012）研究发现来自企业、客户和用户的所有知识集随时间变化呈现出动态性，制造企业之间通过构建"B to B"联盟分享彼此的技术、知识和其他资源，然后将这些综合知识与用户/客户的经验、需求和知识联系起来，实现"B to C"合作以提高企业绩效能力[2]。制造企业可以采用合作或者购买的

---

[1] 胡查平、汪涛、王辉：《制造业企业服务化绩效——战略一致性和社会技术能力的调节效应研究》，《科学学研究》2014 年第 1 期。

[2] Belal, H. M., Shirahada, K., Kosaka, M., "Knowledge Space Concept and its Application for Servitizing Manufacturing Industry", Journal of Service Science & Management, Vol. 5, No. 2, 2012.

方式来获取外部的知识型服务,以此来提升自身创新绩效,在这个过程中,资源的重新组合和资源的优化配置起到重要作用[①]。通过文献梳理发现,尽管学者已经意识到了资源整合对制造企业服务化转型、服务化绩效提升等方面具有重要作用,但既有研究中鲜有关于资源整合对服务化绩效的影响机理分析,更缺乏实证研究,许多学者致力于研究资源整合与企业绩效的内在关系。

对于资源整合与企业绩效的直接关系,大部分学者认为资源整合对企业绩效的提升具有积极作用,也有学者提出当新创企业自身投入的资源比竞争对手少时,资源整合反而对企业绩效产生不利影响[②]。对于资源整合与企业绩效的间接关系,既有研究引入独特能力、创新活动、双元合作、扩散效应等中介变量来揭示资源整合对企业绩效产生影响的内在路径。有学者认为资源整合有助于企业形成独特的能力(动态能力、整合能力等),凭借这些能力可以促使企业绩效得到提升。也有学者认为资源整合能够促进企业创新,继而通过开展诸如双元性创新和商业模式创新之类的创新活动来促使企业获得较好的绩效。张公一和孙晓欧(2013)聚焦科技型企业,研究发现科技资源整合行为与不同科技资源的整合能力均可通过扩散效应对企业的创新绩效产生积极作用[③]。孟卫东和杨伟明(2018)的研究表明,在联盟组合中资源的识取和配用会对影响焦点企业的双元合作活动产生影响,继而通过不同双元合作方式对焦点企业绩效产生影响[④]。

四 资源整合与商业模式创新关系研究

资源整合是企业进行商业模式创新的重要前置因素,利用创新方式进行资源整合可以保证企业实现更低的成本或更好的差异化。通过文献梳理发现,目前直接揭示资源整合与商业模式创新之间作用机理的研究

[①] 周丹、魏江:《知识型服务获取影响制造企业创新的机理与路径研究》,《科学学与科学技术管理》2014年第4期。

[②] Sirmon, D. G., Hitt, M. A., "Contingencies within Dynamic Managerial Capabilities: Interdependent Effects of Resource Investment and Deployment on Firm Performance", *Strategic Management Journal*, Vol. 30, No. 13, 2009.

[③] 张公一、孙晓欧:《科技资源整合对企业创新绩效影响机制实证研究》,《中国软科学》2013年第5期。

[④] 孟卫东、杨伟明:《联盟组合中资源整合、双元合作与焦点企业绩效关系研究》,《科学学与科学技术管理》2018年第2期。

还比较匮乏，部分研究者基于资源基础理论、资源建构理论和资源依赖理论来探究企业资源与商业模式创新之间的关系。

Zott 等（2011）聚焦已有商业模式相关文献，对商业模式研究进展进行了系统分析。研究发现商业模式研究正成为一个新兴主题，商业模式试图回答"企业如何创造价值"这一核心问题。企业进行商业模式创新需要有效整合内外部资源，实现对原有商业模式价值创造与价值传递的重新设计，从而为客户提供更具价值的产品或服务。[1]

易朝辉等（2018）聚焦资源整合能力，以小微类型的科技型创业企业为对象，研究资源整合能力对商业模式创新的影响。他们认为在不同创业阶段，创业者通过资源整合活动可以为企业带来两种影响效果，一是有利于企业重构价值链，从而降低企业成本、提高资源效率，实现效率型商业模式的创新；二是有利于企业获取新的资源与知识，从而促进研发新产品、探索新模式，实现新颖型商业模式的创新。实证研究表明资源整合能力对企业商业模式创新具有正向影响。[2]

孙锐和周飞（2017）聚焦企业内部手边资源，研究资源拼凑对商业模式创新的影响。他们认为无论是低技术资源还是丰富资源的组织都可以利用资源拼凑策略实现企业发展，企业资源拼凑的过程实际上也是试错学习的过程，"实践思考"有利于提升企业的动态能力。无论哪种资源拼凑方式都会带来资源的整合与流程的创新，从而引发企业商业模式的变革。实证研究表明资源拼凑会对企业商业模式创新产生正向影响。[3]

吴晓波等（2016）聚焦企业外部伙伴的互补资产，研究资产互补性对商业模式创新的影响[4]。他们认为中心企业自身资源有限，为实现商业模式创新通常需要来自伙伴企业提供的互补资产支持。互补资产具有资源差异性（中心企业与伙伴企业在资源属性上不存在重叠，各自

---

[1] Zott, C., Amit, R., Massa, L., "The Business Model: Recent Developments and Future Research", *Social Science Electronic Publishing*, Vol. 37, No. 4, 2011.

[2] 易朝辉、周思思、任胜钢：《资源整合能力与科技型小微企业创业绩效研究》，《科学学研究》2018年第1期。

[3] 孙锐、周飞：《企业社会联系、资源拼凑与商业模式创新的关系研究》，《管理学报》2017年第12期。

[4] 吴晓波、朱培忠、姚明明：《资产互补性对商业模式创新的影响研究》，《西安电子科技大学学报》（社会科学版）2016年第2期。

资源独特）和收益盈余性（双方资源互补会产生协同效应，整体收益大于各自之和，合作收益存在盈余）两大特征。资产互补性对新颖型和效率型商业模式创新的影响不同。资源差异使中心企业可利用的资源集得到扩张，从而使用于设计商业模式的活动集差异变大；由于存在收益盈余，在协同效应的作用下伙伴企业的合作意愿加强，既为中心企业带来了独特的资产，同时也降低了中心企业整合的风险，因而资产互补性有利于中心企业实现新颖型商业模式创新。而资源异质也会带来合作双方信息与知识交流的障碍，双方"语言"不同会降低双方的合作效率；同时，资产差异越大，彼此业务熟悉程度就越低，从而导致双方信任度不高，合作效率下降；另外，不同资产的预期目标不同，为解决目标冲突需要投入较高的协同成本，导致合作效率变低，因而资产互补性不利于中心企业实现效率型商业模式创新。

李黎等（2015）聚焦企业政治资源，以中小企业为对象，研究企业政治资源对商业模式转型的影响[①]。他们认为中小企业为了弥补缺乏发展资源的短板，通常需要与控制资源的政府组织相互交往，中小企业比大企业更重视政治资源的获取。然而在获得政治资源后，出于维护政治资源和在位优势的考虑，中小企业往往不愿采用激进型的商业模式转型方式，而更多倾向于低程度的商业模式转型。

曾萍和宋铁波（2014）聚焦企业社会资本，研究企业社会资本对商业模式创新的影响[②]。他们认为企业在进行商业模式创新时需要强化社会网络或社会资本建设，社会资本是企业通过所处社会网络而获得的资源的总和。其中，制度社会资本反映企业与政府之间的关系，政府拥有的各种战略性资源对企业商业模式创新的开展至关重要，良好的政企关系也有利于企业合法性地位的获得；业务社会资本反映企业与供应商和顾客之间的关系，商业模式创新需要来自合作伙伴资源的支持，与合作伙伴之间良好的关系有助于企业在进行商业模式创新时获得合法性资源；技术社会资本反映企业与高校和科研院所之间的关系，高校和科研院所拥有的技术资源和管理资源为商业模式创新提供智力支持。实证研

---

① 李黎、莫长炜、蓝海林：《政治资源对商业模式转型的影响——来自我国中小企业的证据》，《南开管理评论》2015年第5期。
② 曾萍、宋铁波：《基于内外因素整合视角的商业模式创新驱动力研究》，《管理学报》2014年第7期。

究表明,企业拥有的社会资本对商业模式创新具有积极促进作用。

第三节 商业模式创新相关研究

一 商业模式的概念及其要素

文献梳理发现,学术界对商业模式概念的理解主要包括盈利模式论、价值创造论、要素系统论等观点。Afuah 和 Tucci (2001)[1]、Rappa (2004)[2] 等认为商业模式是一种能为企业带来收益的模式(或企业赚取利润的方法和途径)。Linder 和 Cantrell (2000)[3]、原磊 (2007)[4]、Teece (2010)[5] 等认为商业模式是企业价值创造的逻辑(或价值创造的模式)。Osterwalder 等 (2005)[6]、Zott 和 Amit (2010)[7] 等认为商业模式是由多种核心要素构成的系统或体系。罗珉等 (2005)[8] 将企业商业模式解释为一个组织在明确的外部假设条件、内部资源和能力的前提下,用于整合组织自身、顾客、价值链伙伴、员工、股东或利益相关者来获取超额利润的一种战略创新意图和可实现的结构体系及制度安排的集合。在以往研究观点基础上,本书借鉴价值创造论的观点,认为商业模式是企业在一定的价值主张下创造和获取价值的逻辑。

与商业模式概念的情况类似,学术界关于商业模式的构成要素尚未

---

[1] Afuah, A., Tucci, C. L., *Internet Business Models and Strategies: Text and Cases*, New York: McGraw Hill Higher Education, 2001.

[2] Rappa, M. A., "The Utility Business Model and the Future of Computing Services", *IBM Systems Journal*, Vol. 43, No. 1, 2004.

[3] Linder, J., Cantrell, S., *Changing Business Models: Surveying the Landscape*, Cambridge: Accenture Institute for Strategic Change, 2000.

[4] 原磊:《国外商业模式理论研究评介》,《外国经济与管理》2007 年第 10 期。

[5] Teece, D. J., "Business Models, Business Strategy and Innovation", *Long Range Planning*, Vol. 43, 2010.

[6] Osterwalder, A., Pigneur, Y., Tucci, C. L., "Clarifying Business Models: Origins, Present and Future of the Concept", *Communications of the Association for Information Systems*, Vol. 15, No. 5, 2005.

[7] Zott, C., Amit, R., "Business Model Design: An Activity System Perspective", *Long Range Planning*, Vol. 43, 2010.

[8] 罗珉、曾涛、周思伟:《企业商业模式创新:基于租金理论的解释》,《中国工业经济》2005 年第 7 期。

形成统一认识。学者根据自身对商业模式的理解,提出不同的要素构成。通过文献梳理,本书对商业模式构成要素划分维度进行了归纳,结果如表 2-6 所示。从表中可以看出,尽管学者对商业模式构成要素的研究差异较大,研究结论较为分散,但大部分关于商业模式构成要素的维度划分都是围绕价值展开的,价值是商业模式实践的本体[①]。

表 2-6　　　　　　　商业模式构成要素的维度

代表性研究	维度内容
Timmer（1998）	产品/服务/信息流、利益诉求、收入来源
Hamel（2000）	核心战略、战略性资源、顾客界面、价值网络
Amit 和 Zott（2001）	交易内容、交易结构、交易治理
Hawkins（2002）	业务模式、交易模式、收入模式
翁君奕（2004）	价值对象、价值内容、价值提供、价值回收
Osterwalder（2005）	产品维度、顾客维度、内部管理维度、财务维度
Shafer 等（2007）	战略选择、价值创造、价值获取、价值网络
原磊（2007）	核心价值、价值网络、价值维护、价值实现
Jason 等（2008）	顾客价值主张、关键资源、业务流程、盈利模式
Yunus 等（2010）	价值主张、价值定位、利润方程
魏江等（2012）	战略抉择、价值网、价值主张、价值创造、价值获取
吴晓波（2014）	价值主张、价值创造、价值获取、价值实现

资料来源：根据相关文献整理。

结合前面对商业模式的概念界定,同时借鉴魏江等（2012）[②]的研究观点,本书认为商业模式构成要素的核心主要包括三个方面,即价值主张、价值创造和价值获取。其中,价值主张反映企业向客户提供何种产品和服务,包括确定目标市场（客户是谁）、确定产品和服务（提供什么）,价值主张明确了企业用什么样的产品和服务来满足客户需求；价值创造反映企业向客户创造价值的过程,具体表现为价值积累和价值传递的过程,价值创造的基础是价值主张；价值获取反映企业获取价值的方式,简单讲就是企业的盈利模式。

---

① 崔连广、张敬伟：《商业模式的概念分析与研究视角》,《管理学报》2015 年第 8 期。
② 魏江、刘洋、应瑛：《商业模式内涵与研究框架建构》,《科研管理》2012 年第 5 期。

二 商业模式创新的概念

商业模式创新问题一直是创新、战略、营销等领域学者关注的热点议题。通过文献梳理发现，尽管商业模式创新领域已经取得了丰富的研究成果，但对其基本概念仍未形成统一认识，在具体研究时出现了"商业模式演化""商业模式学习""商业模式侵蚀""商业模式生命周期""商业模式转型"等不同术语，如表2-7所示。

表2-7 商业模式创新相关术语及其含义概述

术语	含义	代表性研究
商业模式创新	对企业原有价值链的调整，或者对价值链中所包含要素的创新都属于商业模式的创新	Magretta（2002）
	通过对价值活动细分，清晰地识别出自身价值活动的优劣势，然后对其内外部价值活动进行优化重组、整合及创新，最终实现有效的企业商业模式创新	高闯和关鑫（2006）
	发现一种根本不同的商业模式	Markides（2006）
	企业通过设计新的运营系统或改良既有运营系统从而实现交易方式的改变	Zott 和 Amit（2010）
	挑战市场中现有的商业模式、角色和关系来创造新价值的举措	Aspara 等（2010）
	包括商业模式的各个组成部分的增量变化、现有商业模式的扩展、并行商业模式的引入、商业模式的中断、全新模型取代现有模型等	Khanagha 等（2014）
	在现有公司内从一种商业模式转变为另一种商业模式的过程，或者，在收购合并后或在初创企业中创建全新的商业模式	Geissdoerfer 等（2016）
	企业提出一个新的价值主张，继而对商业模式元素进行创新设计的过程	吴晓波等（2016）
商业模式演化	涉及商业模式核心组件之间变化的微调过程	Demil 和 Lecocq（2010）
商业模式学习	面对来自新商业模式的竞争时改变其商业模式	Teece（2010）
商业模式侵蚀	既定商业模式竞争力的下降	Mcgrath（2010）

续表

术语	含义	代表性研究
商业模式生命周期	涉及商业模式规范、改进、适应、修订和重新制定的时期，在初步设计模型后需要经历一个反复试验的过程，通过制定一些核心决策来界定公司的发展方向	Morris 等（2005）
商业模式转型	从一个时间点到另一个时间点，公司创造价值的感知逻辑的变化	Aspara 等（2013）

资料来源：根据相关文献整理。

本书在 Teece（2010）[1]、Khanagha 等（2014）[2]、吴晓波等（2016）[3] 的研究基础上对服务化商业模式创新的概念进行界定，认为服务化商业模式创新就是指制造企业在服务化过程中基于不同顾客价值主张，采用不同方式对企业商业模式元素中的价值传递与价值实现进行创新设计的过程，涵盖商业模式的各个组成部分的增量变化、现有商业模式的扩展、并行商业模式的引入、全新商业模式的引入等。

三 商业模式创新的维度及测量

文献梳理发现，随着商业模式创新研究的不断深入，学者为了探究商业模式创新的前因以及后果问题，根据不同研究目的从商业模式创新程度、商业模式构成要素、商业模式主题设计等视角将商业模式创新划分为不同维度，如表 2-8 所示。

表 2-8　　　　　　　商业模式创新的构成维度

分类依据	划分维度	代表性研究
创新程度	挖掘型、调整型、扩展型、全新型	Linder 和 Cantrell（2000）
	存量型、增量型、全新型	Osterwalder（2004）
	增量型、行业突破型、市场突破型、根本型	Bucherer 等（2012）

---

[1] Teece, D. J., "Business Models, Business Strategy and Innovation", *Long Range Planning*, Vol. 43, 2010.

[2] Khanagha, S., Volberda, H., Oshri, I., "Business Model Renewal and Ambidexterity: Structural Alteration and Strategy Formation Process during Transition to a Cloud Business Model", *R&D Management*, Vol. 44, 2014.

[3] 吴晓波、朱培忠、姚明明：《资产互补性对商业模式创新的影响研究》，《西安电子科技大学学报》（社会科学版）2016 年第 2 期。

续表

分类依据	划分维度	代表性研究
构成要素	价值主张创新、供应链创新、目标客户创新	Davila 等（2005）
	价值主张创新、收入模式创新、核心资源创新、关键流程创新	Johnson 等（2008）
	界面模式创新、运作流程创新、资源组合创新、价值主张创新	齐严（2010）
	内容创新、结构创新、治理创新	Zott 和 Amit（2010）
	业务结构创新、经营模式创新、盈利模式创新	戚耀元（2017）
主题设计	新颖型商业模式创新、效率型商业模式创新	Zott 和 Amit（2007）
	开拓性商业模式创新、完善性商业模式创新	罗兴武等（2018）

资料来源：根据相关文献整理。

在实证研究中，商业模式创新的测量主要是通过设计相应的测量量表来获取调查数据。一些学者基于商业模式主题设计视角构建实证研究中的测量量表，这类研究中以 Zott 和 Amit（2007）[1] 的研究成果影响力最大，他们认为商业模式设计涵盖要素和主题 2 个层面，依据创新程度将商业模式创新划分为新颖性和效率性 2 个维度，并开发出涉及 2 个维度共 26 个题项的商业模式创新测量量表，在实证研究中进一步验证了量表的信效度。该研究成果被后续许多学者认可与借鉴，他们在具体研究时大多引用此量表（或对量表进行适当修正）。然而，商业模式主题设计离不开具体情境。商业模式创新依赖于特定的社会环境与制度情境[2]，罗兴武等（2018）认为西方发达经济情境下的商业模式创新量表并不完全适用于中国特定的转型经济情境，有必要开发针对中国情境的量表。他们以创业企业为对象，基于中国转型经济情境下的制度约束，提出开拓性与完善性两种商业模式创新主题，设计出涵盖 2 个维度共 16 个题项的测量量表，实证检验表明该量表具有良好的信效度[3]。还有

---

[1] Zott, C., Amit, R., "Business Model Design and the Performance of Entrepreneurial Firms", *Organization Science*, Vol. 18, No. 2, 2007.

[2] Hargadon, A. B., Douglas, Y., "When Innovations Meet Institutions: Edison and the Design of the Electric Light", *Administrative Science Quarterly*, Vol. 46, No. 3, 2001.

[3] 罗兴武、刘洋、项国鹏等：《中国转型经济情境下的商业模式创新：主题设计与量表开发》，《外国经济与管理》2018 年第 1 期。

一些学者基于商业模式构成要素视角构建商业模式创新的测量量表，郭毅夫（2012）认为商业模式由价值主张、界面规则、价值传递、价值创造、价值网络五个要素构成，在实证研究时从这五个要素出发通过李克特七级量表对商业模式创新进行了测量[①]。刘刚等（2017）借鉴Shafer等的研究成果，提出商业模式创新由商业模式价值主张创新、价值创造创新、价值网络创新、价值实现创新四个子维度组成，在实证研究时围绕这四个子维度采用12个题项对商业模式创新进行测度[②]。

四 商业模式创新的影响因素

商业模式创新的影响因素及其实证研究（或商业模式创新的前置因素研究）是学术界的一个热点议题，客观上丰富和深化了商业模式领域的研究。通过文献梳理发现，既有研究主要围绕着影响商业模式创新的企业内部因素（企业资源、企业能力、领导与员工、组织氛围）和企业外部因素（环境与市场）两个层面展开，如表2-9所示。

表2-9　　　　　　　　　商业模式创新的影响因素

因素类别		主要因素
内部	企业能力	技术能力、创新方式、战略谋划、学习能力、机会识别、跨界搜索
	企业资源	组织资源、资产互补性、资源整合、资源拼凑、资源灵活性
	领导与员工	领导者认知、包容型领导、企业家精神、创业者经验、领导特质、高管团队行为、员工创新意识、个体激励
	组织氛围	组织文化、文化冲突、管理氛围
外部	环境与市场	环境变化、环境特征、社会网络、竞争强度、市场需求、市场机会

资料来源：根据相关文献整理。

（一）企业能力视角

已有研究主要从企业技术能力、学习能力、战略规划能力等方面来探讨其对商业模式创新的影响。Amit和Zott（2001）研究发现互联网企业不断采用的新技术是企业进行商业模式创新的主要动力[③]。在其他多

[①] 郭毅夫：《商业模式转型影响因素的实证研究》，《中国管理科学》2012年第S2期。

[②] 刘刚、王丹、李佳等：《高管团队异质性、商业模式创新与企业绩效》，《经济与管理研究》2017年第4期。

[③] Amit, R., Zott, C., "Value Creation in E-Business", *Strategic Management Journal*, Vol. 22, No. 6-7, 2001.

个领域，学者的研究也证实了新技术（或企业技术变化）对企业商业模式创新的推动作用[1]。Teece（2010）关注到技术创新与商业模式创新之间的关系问题，认为技术创新可以带动企业商业模式的创新[2]。Velu（2015）发现新技术对企业商业模式创新起到催化作用[3]。李志强和赵卫军（2012）从协同角度提出企业的技术创新与商业模式创新存在相互作用和协同关系，构建了两者之间的熵变模型[4]。吴晓波等（2013）认为技术创新与商业模式创新之间存在着共演关系，企业的技术创新能力对其商业模式的创新及演化起到强有力的支撑作用[5]。孙永磊等（2018）从组织双元性视角出发，将企业创新方式细化为渐进性创新、突破性创新、差异性创新、整体性创新和交互性创新五种，并研究了这五种创新方式对商业模式创新的差异化影响，结果发现渐进性创新、突破性创新、差异性创新和整体性创新四种创新方式对效率型商业模式创新具有积极促进作用，突破性创新、差异性创新和交互性创新三种创新方式可以促进新颖型商业模式创新的产生，而渐进性创新方式则阻碍了新颖型商业模式创新的产生[6]。易加斌等（2015）研究发现高新技术企业的商业模式创新受到组织学习的正向影响，企业通过不断学习可以推进组织创新程度，寻求新的商业模式来适应外部环境[7]。张红和葛宝山（2016）通过纵向案例研究发现，不同创业阶段的企业会采取不同的学习方式来与机会识别方式进行匹配，创业过程中的机会识别可

---

[1] Kodama, F., "Measuring Emerging Categories of Innovation: Modularity and Business Model", *Technological Forecasting & Social Change*, Vol. 71, No. 6, 2004; Willemstein, L., Valk, T. V. D., Meeus, M. T. H., "Dynamics in Business Models: An Empirical Analysis of Medical Biotechnology Firms in the Netherlands", *Technovation*, Vol. 27, No. 4, 2007.

[2] Teece, D. J., "Business Models, Business Strategy and Innovation", *Long Range Planning*, Vol. 43, No. 2-3, 2010.

[3] Velu, C., "Business Model Innovation and Third-Party Alliance on the Survival of New Firms", *Technovation*, Vol. 35, 2015.

[4] 李志强、赵卫军：《企业技术创新与商业模式创新的协同研究》，《中国软科学》2012年第10期。

[5] 吴晓波、朱培忠、吴东等：《后发者如何实现快速追赶？——一个二次商业模式创新和技术创新的共演模型》，《科学学研究》2013年第11期。

[6] 孙永磊、陈劲、宋晶：《企业创新方式选择对商业模式创新的影响研究》，《管理工程学报》2018年第2期。

[7] 易加斌、谢冬梅、高金微：《高新技术企业商业模式创新影响因素实证研究——基于知识视角》，《科研管理》2015年第2期。

以有效促进企业商业模式创新并强化以效率为核心的商业模式设计[1]。蔡俊亚和党兴华（2016）发现，企业不同的学习方式对商业模式创新的影响不同，面向行业内的学习可以提高商业模式的新颖性，而面向行业外的学习则削弱了商业模式的新颖性[2]。商业模式创新是企业一项重要的战略活动，战略谋划作为企业进行战略决策时所依赖的知识结构或行为逻辑会对企业选择不同商业模式创新方式产生影响[3]。

（二）企业资源视角

已有研究主要从资源互补、资源拼凑、资源整合等方面探讨其对商业模式创新的影响。Teece（2010）认为商业模式创新就是一个优化、重组复杂资源的过程。企业资源的灵活性和资源整合能力对企业进行商业模式创新起到决定作用[4]。Sánchez 和 Ricart（2010）发现利用自身核心资源和利用合作网络资源进行价值创造是低收入市场企业常采用的两类商业模式[5]。企业获取的新资源与资产可以帮助企业拓展交易的边界和资本，为商业模式创新创造条件。吴晓波等（2016）发现中心企业可以利用外部合作者所拥有的资产，两者资产互补性越高，中心企业所能利用的资产差异性就越高，实证结果表明资产互补性对商业模式创新的新颖性具有促进作用，对效率性具有抑制作用[6]。孙锐和周飞（2017）关注企业手边资源对商业模式创新的影响问题，实证研究发现资源拼凑可以正向影响企业的商业模式创新[7]。同样，企业也可以创造

---

[1] 张红、葛宝山：《创业学习、机会识别与商业模式——基于珠海众能的纵向案例研究》，《科学学与科学技术管理》2016年第6期。

[2] 蔡俊亚、党兴华：《外部学习对商业模式新颖性的影响：动态能力的调节》，《运筹与管理》2016年第4期。

[3] 庞学卿：《商业模式创新的前因及绩效：管理决策视角》，博士学位论文，浙江大学，2016年。

[4] Winterhalter, S., Zeschky, M. B., Gassmann, O., "Managing Dual Business Models in Emerging Markets: An Ambidexterity Perspective", *R&D Management*, Vol. 46, No. 3, 2015.

[5] Sánchez, P., Ricart, J. E., "Business Model Innovation and Sources of Value Creation in Low-Income Markets", *European Management Review*, Vol. 7, No. 3, 2010.

[6] 吴晓波、朱培忠、姚明明：《资产互补性对商业模式创新的影响研究》，《西安电子科技大学学报》（社会科学版）2016年第2期。

[7] 孙锐、周飞：《企业社会联系、资源拼凑与商业模式创新的关系研究》，《管理学报》2017年第12期。

性地利用冗余资源来实现低成本、低风险的商业模式创新[1]。研究表明，企业资源整合是形成新的竞争力与创新商业模式的重要因素[2]，企业整合能力越强越有利于商业模式创新[3]。易朝辉等（2018）以科技型小微企业为例进行实证研究，发现企业资源整合能力对效率型和创新型两种类型的商业模式创新均具有积极促进作用[4]。

（三）领导与员工视角

领导者是企业商业模式的设计者，决定企业是否进行商业模式创新。Svejenova等（2010）研究发现，领导者拥有的特定领导力是引导商业模式创新的必备因素，无论是领导者对组织外部环境的认知，还是领导者的领导风格，都会对商业模式创新决策产生一定影响[5]。李巍和丁超（2016）认为企业家精神既涵盖创新精神，又涵盖冒险精神，实证研究发现创新精神对商业模式创新的新颖和效率两种类型均有促进作用，而冒险精神仅对新颖型产生影响[6]。杨特等（2018）关注到创业企业的商业模式创新问题，研究发现创业者的先前经验会影响企业商业模式创新，具体表现为创业者的经验宽度对商业模式创新具有积极的促进作用，而创业者的经验深度对商业模式创新呈现先促进后抑制的倒 U 形作用[7]。不仅是领导者因素，员工层面的因素也不容忽视。员工的创新意识、吸收能力、个体激励、思维方式、人格特质等都会对企业商业模式创新产生较强影响[8]。

---

[1] 张玉利、田新、王晓文：《有限资源的创造性利用——基于冗余资源的商业模式创新：以麦乐送为例》，《经济管理》2009 年第 3 期。

[2] 姚伟峰、鲁桐：《基于资源整合的企业商业模式创新路径研究——以怡亚通供应链股份有限公司为例》，《研究与发展管理》2011 年第 3 期。

[3] 庞长伟、李垣、段光：《整合能力与企业绩效：商业模式创新的中介作用》，《管理科学》2015 年第 3 期。

[4] 易朝辉、周思思、任胜钢：《资源整合能力与科技型小微企业创业绩效研究》，《科学学研究》2018 年第 1 期。

[5] Svejenova, S., Planellas, M., Vives, L., "An Individual Business Model in the Making: A Chef's Quest for Creative Freedom", *Long Range Planning*, Vol. 43, No. 2, 2010.

[6] 李巍、丁超：《企业家精神、商业模式创新与经营绩效》，《中国科技论坛》2016 年第 7 期。

[7] 杨特、赵文红、李颖：《创业者经验宽度、深度对商业模式创新的影响：创业警觉的调节作用》，《科学学与科学技术管理》2018 年第 7 期。

[8] 姚伟峰：《企业商业模式创新影响因素评价研究》，《哈尔滨商业大学学报》（社会科学版）2013 年第 2 期。

(四) 组织氛围视角

Hock 等（2016）认为，要正确理解企业的商业模式必须对其基本逻辑进行调查，企业能够实现商业模式创新的能力部分取决于企业的基本文化价值。他们通过实证研究发现以新颖为导向的文化价值观有利于提高商业模式创新的能力（战略敏感性、集体承诺和资源流动性），而以效率为导向的文化价值观并不具有积极效果[①]。海外并购是许多中国企业实现国际化所采取的重要战略。姚伟峰和鲁桐（2011）认为并购后是否实现企业的商业模式创新是检验并购成效的关键指标，他们将文化冲突、企业整合、商业模式创新纳入统一框架建立了 CIB 模型，强调文化冲突对商业模式创新的影响。通过上汽集团并购韩国双龙的案例分析，他们发现并购双方在文化上的冲突造成了彼此间不信任而无法实现整合，最终导致不能实现预期的商业模式创新[②]。越具有创新氛围和文化的企业，越能激发企业内部人员从事创新活动。管理者应该在企业中营造容许差错的管理氛围，这种氛围可以促使员工在发生错误时积极反思进而产生新知识，将差错转化为新机会，有利于员工培养积极差错思维，进而对企业商业模式创新产生正向影响[③]。

(五) 环境与市场视角

商业模式创新并不是企业的独立活动，而是与其利益相关者和所处外部环境共同演进的过程[④]。随着技术环境、经济环境、竞争环境、政策环境等发生变化，为了实现可持续经营，企业需要对自身商业模式进行变革以适应新的外部环境，环境分析成为变革商业模式的重要前提。郭海和沈睿（2012）指出，不同环境特征对企业商业模式创新的影响是不同的，实证研究证明环境不确定性对企业商业模式创新起到阻碍作

[①] Hock, M., Clauss, T., Schulz, E., "The Impact of Organizational Culture on a Firm's Capability to Innovate the Business Model", *R&D Management*, Vol. 46, No. 3, 2016.

[②] 姚伟峰、鲁桐：《文化冲突对企业商业模式创新影响的研究》，《企业经济》2011 年第 4 期。

[③] 李江涛、王亮：《包容型领导对商业模式创新的影响——差错管理氛围与即兴行为的中介作用》，《中国科技论坛》2018 年第 2 期。

[④] Casadesus-Masanell, R., Zhu, F., "Business Model Innovation and Competitive Imitation: The Case of Sponsor-Based Business Models", *Strategic Management Journal*, Vol. 34, No. 4, 2013.

用,而环境包容性则会促进企业商业模式创新[1]。社会网络是企业赖以生存的环境,外部网络环境深刻影响着企业商业模式的演变,网络嵌入机制对商业模式创新具有重要影响,关系嵌入和结构嵌入既对商业模式创新产生直接影响,也通过组织合法性产生间接影响[2]。Velu(2016)发现市场网络中不占优势的企业通常采用演化的方式来创新其商业模式,作为一种保护其现有业务模式的防御策略;而占据主导地位的企业则倾向于采用革命性的方式创新其商业模式,作为一种彻底改变其现有商业模式的进攻策略[3]。另外,市场竞争压力、新的市场需求以及市场机会都会促使企业通过商业模式创新来适应新的市场环境[4]。

五 商业模式创新与服务化绩效关系研究

商业模式体现了公司如何为客户创造、开发、提供价值主张的核心业务逻辑,在每个组织中都必不可少[5]。为适应制造业服务化要求,制造企业必须适当改革原有的商业模式来达到服务化转型的目的。在对原有商业模式进行服务化调整时需要紧紧围绕着商业模式框架中的"价值主张、收入机制、价值链、价值网络、竞争战略和市场目标"六个构成要素展开[6]。商业模式对服务化绩效的挑战主要体现在商业模式修改、价值主张、资源利用、成本核算机制、定价机制、供应商合作等方面,企业若想获得由服务带来的战略利益、财务利益以及市场利益,就必须克服这些挑战[7]。通过文献梳理发现,尽管学者认为商业模式创新对制造企业服务化转型起到积极作用,但鲜有专门论及商业模式创新对服务化绩效作用机理的研究,学者关注的焦点主要集中在商业模式创新

---

[1] 郭海、沈睿:《环境包容性与不确定性对企业商业模式创新的影响研究》,《经济与管理研究》2012 年第 10 期。

[2] 张春雨、郭韬、刘洪德:《网络嵌入对技术创业企业商业模式创新的影响》,《科学学研究》2018 年第 1 期。

[3] Velu, C., "Evolutionary or Revolutionary Business Model Innovation Through Coopetition? The Role of Dominance in Network Markets", *Industrial Marketing Management*, Vol. 53, 2016.

[4] Augier, M., Teece, D. J., "Dynamic Capabilities and the Role of Managers in Business Strategy and Economic Performance", *Organization Science*, Vol. 20, No. 2, 2009.

[5] Shafer, S. M., Smith, H. J., Linder, J. C., "The Power of Business Models", *Business Horizons*, Vol. 48, No. 3, 2005.

[6] Kindström, D., "Towards a Service-Based Business Model-Key Aspects for Future Competitive Advantage", *European Management Journal*, Vol. 28, No. 6, 2010.

[7] Zhang, W., Banerji, S., "Challenges of Servitization: A Systematic Literature Review", *Industrial Marketing Management*, Vol. 65, 2017.

对企业绩效的影响方面。

商业模式创新是企业提升绩效的重要手段和应对竞争的重要工具，追求企业经济租金是商业模式创新的目标。无论是理论分析还是实证分析，研究普遍认为商业模式创新对企业绩效具有积极促进作用。Giesen 等（2007）通过众多典型案例分析论证了商业模式创新对企业绩效具有显著的正向影响[①]。Zott 和 Amit（2008）认为商业模式创新可以为企业带来竞争优势，商业模式创新与产品市场战略之间是一种互补关系，两者均能提高企业绩效[②]。以商业模式创新为战略导向的公司会表现出较高的财务绩效，尤其是在平均利润率的增长方面[③]。胡保亮（2012）通过对创业板部分上市企业的实证研究发现，商业模式创新对企业营业收入增长具有显著的正向影响[④]。蔡俊亚和党兴华（2015）也得出类似结论，他们以新兴技术企业为样本，实证研究发现效率型和新颖型商业模式创新都能促进企业的财务绩效[⑤]。也有学者发现商业模式创新的不同方式对企业绩效的影响存在差异，效率型商业模式创新对企业绩效的影响主要表现在市场绩效方面，而新颖型商业模式创新对企业绩效的影响则主要表现在财务绩效方面[⑥]。随着研究的不断深入，学者发现商业模式创新对企业绩效的作用效果受到一定条件的影响。企业在进行商业模式创新时需要特别注意商业模式构成要素之间的互补问题[⑦]，只有要素间的高度匹配才有利于企业实现业务增长、提升盈利水平和改善竞争

---

① Giesen, E., Berman, S. J., Bell, R., et al., "Three Ways to Successfully Innovate Your Business Model", *Strategy and Leadership*, Vol. 35, No. 6, 2007.

② Zott, C., Amit, R., "The Fit between Product Market Strategy and Business Model: Implications for Firm Performance", *Strategic Management Journal*, Vol. 29, No. 1, 2008.

③ Aspara, J., Hietanen, J., Tikkanen, H., "Business Model Innovation vs Replication: Financial Performance Implications of Strategic Emphases", *Journal of Strategic Marketing*, Vol. 18, No. 1, 2010.

④ 胡宝亮：《商业模式创新、技术创新与企业绩效关系：基于创业板上市企业的实证研究》，《科技进步与对策》2012 年第 3 期。

⑤ 蔡俊亚、党兴华：《商业模式创新对财务绩效的影响研究：基于新兴技术企业的实证》，《运筹与管理》2015 年第 2 期。

⑥ 李巍、丁超：《企业家精神、商业模式创新与经营绩效》，《中国科技论坛》2016 年第 7 期。

⑦ Kastalli, I. V., Looy, B. V., "Servitization: Disentangling the Impact of Service Business Model Innovation on Manufacturing Firm Performance", *Journal of Operations Management*, Vol. 31, No. 4, 2013.

地位①。由于企业资源基础不同，选择商业模式创新的时机与强度也会存在差异，继而对企业绩效产生不同影响②。此外，商业模式创新对企业绩效的作用过程还受到环境、资源、市场、战略等条件的影响③。

第四节 研究述评

第一，从研究趋势来看，关于制造业服务化领域的研究仍然是学术热点，随着研究的不断深入，学者已经开始将注意力从服务化概念、模式、路径、作用等方面转移到对服务化绩效的衡量与实证研究上。然而，已有研究对于制造企业服务化绩效的理解尚未形成统一认识，学者要么根据自身研究需要对其概念进行界定，要么借鉴服务业中的服务绩效概念或服务创新绩效概念，表现出概念碎片化、多样化的特征，这导致学者对服务化绩效的维度划分和测量量表开发出现分歧。尤其在部分实证研究中，对服务化绩效的测量侧重采取财务指标和少量非财务指标。因此，本书认为有必要结合制造企业实施服务化实践，运用服务创新理论，采取定性与定量相结合的研究方法，进一步明确服务化绩效的划分维度与测量指标，为服务化绩效方面的实证研究提供理论基础，同时，帮助制造企业进一步厘清服务化对企业带来的好处，为服务化实践提供理论指导。

第二，已有关于服务化绩效影响因素的研究，大多采用案例研究、扎根理论、文献梳理等质性分析方法，提出影响制造企业服务化绩效的理论框架，而关于服务化绩效影响因素的实证研究则相对较少。尽管有少数学者开始尝试从实证角度对服务化绩效的前置变量进行研究，但也集中在对技术、人力、知识、战略等因素的分析，对资源整合与服务化绩效之间关系的研究则相对匮乏。资源基础理论认为企业独特资源是企

---

① 张晓玲、李东、赵毅：《商业模式构成要素间的匹配性对企业绩效的影响研究——以创业板及中小板企业为例》，《中大管理研究》2012年第2期。

② 刘刚、刘静、程熙镕：《商业模式创新时机与强度对企业绩效的影响——基于资源基础观的视角》，《北京交通大学学报》（社会科学版）2017年第2期。

③ 田庆锋、张银银、杨清：《商业模式创新：理论研究进展与实证研究综述》，《管理现代化》2018年第1期。

业获得竞争优势的主要来源，面对日益激烈的市场竞争和客户需求的不断变化，制造企业如何通过有效的资源整合重构企业资源基础，继而实现服务化绩效提升成为急需解决的关键问题之一。虽然在资源整合方面已有大量学者的研究成果，但就资源整合本身而言，已有关于资源整合维度的划分还主要集中在整合方式和整合过程方面，缺乏整合柔性视角的解读，资源整合柔性体现了制造企业服务化过程中的资源整合能力。无论企业采取怎样的资源整合方式或资源整合行为，最终都是为了取得良好的整合效果，继而发挥出整合资源的作用。就资源整合的结果变量而言，已有研究主要集中在资源整合对企业绩效、企业能力、竞争优势的影响等方面，而在服务化情境下对制造企业服务化绩效的影响研究则比较匮乏。因此，本书认为有必要从资源整合这个前置变量切入，运用资源基础理论和企业能力理论，深入研究制造企业在服务化过程中资源整合的内容及其对服务化绩效的作用机理，为制造企业服务化转型提供理论指导。

第三，商业模式创新的研究一直是学术界关注的热点问题，学者也将商业模式创新的研究延伸到了制造企业服务化领域。已有关于制造企业服务化领域的商业模式创新研究，主要采用案例分析的研究方法，侧重于对服务化商业模式创新的架构、方式、要素等问题的分析，而关于服务化商业模式创新的测度研究则相对匮乏。尽管有少量学者开始尝试从实证角度来分析商业模式创新对服务化转型的影响，但研究问题聚焦在商业模式创新对服务提供的影响，对商业模式创新作用于制造企业服务化绩效方面的研究则相对匮乏。在商业模式创新领域研究中，学者普遍认为资源整合是商业模式创新的重要前置变量，但关于两者之间影响关系的实证研究相对较少；在商业模式创新的结果变量中，学者对商业模式创新与企业绩效关系的研究相对较多，结论也较为一致。现有研究发现资源整合、商业模式创新都是制造企业实现服务化转型的关键因素。因此，本书认为有必要结合制造企业服务化商业模式的具体实践，运用商业模式创新理论，进一步明晰服务化商业模式创新的方式，利用实证研究方法深入剖析不同服务化商业模式创新方式对服务化绩效的影响。同时，有必要将资源整合、商业模式创新和服务化绩效纳入统一框架，研究商业模式创新在两者之间的作用机制，进一步打开资源整合与服务化绩效之间的中间路径。

第五节 本章小结

本章分别就制造企业服务化及其绩效、资源整合、商业模式创新等相关文献进行系统梳理，结果发现，现有研究在对服务化绩效前置因素研究时多采用质性分析方法，缺乏量化实证研究；在探讨特定因素对服务化绩效影响时多采用单一财务指标或少量多指标来对服务化绩效进行衡量，缺乏细致的测量维度；在对资源整合研究时多从资源整合过程和资源整合方式两个视角切入，缺乏资源整合柔性视角；在对商业模式创新研究时多从商业模式主题设计视角切入，缺乏商业模式的价值主张视角；在关系研究时，对资源整合、商业模式创新、服务化绩效两两关系研究较少，更缺乏三者之间的影响关系研究。在现有研究基础上，进一步提出本书研究探索的方向：在制造业服务化情境下将资源整合、商业模式创新与服务化绩效纳入统一研究框架，分别从资源整合柔性、服务化价值主张、服务化绩效多维测度等研究入手，深入分析"服务化资源整合内容、服务化商业模式创新方式、服务化绩效测量维度、资源整合与商业模式创新对服务化绩效的影响关系及其作用机理"等问题。

第三章 基础理论分析

本章将在前文第二章文献梳理及研究述评基础上,分别对制造企业服务化资源整合、服务化商业模式创新、服务化绩效三方面进行系统理论分析,重点解析资源整合的内容、资源整合的柔性、服务化商业模式分类、服务化商业模式创新的要素以及创新方式、服务化绩效维度等,回答"是什么"的基本问题,为后续研究变量之间的逻辑影响关系奠定理论基础。

第一节 制造企业服务化资源整合分析

一 服务化资源整合的内容

Wernerfelt (1984) 认为"企业是一个资源集合体,企业拥有或者控制的资源影响着企业的竞争优势和收益水平,企业成长战略的实质就是在现有资源运用和新资源培育之间寻求平衡",所谓资源就是"任何可以给企业带来优势的东西"[1]。Barney (1991) 提出企业资源是指能被企业控制和利用,并为企业创造财富的各种物质要素[2]。Amit 和 Schoemaker (1993) 将企业资源定义为组织拥有或可控制的有用因素的储备[3]。饶扬德 (2006) 认为企业资源是指潜在地或实际地影响企业价值创造的所有事项,不仅包括企业内部资源,也包括企业外部资源[4]。

---

[1] Wernerfelt, B., "A Resource-Based View of the Firm", *Strategic Management Journal*, Vol. 5, No. 2, 1984.

[2] Barney, J. B., "Firm Resource and Sustained Competitive Advantage", *Journal of Management*, Vol. 17, No. 1, 1991.

[3] Amit, R., Schoemaker, P. J. H., "Strategic Assets and Organizational Rent", *Strategic Management Journal*, Vol. 14, No. 1, 1993.

[4] 饶扬德:《企业资源整合过程与能力分析》,《工业技术经济》2006 年第 9 期。

由于标准不同，学者对企业资源的类型划分也有所差异。笼统划分的如有形资源和无形资源、传统资源和新资源、隐性资源和显性资源、实资源和虚资源。详细划分的如被操作性资源和操作性资源，生产性资源和工具性资源，物质资本资源、人力资本资源和组织资本资源，营销资源、技术资源和资本资源等。本书借鉴 Spanos 和 Lioukas（2001）[①] 的研究成果，按照职能标准将制造企业服务化过程中所需要整合的资源划分为技术类资源、运营类资源和市场类资源三种，具体如图 3-1 所示，并分别针对这三种类型资源对服务化的作用展开论述。

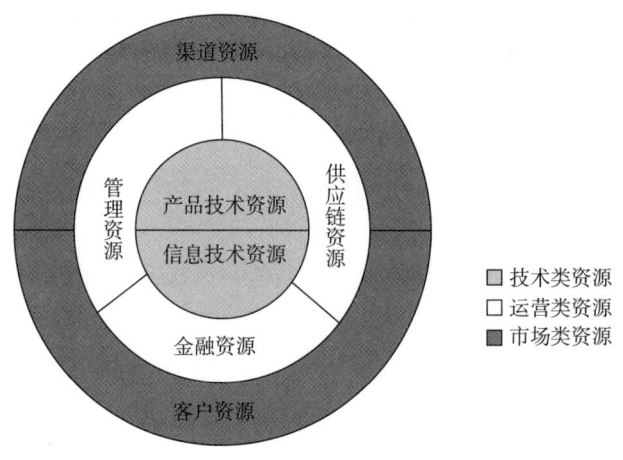

图 3-1　服务化资源整合内容

（一）技术类资源

技术类资源是指与企业技术研发活动、产品或服务创新有关的各类技术资源，主要包括产品技术资源（如产品研发人员、研发设备、研发组织体系、技术成果等）和信息技术资源（如数字化制造技术、物联网技术、大数据、云计算等）。技术类资源是制造企业服务化转型（实施服务化）的核心资源。制造企业服务化不是"去制造业"，而是以企业核心产品为载体，不断提高企业的服务要素投入与产出，增强企

---

① Spanos, Y. E., Lioukas, S., "An Examination into the Causal Logic of Rent Generation: Contrasting Porter's Competitive Strategy Framework and the Resource-Based Perspective", *Strategic Management Journal*, Vol. 22, No. 10, 2001.

业竞争力。作为制造企业的核心资源，技术类资源是制造企业产品创新的基础，也是服务创新的基础。通过不断累积技术类资源，制造企业可以形成更多的知识资产，以此来推动企业向客户提供高品质、高附加值的服务业务，知识资产通过范围经济效应使制造企业获得更高价值。

产品技术资源是制造企业的核心资源，它可以促进企业实现技术创新，从而研发出更具竞争力的产品。这些技术类资源能确保制造企业更为全面地掌握产品的各种技术参数，是企业向客户提供基于产品的各种服务业务的前提和基础。制造企业的服务化转型必须立足于产品，依托强有力的核心产品和技术开展，具有增值价值的服务业务。已有研究发现，通过共有知识基础、共有知识载体和知识交流，制造企业的技术创新能力与服务能力之间能够实现耦合，两者的耦合作用机理如图 3-2 所示[1]。就制造企业而言，各类研发活动可以为企业不断积累相应的技术知识（如技术专利、知识产权、设计专用权等），凭借着这些独特的技术知识，企业可以开展基于技术赋能的服务（属于知识密集型服务），如高度服务化的 IBM 公司就是将数据处理技术作为其服务化的基础，富士施乐公司凭借在打印复印设备领域的领先技术向全球用户提供各种增值服务业务。研发设计人员不仅可以为企业研发出各种新产品，也可以为客户提供各种基于产品的解决方案服务，他们在企业中既扮演着产品研发角色，又扮演着技术服务角色，许多成功实施服务化的制造企业都拥有一支技术专业性强、服务水平高的复合型服务工程师队伍；企业拥有的各类研发中心、工程技术中心、实验室等，既是企业进行技术创新和产品创新的重要平台，也是进行各类服务创新活动的重要基础条件。

信息技术资源对制造企业服务化转型具有重要的支撑作用，有助于制造企业实现协同制造、柔性制造与智能制造，以此来满足客户的个性化需求，有利于制造企业开展基于产品效能提升、产品交易便捷等服务化商业模式。从企业价值链角度来看，信息技术资源的支撑作用贯穿于价值链前端、中端、后端等各个环节，企业可以通过创新设计服务、提高制造效能、增加客户价值来推动服务化转型。其中，数字化设计与制

---

[1] 梁永康、杨水利：《企业技术创新能力与服务能力耦合评价研究》，《科技管理研究》2016 年第 24 期。

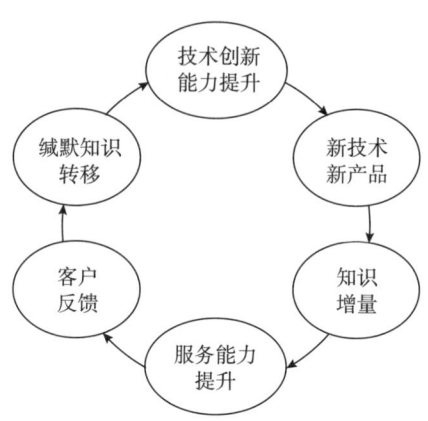

图 3-2 技术创新能力与服务能力耦合作用机理

造技术（如 CAD、CAM、PDM、ERP、MES、3D 打印等技术）的应用能够帮助企业建立基于信息网络平台的整体服务链，最大幅度地缩短新品上市的时间，缩短生产周期，快速响应客户需求，提高设计与生产的柔性，为客户创造价值。物联网技术（如 RFID、GIS、红外感应、激光扫描等技术）的应用能够帮助企业建立远程监测平台，可以对产品进行远程监控，实时了解产品运行情况，为客户提供主动预警与预防性维修服务，减少产品停机率，提升客户价值。大数据和云计算技术的应用能够帮助制造企业实现对供应链和产品的全生命周期管理，有利于开展供应链管理服务和全生命周期服务。通过大数据来驱动企业设计、制造和销售，用数据流支撑企业的个性化定制服务。通过深入挖掘客户特性，根据客户的精准需求分析，按时、按质为客户提供一体化解决方案。互联网技术的应用能够帮助制造企业突破传统的业务模式，形成新的商业模式。首钢股份通过实施"互联网+钢铁"，打造首钢采购电子商务平台，累计成交额达到 810227 万元，同时利用"互联网+"对全产业链进行运营协调与整体优化，使企业在供应链领域形成高效协同的竞争优势。

（二）运营类资源

运营类资源是指与支持企业顺利开展运营活动有关的各类资源，主要包括内部管理资源、外部供应链资源、金融资源等。运营类资源是制造企业服务化转型（实施服务化）的关键资源。制造企业服务化涉及企业战略、组织结构、组织人员、业务流程等多方面的调整与变革，为了保障服务化的顺利实施，需要对企业运营类资源进行有效整合。

制造企业在长期经营过程中积累并形成的管理能力，可以最大限度地提高企业内部生产效率的资源调配体系。管理资源具体包括企业管理理念、领导技巧、组织技巧、沟通技巧等。制造企业服务化是涉及企业战略、运营管理、生产方式、销售方式和资源配置的系统工程，管理资源在产品和服务之间可以实现共享，具有一定的通用性。企业进行服务创新活动需要与技术创新活动不同的资源和能力，这就要求高层管理者依靠管理经验与技巧，围绕着服务业务来适当调整组织结构、组建服务团队、配置服务资源，在企业内部树立服务导向的企业文化。制造企业在服务化转型过程中往往会遇到来自资源配置和组织协调方面的挑战，而管理资源的合理运用则可以保障服务化的顺利实施。

供应链资源主要包括原材料供应商资源、配套厂商资源、外协厂商资源等。面对客户全面、专业、个性化的服务需求，制造企业往往难以凭借自身资源来全部满足，因此需要整合供应链上各个合作伙伴的资源来获得支持。在服务主导逻辑下制造企业可以通过构建产业集群、协作联盟等形式的服务网络来整合关键伙伴的优势资源，与关键伙伴形成战略合作关系，不断提升企业的系统集成能力，从而为客户提供全面的一体化解决方案。整合供应商资源有利于企业发现客户新的需求、开发新的技术以及掌握行业演变规律，识别出可能存在的创新机会。供应商不仅是企业原材料及零部件的提供者，更是企业获得外部知识的源泉。供应商参与企业的服务创新活动，可以使供应商拥有的功能知识、工艺知识和结构知识得到分享，为企业带来向客户提供技术赋能服务的知识增量，从而提高企业整体的服务创新能力。尤其在互联网背景下，许多制造企业借助工业互联网技术实现了智能化的供应链管理方式，有效推动了服务化转型。例如，山东如意科技公司凭借供应链管理模式入选2017年服务型制造示范企业名单，公司通过物联网、云平台构建出高效协同的供应一体化平台，有效整合了供应商资源以及经销商资源，通过协同设计、众创设计、网络众包和品牌零售网络，实现了纺织全流程的个性化定制，通过成立大宗原料供应商联盟，实现了"供应+制造"的一体化，大大提升了产品附加值和市场占有率。

金融资源是确保企业正常运营的基础，也是制造企业进行服务化转型的重要保障，与金融机构的战略合作是企业生产运营与发展的关键。拥有强大金融资源的制造企业可以通过资本运作实现服务创新。针对客户资金缺乏问题，企业可以采取担保融资、委托融资、按揭融资等多种形式向具有潜力的客户提供融资服务，解决所需资金；也可以依托雄厚的金融资源，向客户提供产品保险、融资性租赁等金融服务。尤其在汽车以及工程机械领域，许多企业就是通过金融资源整合促进服务化转型。例如，卡特彼勒公司的金融服务是工程机械行业的典范，作为全球最大的工程机械制造商，1983年开始对客户提供金融服务，包括面向最终客户的零售金融服务和面向经销商的批发金融服务，金融服务对公司的利润贡献达30%左右，通过"设备+金融"模式，卡特彼勒公司不仅获取到增值收益，更增强了公司业绩的稳定性。

（三）市场类资源

市场类资源是指与企业开展市场经营和管理有关的各类资源，主要包括渠道资源、客户资源等。市场类资源是制造企业服务化转型（实施服务化）的重要保障资源，企业的服务创新活动和服务业务推广都离不了市场类资源的支持。

企业的渠道资源主要通过市场营销能力、营销网络构建能力、市场开拓能力表现出来，利用渠道资源可以将企业的产品或服务传送给更多客户。制造企业可以利用原有的产品营销网络来向客户进行服务业务的营销，这样企业不需增加投入或只需少量投入就可以实现服务业务的快速推广，为企业节约分销成本和流通成本，传统的产品渠道网络转变为企业服务业务渠道网络的重要组成部分。现代信息技术的广泛使用也改变着制造企业的渠道网络，电子商务服务平台不仅可以帮助企业实现电子采购、定制交易和网上支付等功能，也为企业实行O2O（线上线下）、C2B（个性化定制）、B2C（直销）等服务化商业模式提供有利条件。例如，佛山维尚家具制造公司凭借其"C2B+O2O"的家具定制化服务平台入选2018年服务型制造示范项目，借助公司旗下的在线服务网站"尚品宅配"为客户提供信息增值服务，客户可以通过网上预约、上门量房、效果图设计、上门安装等流程实现家具全屋定制，通过线上全流程服务、线下实体店体验的方式满足个性化需求。

制造企业在经营过程中积累了一定的客户资源（尤其是战略客户），客户资源对企业的价值主要体现在购买价值、口碑价值、信息价值等方面，拥有较高客户资源的制造企业可以更好地利用客户信息来进行服务创新活动。客户参与是影响制造企业服务创新的重要因素，客户通过向企业提供需求信息增强与企业的信息交流，企业既可以获得来自客户的显性知识，也可以挖掘客户的隐性知识，因此客户知识开发对企业服务创新具有积极推动作用。此外，客户对企业的认同度、满意度和忠诚度是企业拓展服务业务的基础。通过为客户提供高品质的产品，制造企业既可以建立起良好声誉，也能够与客户形成良好关系，当企业向客户提供新的服务时，更容易被客户理解与采纳。制造企业与客户沟通交流的过程实际上就是深入挖掘客户需求的过程，通过客户需求分析设计新的产品服务系统以满足客户的个性化要求，从而提高客户效用。同时，在客户向企业反馈信息的过程中也伴随着客户缄默知识的转移，有利于企业服务创新能力的提升。

二 服务化资源整合的柔性

通过第二章关于资源整合的相关文献综述可以发现，现有关于资源整合维度的划分主要从资源整合的过程和资源整合的方式两个角度展开。然而，按照整合活动先后顺序进行的线性划分过于理性化，按照资源寻求观进行的整合方式的划分依赖于所研究的问题从而导致缺乏连贯性[①]，资源整合的维度刻画问题有待进一步研究。与以往研究不同，本书借鉴物理学中的柔性概念和管理学中的柔性概念，提出从资源整合柔性的角度来考量企业的资源整合行为，以期对资源整合研究进行有益拓展。

物理学中常用柔性来表征材料受到应力变形的属性，通常用延展性和可塑性来衡量，其中延展性反映材料受到拉伸和压缩时产生变形的能力，可塑性反映材料在一定条件下受外力作用发生形变并保持其形变状态的能力。管理学中也常出现柔性的概念，如制造柔性、组织柔性、战略柔性、供应链柔性等。从制造层面来看，柔性是指企业的制造系统在面对市场不确定性时的反应能力[②]；从组织层面来看，柔性是一种与组织僵化和组织刚性相反的特质，是指企业对外部环境的敏感程度以及对

---

① 尹苗苗、王玲：《创业领域资源整合研究现状与未来探析》，《外国经济与管理》2015年第8期。

② Gupta, Y. P., Goyal, S., "Flexibility of Manufacturing Systems: Concepts and Measurements", *European Journal of Operational Research*, Vol. 43, No. 2, 1989.

环境变化的快速应对能力，反映组织的适应能力、灵活性以及响应能力等[1]；从战略层面来看，柔性用来表示企业为了实现战略目标而持续不断适应环境变化的能力[2]，通过利用柔性化资源和采取柔性化资源配置等手段为企业创造战略选择需求[3]，反映了企业在面对环境变化时可否快速自如地投放资源；从供应链层面来看，柔性是指供应链上的各个企业借助柔性制造系统、先进信息技术等手段快速满足客户需求的能力，它既反映了需求方对市场波动的承受能力和应对能力，也反映了供给方对外部环境变化的预测能力[4]。尽管研究情境不同，但从这些关于柔性的不同定义中可以发现，不确定性和能力是界定柔性概念的核心要素。

资源基础理论认为企业独特的资源优势可以为企业带来竞争优势，制造企业在进行服务化转型时，面对客户多样化需求以及市场环境不确定性等带来的压力，通常会采取不同形式的资源整合方式来重构企业的资源体系，以帮助企业形成新的服务能力。由于受到经营环境变化的作用，如服务化战略变革、技术创新、市场竞争等，企业需要调整资源基础来予以应对。在服务化变革要求以及环境不确定性约束下，制造企业在服务化过程中能够整合的资源范围、层次以及整合活动的强度、有效性等都会对资源整合行为产生影响，这种情形与物理学中的柔性概念和管理学中的柔性概念有相似之处。

基于上述分析，本书借鉴柔性思想，将制造企业在服务化变革要求下能够有效识别可供整合的资源范围与类型，保持资源整合进程灵活，对整合的资源进行有效配置和利用，从而不断适应环境变化的能力称为资源整合柔性，它反映了制造企业面对服务化情境时可否有效进行资源整合。资源整合柔性可以从资源整合延展性和资源整合可塑性两个方面来刻画。

---

[1] 谢孟珠：《组织间关系与企业创新绩效：组织柔性的中介作用》，硕士学位论文，东北财经大学，2017年。

[2] 王永贵、邢金刚、李元：《战略柔性与竞争绩效：环境动荡性的调节效应》，《管理科学学报》2004年第6期。

[3] 王栋、郭海：《资源柔性对企业多元化倾向的影响研究》，《科技进步与对策》2010年第23期。

[4] 李拓晨、乔琳、杨萍：《企业间信任对供应链企业组织即兴的影响机理研究——供应链柔性的中介作用与交互记忆系统的调节作用》，《南开管理评论》2018年第4期。

(一) 资源整合延展性

本书将资源整合延展性界定为制造企业在服务化变革要求下能够识别可供整合的资源有效范围、获取有效资源的能力,它反映资源整合的范围和层次以及被整合资源的可选择性。资源是制造企业服务化的基础,为了提高制造企业资源整合延展性,突破企业资源有限的"瓶颈",需要企业在运营过程中既要重视自身独特资源的积累,也要重视从外部获取可供利用的新资源,以此来扩充企业可用的资源池,构建出有利于服务化的独特资源束。例如,实践中一些成功实现服务化转型的制造企业通过构建企业级或者行业级的资源协作网,将用于服务化活动的各类资源(如技术资源、信息资源、金融资源、产品供应链资源等)整合在一个网络框架中,不但使企业原有的可用资源有效范围得到扩大,也使企业得益于整个网络中企业间的良好关系与协作能力,从而能够有效获取可用资源。一般来讲,制造企业在进行服务化资源整合时可以通过以下三种途径来提升延展性。

第一,通过内部资源的服务化利用来提升延展性。制造企业在产品研发、产品生产和产品销售等环节拥有许多制造资源,当企业实施服务化时,这些制造资源就成为服务创新的基础。企业通过对内部制造资源的进一步识别,梳理出与服务化需求相关的资源,挖掘内部制造资源的服务化应用潜力,通过将这些制造资源进行服务化利用来提升企业资源整合延展性,为企业向客户提供"基于制造的服务"提供保障。虎牌电务是杭州虎牌控股集团于2008年成立的专业电工服务企业,通过充分挖掘虎牌集团在低压电气制造领域积累的技术与资源,在电力行业首次提出"服务+连锁+产品"的服务化商业模式,为10千伏及以下电力用户提供专业的用电解决方案和日常维保服务。

第二,通过外部合作获取新资源来提升延展性。制造企业服务能力的提高离不开合作伙伴与客户的支持和参与,一方面供应商参与可以使企业获取来自供应商的功能知识、结构知识和工艺知识,另一方面客户参与能够帮助企业了解客户需求,通过与客户间的相互交流实现客户缄默知识的转移。这样不仅有利于制造企业的产品创新,还能够形成知识溢出效应,有利于企业的服务创新。制造企业可以借助产业联盟、企业联盟、战略伙伴等形式获取供应商资源,可以借助项目合作、委托研发、服务外包等形式获取第三方(高校、科研院所、其他服务机构)

资源，通过外部合作来提升资源整合延展性。

第三，通过实施平台模式来提升延展性。这种途径与上述通过外部合作的资源整合途径相关，基于平台的资源整合模式将合作视为关键要素，合作者既包括供应商、客户，也包括竞争者。通过管理及服务合作，使同行业的竞争者成为平台客户，有利于加强核心企业的行业地位，进一步扩大企业资源整合的范围与层次。由沈阳机床发起成立的 iSESOL 工业互联网平台就是采用这种途径来提升资源整合延展性的典型，它利用开放平台将设备全生命周期数据资源对外共享，面向其他制造企业提供技术、知识、人才、金融等生产要素工业互联网化解决方案。

(二) 资源整合可塑性

本书将资源整合可塑性界定为制造企业在服务化变革要求下能够有效配置和利用所整合资源，保持资源有效性以使资源发挥最大价值的能力，它反映资源整合的强度和效率以及被整合资源的适用性。为了满足服务化的要求，制造企业在资源整合时要保持灵活性，将新获取的资源和企业原有资源进行有效匹配，同时根据竞争环境和需求变化对资源组合进行有效调整，将整合到的资源应用到开发新的服务业务或改进现有服务业务中。例如，陕鼓动力作为首批国家级服务型制造示范企业之一，根据风机行业市场变化，深挖客户需求，不断培育服务化新能力，其较强的资源整合可塑性为企业转型提供了有力支撑，利用整合到的技术资源、供应链资源、金融资源、渠道资源等，面向客户提供产品总集成服务、多元化金融服务、专业化气体服务、能源互联岛整体解决方案等。一般来讲，制造企业在进行服务化资源整合时可以从以下四个方面提升可塑性。

第一，在灵活性方面，制造企业在服务化过程中会面临客户需求的多样化以及经营环境的不确定性，因此在围绕服务化进行资源整合时，企业需要保持整个进程足够灵活，能够根据新的环境及时做出调整。制造企业向客户提供的服务业务是服务化的重要载体，随着企业服务化进程不断推进，企业所提供的服务类型也会有所变化，从基础服务向中高级服务延伸。然而，不同服务业务对资源需求会有差异，因此为了保证服务业务能够顺利开展，就需要企业在资源整合时保持足够的灵活性，针对不同服务业务及时做出调整。

第二，在有效匹配方面，为了使资源价值最大化，需要企业将新获取的资源和原有的资源进行有效匹配，通过资源内聚实现同质资源整合，通过资源耦合实现异质资源整合。围绕着服务化转型，制造企业在对企业内部和外部服务创新资源进行整合时，通过资源识别、获取、激活和配置达到促进新旧融合的目的。尤其在资源配置过程中，一方面需要对某类同质资源（如技术资源、人力资源、金融资源等）进行内聚，使同类资源高度关联，进一步扩大同质资源的聚集优势；另一方面需要耦合不同类资源，降低资源冗余，发挥异质资源的协同效应和匹配优势。

第三，在资源组合调整方面，制造企业需要根据服务化进程对资源组合进行有效调整。已有研究发现资源组合的方式能够显著影响企业创新。对制造企业而言，服务化过程中所从事的服务创新既包括对已有服务业务的改进，也包括新的服务业务的开发。内部资源的开发和外部资源的获取是两种重要的创新资源组合方式[①]，制造企业可以通过对比较熟悉的内部资源进行服务化开发利用来实现对现有服务业务的改善与提升，促进企业的应用性创新；可以通过对外部资源的获取使企业掌握新的资源，扩大企业资源池，有利于企业产生新的技术与产品设计，实现对服务业务的更新，促进企业的探索性创新。

第四，在新服务业务开发方面，制造企业需要利用整合的资源来开发新的服务业务，推动服务化转型。制造企业在进行服务创新时常常面临来自市场、竞争模仿、组织内部、服务产品等方面的不确定性，此时需要借助资源整合以及信息沟通网络来消除或降低这些不确定性[②]。通过资源整合，可以使制造企业获得进行服务创新活动的资源基础，企业可根据市场需求和业务规划，利用整合资源开发适当的服务产品来满足多样化的客户需求，从而提高整合资源的适用性，实现整合资源的价值最大化。

基于上述分析并结合以往相关研究成果，本书认为制造企业在服务化过程中仅仅依靠企业自身资源并不能完全满足客户多样化的需求，因此需要突破以往"大而全""小而全"的思想，树立"合作共赢、互为

---

① 臧金娟：《资源组合方式和双元创新的实证分析》，《企业经济》2018 年第 2 期。
② 郭东海、鲁若愚：《服务创新不确定性的资源整合研究》，《电子科技大学学报》（社科版）2013 年第 1 期。

服务"的理念，通过构建企业服务化资源网络，对来自企业自身、合作伙伴以及客户的各类服务创新资源（主要包括技术类资源、运营类资源和市场类资源）进行有效的识别、获取、配置和利用，最终实现较高程度的资源整合柔性以适应服务化要求。制造企业服务化资源整合框架如图 3-3 所示。

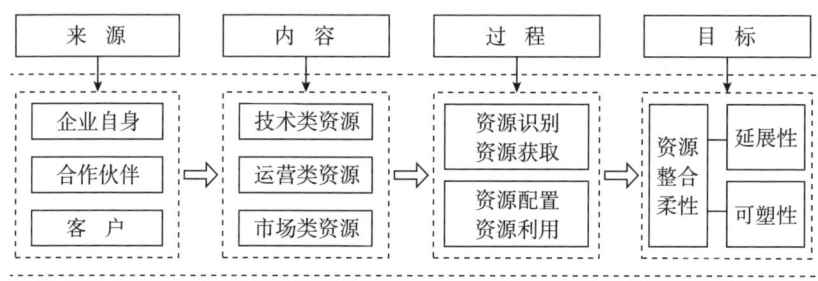

图 3-3　制造企业服务化资源整合框架

第二节　制造企业服务化商业模式创新分析

一　服务化商业模式的分类

商业模式是制造企业服务化转型的具体表现形式，企业不同发展阶段需要不同的商业模式[1]。实践中，越来越多的制造企业采用一定的服务化商业模式来实现服务型制造，服务型制造既是面向服务的制造（区别于传统制造企业），也是面向制造的服务（区别于传统服务企业）。基于不同的价值主张、价值创造过程以及价值获取手段，不同服务化商业模式对企业发挥的作用也会呈现出较大差异。制造企业采取何种服务化商业模式取决于自身产品和所处行业的特点，取决于提供服务的手段和种类，取决于客户的特点和服务目的[2]。随着制造业服务化领

---

[1]　谷晓芬、彭本红、周倩倩：《制造企业服务化转型的商业模式研究——以空中客车为例》，《管理案例研究与评论》2014 年第 5 期。

[2]　朱高峰、唐守廉、惠明等：《制造业服务化发展战略研究》，《中国工程科学》2017 年第 3 期。

域研究的兴起，学者开始关注服务化商业模式问题，并从不同研究视角对服务化商业模式进行了分类。

Mathieu（2001）从价值创造的特点入手，认为制造企业向客户提供服务的模式包括支持产品的服务和支持客户的服务两大类。前者遵循的商业逻辑是以产品为中心，通过提供附加服务来保证客户能够更高效地使用产品以获得更好的客户价值，后者遵循的商业逻辑则是以客户为中心，通过主动为客户提供所需服务来实现客户价值[①]。

Tukker（2004）从产品和服务在交易中所占比重的视角出发，提出产品服务系统（Product Service System，PSS）的三种重要模式，即产品导向的PSS、使用导向的PSS、结果导向的PSS[②]，如图3-4所示。这三种产品服务系统模式取决于服务内容的水平：产品导向主要是"销售增加了额外服务的产品"；使用导向主要是"产品起着核心作用，但提供商保留所有权"；结果导向主要是"客户和提供者在没有指定预定产品的情况下就预定结果达成一致"。

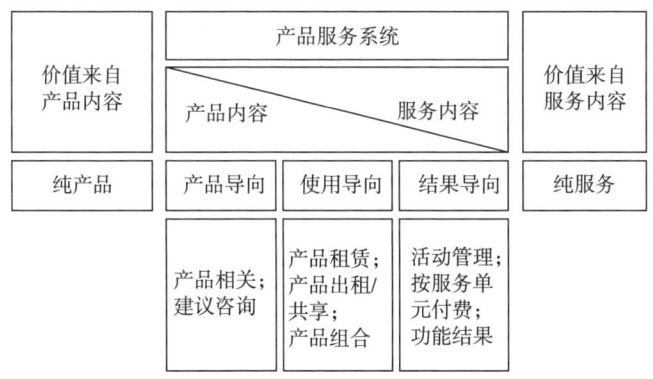

图 3-4　产品服务系统的主要分类

Neely（2008）从服务化策略视角出发，利用 OSIRIS 数据库对来自 25 个不同国家的 10028 家公司的服务化范围和程度的经验证据进行分

---

① Mathieu, V., "Product Services: From a Service Supporting the Product to a Service Supporting the Client", *Journal of Business & Industrial Marketing*, Vol. 16, No. 1, 2001.

② Tukker, A., "Eight Types of Product-Service System: Eight Ways to Sustainability? Experiences from SusProNet", *Business Strategy and the Environment*, Vol. 13, No. 4, 2004.

析，归纳出设计开发、安装实施、维护支持等 12 种不同服务类别[①]。研究发现传统的产品服务系统（PSS）划分方式（产品导向的 PSS、使用导向的 PSS、结果导向的 PSS）不能完全涵盖这 12 个服务类别，需要扩展分类方案以充分代表公司所追求的服务化策略的范围。此扩展涉及添加两个新类别，即整合导向的 PSS 和服务导向的 PSS。其中，整合导向的 PSS 涉及通过垂直整合添加服务来向下游延伸，有形产品的所有权仍然转移给客户，但供应商寻求垂直整合；服务导向的 PSS 是将服务整合到产品本身中，有形产品的所有权仍然转移给客户，但附加的增值服务作为产品的组成部分一起提供。

孙林岩（2009）认为尽管 Tukker 的观点被学术界普遍认同，但产品与服务比重的界定却很模糊，并没有给出不同产品服务系统的本质区别。他从顾客对产品服务系统拥有的所有权多少视角出发，将产品服务系统划分为面向产品的 PSS、面向应用的 PSS 和面向效用的 PSS[②]，如图 3-5 所示。其中，面向产品的 PSS 服务化程度最低，顾客拥有产品的占用权、使用权、收益权和处置权；面向应用的 PSS 服务化程度一般，顾客在一定时期内拥有产品的使用权和收益权；面向效用的 PSS 服务化程度最高，顾客拥有产品的收益权。

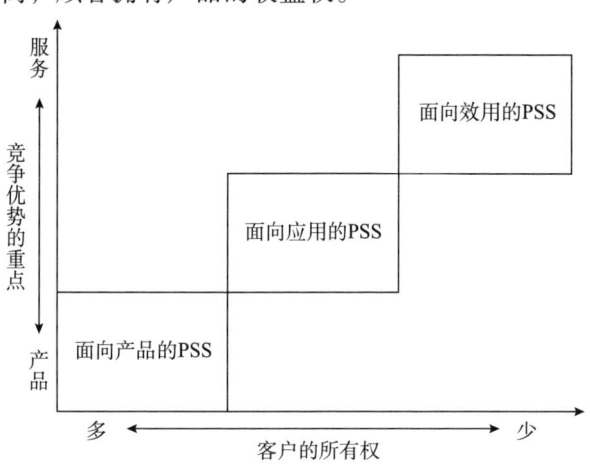

图 3-5　产品服务系统的分类

[①] Neely, A., "Exploring the Financial Consequences of the Servitization of Manufacturing", *Operations Management Research*, Vol. 1, No. 2, 2008.

[②] 孙林岩：《服务型制造：理论与实践》，清华大学出版社 2009 年版。

周艳春（2010）依据制造企业服务化的程度（服务业务比重），将制造企业服务化模式区分为四种类型，分别为"产品+附加服务"模式、"增值服务"模式、"整体解决方案"模式、"去制造化"模式[①]。

安筱鹏（2012）从价值增值来源视角，提出制造企业服务化的四种典型模式，分别为基于产品效能提升的增值服务，包括为客户提供实时化的在线支持服务、动态化的个性体验服务、个性化的产品设计服务；基于产品交易便捷化的增值服务，包括为客户提供多元化的金融融资服务、精准化的供应链管理服务、便捷化的电子商务服务；基于产品整合的增值服务，包括为客户提供总集成总承包服务、集成化的专业运营服务；从基于产品的服务到基于需求的服务，包括为客户提供一体化的解决方案[②]。制造业不同细分行业类型的企业常常根据自身特征选择不同途径作为服务化转型的切入点，如表3-1所示。

表3-1　　　　　不同行业服务化模式选择和增值水平

服务化模式	增值途径	钢铁	化工	装备	汽车	船舶	服装	电子
基于产品效能提升	个性化产品设计	*		**	**	**	****	***
	实时化在线支持			****	***	***		***
	动态化个性体验				***			****
基于产品交易便捷	多元化融资租赁	**	**	***	***	****		*
	精准化供应链管理	****	****	****	****	****	****	****
	便捷化电子商务	****	****	****	****	***	****	****
基于产品整合	一体化成套安装			****				****
	集成化运营维护	**	***	***		**	*	***
基于客户需求	一体化解决方案			**				****

注：增值水平＊表示低，＊＊表示一般，＊＊＊表示高，＊＊＊＊表示非常高。

方润生等（2014）从产品构成视角出发，在深入剖析陕鼓集团服务化转型案例的基础上，总结出制造企业产品服务化的两种基本模式，

[①] 周艳春：《制造企业服务化战略实施及其对绩效的影响研究》，博士学位论文，西北大学，2010年。

[②] 安筱鹏：《制造业服务化路线图：机理、模式与选择》，商务印书馆2012年版。

即单一产品服务化模式与组合产品服务化模式[①]。单一产品服务化模式以单个产品全生命周期内实现产品功能为目标,在产品应用前、应用中、应用后不同阶段向客户提供相应的过程性功能服务。组合产品服务化模式以实现核心产品功能为目标,通过整合相关产品并向客户提供产出性功能服务来满足客户动态需求。

刘林艳和宋华(2014)从企业资源能力视角出发,认为服务化商业模式存在三种形态,即业务流程导向型服务(利用被操作性资源将服务业务活动嵌入创造客户价值的业务流程中)、技术应用定制化服务(利用操作性资源以客户需求为中心提供定制化的技术服务)、系统集成打包型服务(通过整合操作性资源和被操作性资源来为客户提供具有综合价值的整体解决方案)[②]。

Coreynen 等(2017)从企业关注的服务焦点出发,认为制造企业服务化模式有两种,一种是以产品为焦点的服务化,另一种是以客户流程为焦点的服务化[③]。同时,他们结合企业的价值主张,进一步研究数字技术对制造企业服务化的影响,提出服务化金字塔(Servitization Pyramid)(见图3-6),将制造商提供的服务业务分为产品生命周期服务、产品性能服务、产品结果服务、流程支持服务、流程委托服务和混合解决方案六种。

简兆权和张良彩(2017)从创新程度视角出发,在借鉴 Linder 和 Cantrell 的研究成果基础上,提出制造企业服务化转型的三种商业模式,分别为挖掘型服务化商业模式、开拓型服务化商业模式和全新型服务化商业模式,并构建出制造企业服务化转型的商业模式框架[④](如图3-7所示)。这三种服务化商业模式对应的服务化程度存在差异,给制造企业带来的影响也有所不同。具体来讲,挖掘型主要依托现有产品,通过

[①] 方润生、郭朋飞、李婷:《基于陕鼓集团案例的制造企业服务化转型演进过程与特征分析》,《管理学报》2014 年第 6 期。

[②] 刘林艳、宋华:《服务化商业模式创新架构与要素研究——以利丰为例》,《管理案例研究与评论》2014 年第 1 期。

[③] Coreynen, W., Matthyssens, P., Bockhaven, W. V., "Boosting Servitization through Digitization: Pathways and Dynamic Resource Configurations for Manufacturers", *Industrial Marketing Management*, Vol. 60, 2017.

[④] 简兆权、张良彩:《基于商业模式创新的制造企业服务化转型——以广电运通为例》,《科技管理研究》2017 年第 6 期。

产品附加服务来进一步挖掘利润潜力，服务（基础服务）在企业中扮演质量弥补的角色；开拓型主要围绕"产品+服务"的逻辑思路，通过延伸企业价值链两端的服务环节来提高利润，服务（中级服务）在企业中扮演差异化竞争的角色；全新型主要围绕客户需求，通过为客户提供整体解决方案形成价值网络来实现利润增长，服务（高级服务）在企业中扮演利润创造的角色。

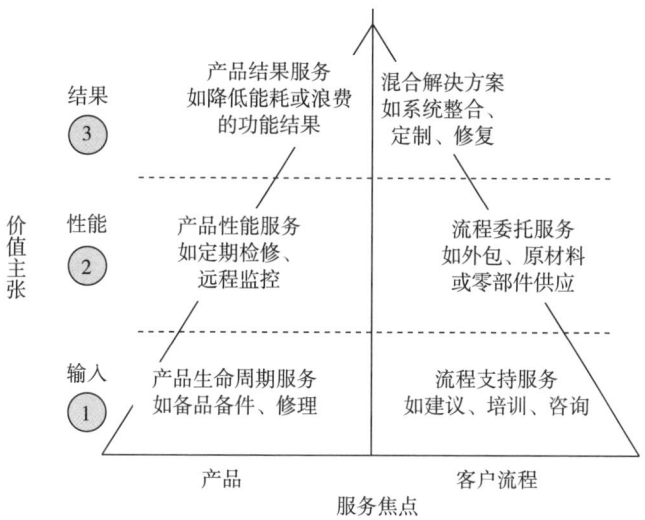

图 3-6　服务化金字塔

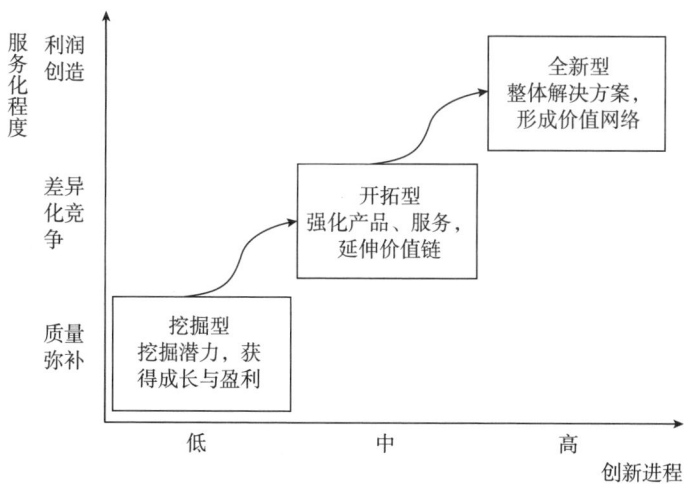

图 3-7　制造企业服务化商业模式框架

上述关于制造企业服务化商业模式分类的研究成果梳理汇总见表3-2。从表中可以发现，尽管学者对服务化商业模式的分类存在差异，但都与Mathieu（2001）和Coreynen等（2017）提出的二分法有共通之处，例如产品导向的PSS、使用导向的PSS、产品+附加服务模式、增值服务模式、产品效能提升、产品交易便捷、产品整合、单一产品服务化、组合产品服务化等都可以归结到以产品为焦点的服务化（或支持产品的服务）模式中，而结果导向的PSS、整体解决方案模式、去制造化模式、客户需求模式、系统集成打包模式等都可以归结到以客户流程为焦点的服务化（或支持客户的服务）模式中。

表3-2　　　　　　　　服务化商业模式的主要分类

分类视角	模式类型	文献来源
价值创造特点	支持产品的服务、支持客户的服务	Mathieu（2001）
产品与服务所占比重	产品导向的PSS、使用导向的PSS、结果导向的PSS	Tukker（2004）
服务化策略	整合导向的PSS、产品导向的PSS、服务导向的PSS、使用导向的PSS、结果导向的PSS	Neely（2008）
客户对产品的所有权	面向产品的PSS、面向应用的PSS、面向效用的PSS	孙林岩（2009）
服务业务所占比重	产品+附加服务模式、增值服务模式、整体解决方案模式、去制造化模式	周艳春（2010）
价值增值来源	产品效能提升、产品交易便捷、产品整合、客户需求	安筱鹏（2012）
产品构成	单一产品服务化、组合产品服务化	方润生等（2014）
资源能力	业务流程导向型、技术应用定制化型、系统集成打包型	刘林艳和宋华（2014）
服务焦点	以产品为焦点的服务化、以客户流程为焦点的服务化	Coreynen等（2017）
创新程度	挖掘型服务化商业模式、开拓型服务化商业模式、全新型服务化商业模式	简兆权和张良彩（2017）

资料来源：根据相关文献整理。

对制造企业而言，服务化商业模式与企业的服务创新活动紧密相连，向客户提供新的服务业务通常意味着企业的商业模式在产品定价或提供服务方面的革新。制造企业从有形产品的提供到无形服务的创新，本质上改变了传统制造企业只关注产品技术创新与产品制造的商业模式。从资源角度来看，服务化商业模式就是以客户价值诉求为出发点，依赖于企业的操作性资源和被操作性资源，构建出相应的服务业态[1]。根据服务价值在制造企业经营业务中的比重，同时延续学术界关于服务化商业模式"二分法"的思想，本书将制造企业服务化商业模式划分为两大基本类型（见图3-8）：一种是产品延伸型服务化商业模式，体现面向产品的PSS和面向使用的PSS，服务价值表现形式为"产品价值+服务价值"（以产品价值为主，服务价值比重较小），该模式强调制造企业以核心产品为内核向客户提供与产品高度相关的增值服务业务，如个性化定制服务、预防性监测运维服务、融资租赁服务等，服务主要扮演质量弥补者和差异化竞争者的角色；一种是客户需求型服务化商业模式，体现面向效用的PSS，服务价值表现形式为"产品价值→服务价值"（服务价值比重较大），该模式强调制造企业以产品技术知识、供应链、销售等运营能力为内核向客户提供与其需求高度相关的增值服务业务，如流程管理服务、活动单元服务、功能性结果服务等，服务主要扮演利润创造者的角色。需要注意的是，无论是哪种服务化商业模式，价值的创新性是制造企业服务化的本质特征，服务化的内涵应该突出强调产品的基础性、价值的创新性以及投入服务化与产出服务化的统一性，其实质就是在制造活动基础上融入创新型服务[2]。

二 服务化商业模式创新的要素

从价值视角出发，商业模式可以被认为是涵盖了价值主张、价值创造和价值获取等活动的一种商业架构。其中，价值主张需要企业明确目标市场、了解客户需求、确定具体提供物；价值创造就是企业以价值主张为基础，运用企业资源与能力、借助一定的业务流程、向客户提供所需产品和服务的过程，其水平取决于产品或服务的新颖性以及专有性；

---

[1] Vargo, S. L., Lusch, R. F., "Service-Dominant Logic: Continuing the Evolution", *Journal of the Academy of Marketing Science*, Vol. 36, No. 1, 2008.

[2] 李天柱、刘小琴、李潇潇：《对当前"制造业服务化"研究的若干理论辨析》，《中国科技论坛》2018年第6期。

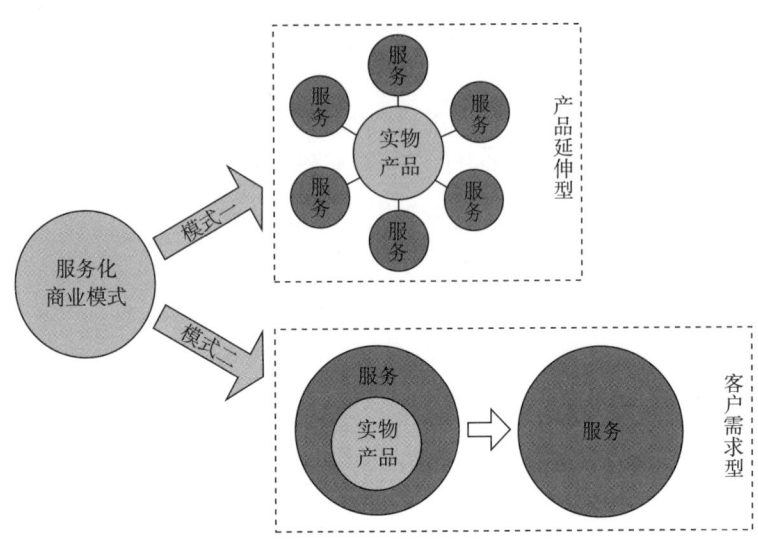

图 3-8　服务化商业模式的主要类型

价值获取就是企业的盈利模式，涉及成本与收入，重点是收入来源。对制造企业来说，服务化是一种全新的商业模式，改变了以往单纯靠生产产品、销售产品来获得盈利的商业模式。传统制造企业要进行服务化商业模式创新，就需要对其原有商业模式的构成要素进行适当变革。

在价值主张方面，传统制造企业强调对目标市场提供特定的实物产品，关注基于技术创新的新产品研发，按照产品类型或者地理区域确定细分市场，比较注重产品价格，以向目标市场提供既有产品作为其价值主张。例如，而实行服务化的制造企业（或服务型制造企业）强调基于服务的产品或者基于产品的服务，既关注产品技术创新，也关注服务创新，通常按照满足客户需求的服务业务来确定细分市场，比较注重客户的使用成本和使用价值，以向客户提供所需"产品+服务"或专业化的新服务产品作为其价值主张。例如，杭氧集团从传统的空分设备制造商转型为工业气体服务商，采用协议供氧、独立运营、承包运营等模式，为石化、钢铁、有色金属、生物制药等行业的企业提供现场制气、管网供气、气体销售及运营管理等专业化的服务，在业内打造出"杭氧服务"的品牌。

在价值创造方面，传统制造企业围绕实物产品生产，通过原材料采购、生产加工、成品储运、市场营销等活动环节向目标市场客户提供实物产品来实现价值创造，在此过程中技术资源、生产设备资源等是企业的核心资源，企业的关键业务就是实物产品的制造与销售，产品价值（V_p）是企业价值（V_t）的核心（$V_t=V_p$），价值创造的高低与企业产品密切相关。实行服务化商业模式创新的制造企业，根据服务化商业模式的不同，其价值创造也有所差异：当企业采取产品延伸型服务化商业模式时，服务成为增加产品价值的关键，企业价值创造围绕"产品+服务"展开，在此过程中产品资源仍然是核心，但服务资源的作用逐渐显现，企业的关键业务既包括实物产品的创新，也包括服务业务的创新，企业价值（V_t）由产品价值（V_p）和服务价值（V_s）组成（$V_t=V_p+V_s$），此时服务价值的比重还相对较小（$V_s<V_p$）；当企业采取客户需求型服务化商业模式时，服务价值成为企业价值的核心，企业价值创造围绕包含产品的服务或者纯服务展开，在此过程中服务资源是企业的核心资源，企业的关键业务就是服务产品的开发，企业价值的表现可以是服务价值和产品价值的组合（$V_t=V_p+V_s$），但服务价值的比重相对较大（$V_s>V_p$），也可是单纯的服务价值（$V_t=V_s$）。

在价值获取方面，传统制造企业的成本主要来自产品生产方面，如原材料采购、能源动力费等，通过实物产品销售来获得收入，企业与客户的关系往往是一次性的交易关系。而进行服务化商业模式创新的制造企业，其成本既来自产品生产方面，也包括新服务开发方面，随着服务化程度的不断加深，服务开发方面的成本会相对增大，通过销售"产品+服务"或纯服务来获得收入，企业与客户的关系变成了具有高黏度的合作关系。

三 服务化商业模式创新的方式

通过第二章关于商业模式创新维度的文献梳理可以发现，现有关于商业模式创新维度的划分主要从创新程度、构成要素、主题设计等视角展开，然而，创新程度的划分方式比较注重企业特质产生的影响，描述较为笼统；要素创新的划分方式比较注重某一具体要素创新，容易忽略企业选择的差异性[1]；主题设计的划分方式比较注重具体情境，目前尚

---

[1] 王鑫鑫、王宗军：《国外商业模式创新研究综述》，《外国经济与管理》2009年第12期。

未出现针对服务化情境下的研究。无论是对原有价值链的调整，还是对价值链中所包含要素的创新都属于商业模式创新的范畴[1]。制造企业在服务化转型过程中需要对原有商业模式进行服务化创新来实现预期目标[2]。对制造企业而言，服务化实际上意味着企业由商品主导逻辑向服务主导逻辑的转变，而这种转变必然会驱使企业进行商业模式创新，原因在于这两种逻辑体现的是不同的价值主张。价值主张决定了企业向客户提供的产品及服务的实用意义，是商业模式创新的源头和起点。因此，本书认为很有必要从制造企业服务化的不同价值主张入手，探寻适合中国制造企业服务化转型的商业模式创新方式，以期为企业实践提供理论指导。

学术界主要从产品、顾客、战略三个视角来对价值主张进行研究，其中产品视角下的价值主张体现企业满足顾客需求的方式和手段，明确企业向顾客提供产品和服务的类型，以此来与竞争对手进行区分；顾客视角下的价值主张体现企业向顾客提供产品和服务来创造价值的思维，涵盖了价值选择、价值提供以及价值传递等环节；战略视角下的价值主张体现企业确立目标客户、明确任务、提供产品和服务的过程[3]。本书认为，价值主张就是企业向客户提供特定的产品和服务来满足客户需求并创造价值的方式。

在有关制造企业服务化价值主张的研究中，Mathieu（2001）提出了两种服务化价值主张，即制造商向客户提供两种不同服务，一是支持产品的服务（SSP），二是支持客户的服务（SSC），前者以产品为导向，通过核心产品与附加增值服务创造价值，后者以客户需求为导向，通过满足客户需求创造价值[4]。江积海和沈艳（2016）基于服务主导逻辑理论，将客户价值主张划分为功能型和情感型两种类型，前者强调有用，表示用户较多关注实物产品的功能，如技术、质量，体现交换价

---

[1] Magretta, J., "Why Business Models Matter", *Harvard Business Review*, Vol. 80, No. 5, 2002.

[2] 蔺雷、吴贵生：《服务创新：研究现状、概念界定及特征描述》，《科研管理》2005 年第 2 期。

[3] 顾莹：《服务型制造商业模式创新过程中价值主张与价值网络的适配性研究》，硕士学位论文，东南大学，2018 年。

[4] Mathieu, V., "Product Services: From a Service Supporting the Product to a Service Supporting the Client", *Journal of Business & Industrial Marketing*, Vol. 16, No. 1, 2001.

值；后者强调易用和有爱，表示用户较多关注产品的消费体验与情感元素，体现使用价值①。顾莹（2018）提出制造企业服务化三种不同的价值主张，即支持产品的服务（以产品为核心）、支持顾客行为的服务（以顾客流程为核心）、提供解决方案的服务（以纵向协作为核心）②。

本书借鉴江积海和沈艳（2016）的研究观点，仍然将制造企业服务化的价值主张分为功能型和情感型两种类型。在此基础上，延续学者提出的"二分法"思想，结合产品延伸型和客户需求型两种服务化商业模式表现形式，从价值创造、价值获取等构成要素出发，进一步提出制造企业服务化商业模式创新的两种方式，即产品导向（Product-Oriented）服务化商业模式创新和客户导向（Customer-Oriented）服务化商业模式创新。这两种服务化商业模式创新方式实际上反映出两种不同的服务化逻辑思维，与当前学术界关于制造企业服务化研究的两大主题相吻合③。

产品导向型是一种与商品主导逻辑（Goods-Dominant Logic，GDL）相关的思维模式，服务被认为是物理产品的附属物，并且随着更多服务属性的被添加以实现物理产品的不间断性能④，客户主要关注物理产品的技术特征或质量等功能层面的硬性元素。客户导向型是一种与服务主导逻辑（Service-Dominant Logic，SDL）相关的思维模式，服务被视为企业的核心产品，侧重于客户在体验或使用物理产品时所获得的共创价值，服务化实际上是企业设计服务系统的过程⑤，客户主要关注企业服务层面的软性元素。基于不同价值主张，从价值创造、价值获取、适用条件等方面对两种服务化商业模式创新方式进行比较，具体如表3-3所示。

---

① 江积海、沈艳：《制造服务化中价值主张创新会影响企业绩效吗？——基于创业板上市公司的实证研究》，《科学学研究》2016年第7期。

② 顾莹：《服务型制造商业模式创新过程中价值主张与价值网络的适配性研究》，硕士学位论文，东南大学，2018年。

③ Green, M. H., Davies, P., Ng, I. C. L., "Two Strands of Servitization: A Thematic Analysis of Traditional and Customer Co-Created Servitization and Future Research Directions", *International Journal of Production Economics*, Vol. 192, 2017.

④ Tukker, A., "Eight Types of Product – Service System: Eight Ways to Sustainability? Experiences from SusProNet", *Business Strategy and the Environment*, Vol. 13, No. 4, 2004.

⑤ Spohrer, J., Maglio, P. P., "The Emergence of Service Science: Toward Systematic Service Innovations to Accelerate Co-Creation of Value", *Production and Operations Management*, Vol. 17, No. 3, 2008.

表 3-3　　两种服务化商业模式创新方式的比较

创新方式	产品导向型	客户导向型
核心逻辑	商品主导逻辑	服务主导逻辑
价值主张	功能型价值主张	情感型价值主张
价值创造	围绕企业核心产品，提供或者开发新的服务业务以有利于产品效能提升、便捷化交易和产品系统集成	围绕客户需求，将企业在研发、供应链、销售等方面的核心能力外化为服务能力，利用其在价值链的运营优势提供专业服务
价值获取	产品销售+服务收入	服务收入
适用条件（企业思维）	使用价值由公司提供，其价值主张具有内在价值	共同创造使用价值，客户是使用产品期间积极参与者和价值创造的贡献者
	增加服务合同是公司制造能力的延伸，服务是固定的	所有价值主张都固有地关注结果，因此在不同使用环境中为客户服务成为优先事项
	产品服务系统的设计被视为线性过渡，风险主要源于服务内容	产品的形成需要整个服务系统的设计和管理。然而，公司无法控制所有资源，因此通过建立共同能力来管理客户参与和自治是管理背景变化的关键
	服务专注于公司和客户的效率提升，这意味着产品的设计仍然保持功能刚性，价值主张在各种使用环境中对多样性的容忍度较低	服务侧重于公司和客户的有效性，这意味着产品的设计展现出开放和灵活的功能边界。价值主张在一定范围内具有高变异耐受性

资料来源：根据相关文献整理。

制造行业种类多样，不同行业和企业的情况存在差异，在进行服务化商业模式创新的过程中，产品导向和客户导向的服务化商业模式创新方式也表现出不同的服务形态，表 3-4 罗列出了几种常见的可供企业选择的表现形态，企业可以根据自身情况选择合适的服务形态来开展服务业务，实现服务化商业模式创新。当然，随着外部环境、信息技术、技术工艺、客户需求等变化，服务化商业模式创新的具体形态也会发生变化，企业需要适时对原有服务业务进行调整，以满足服务化要求，实现企业服务化目标。

表 3-4　　　两种服务化商业模式创新方式的常见表现形态

创新方式	表现形态	行业类别						
		装备	汽车	服装	电器	电子	钢铁	家具
产品导向服务化商业模式创新	产品定制化服务	√	√		√	√	√	√
	产品总成服务	√	√		√	√	√	
	产品全生命周期	√	√		√	√		√
	多元化金融服务	√	√			√	√	
	远程监测服务	√			√	√		
	在线支持服务	√	√			√		√
	供应链管理服务	√	√	√	√	√		
	电子商务服务	√	√	√	√	√		
客户导向服务化商业模式创新	信息增值服务	√	√		√	√		
	整体解决方案	√			√	√		√
	一体化运营服务	√				√		
	专业化外包服务	√		√		√	√	

注:"√"表示可供制造企业选择的服务表现形态。

第三节　制造企业服务化绩效维度分析

从第二章关于制造企业服务化绩效的相关文献梳理可以发现,目前学术界尚未出现对服务化绩效概念的清晰界定,就测量维度而言,现有研究主要侧重于财务绩效(即服务化对企业财务方面的影响)方面,还有部分学者借鉴服务行业中的服务创新绩效的测量方法来衡量制造企业服务创新行为的结果。然而,服务创新研究主要聚焦服务型企业,研究问题集中在新服务开发、服务提供、服务流程等方面,其绩效侧重于衡量服务创新活动本身所产生的影响。与之不同的是,制造企业服务化着眼于企业价值提升,更关注企业基于核心产品或核心技术所开展的创新型服务活动,其本质是以制造为基础、以客户为中心,通过增加服务要素在投入和产出中的比重,用服务逻辑来指导企业发展。服务化绩效强调制造企业实施服务化对企业发展的贡献,在服务化的过程中涉及服务提供和服务创新活动等行为。因此，服务创新绩效的衡量指标并不完全适用于服务化绩效的测量。

当前关于制造企业服务化绩效构成维度方面的研究还相对较少，少数学者根据自身研究目的和研究视角得出的结论也存在差异，研究较为分散，知识碎片化，但从中可以发现服务化绩效应该是一个多维度而非单维度构念，对服务化绩效的探究需要结合企业实践来展开。因此，本书在第二章界定的"服务化绩效"概念的基础上，采用定性与定量相结合的研究方法，遵循"扎根理论初步探索→关键指标筛选→测量维度确定"的分析思路对服务化绩效的测量维度及指标进行深入分析。

首先，利用采用扎根理论的质性研究方法对服务化绩效进行初步探索。扎根理论（Grounded Theory）最先是社会学者 Glaser 和 Strauss 于 1967 年提出的一种质性研究方法。研究者在观察实际现象的基础上，从各种资料和数据中充分挖掘出概念与范畴，继而形成新理论，其主要步骤如图 3-9 所示。在管理学研究中，对于内涵和外延尚不明确或仍然存在争议的理论概念更适合采用质性研究，尤其是基于扎根理论研究方法的质性研究[①]，而实践中许多典型制造企业的服务化转型案例则为扎根理论分析提供可靠素材，能够从案例中提取出反映服务化绩效本质的概念，以达到构建理论的目标。可以说，扎根理论研究是从经验数据中发现理论的最有影响的研究范式，因此适合于制造企业服务化绩效这一概念和结构维度尚不明确的理论构念的探索。其次，借鉴类似研究，采用相关数理统计的定量研究方法，在扎根理论形成的服务化绩效条目的基础上，通过指标重要性分析、相关性分析和信效度分析，进一步修正服务化绩效的构念结构，提取构念组成维度。

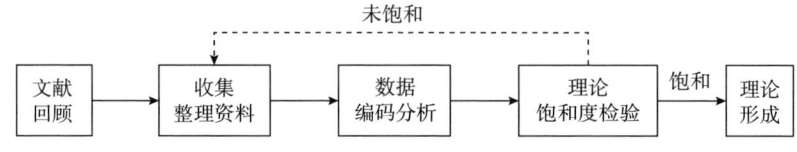

图 3-9　扎根理论研究方法的主要步骤

---

① 王璐、高鹏：《扎根理论及其在管理学研究中的应用问题探讨》，《外国经济与管理》2010 年第 12 期。

一 服务化绩效的扎根理论初步探索

扎根理论认为一切皆为数据。本书研究中使用的数据类型包括三种：一是文献数据。以"服务化绩效""服务绩效""服务创新绩效"为关键词在中国知网（CNKI）上检索整理相关文献。二是案例数据。从前期整理的"服务型制造企业案例库"中随机选取出8个案例样本，案例涉及服务型制造的内容、模式、对企业影响等方面。三是访谈数据，主要是部分服务型制造企业实地调研访谈记录。通过对所采集数据的初步整理，共摘录出165条与"服务化绩效"有关的原始资料记录，以此作为研究的样本数据。在此基础上，按照扎根理论研究方法的主要步骤，逐步进行开放性编码、主轴性编码和选择性编码分析。

（一）开放性编码

开放性编码是对原始资料逐字逐句进行标签化处理，分解、比较资料，形成初始概念、发现所属范畴的过程（即对原始资料贴标签，进行概念化、范畴化）。本书在进行开放性编码时采用迭代式的方法，即先对第一个案例进行概念化处理，然后以此为模板，将第二个案例所形成的概念与模板进行比较，修正并补充模板从而形成新的模板，第三个案例又对新模板修正补充，以此类推，完成整个概念化操作。表3-5给出了本书研究过程中开放性编码的示例。经过开放性编码，最终得到关于服务化绩效的79个概念条目，提取出20个副范畴，如表3-6所示。

表3-5　　　　　　　　开放性编码示例

范畴化	概念化	原始资料记录
客户价值	创造客户价值	陕汽在激烈的竞争中创造出独特的客户价值
	客企共赢	共同搭建以重卡产品为核心的大物流生态圈，实现合作共赢
	把握客户需求	正是立足于要做一家服务型企业，才能精准地把握客户需求
产品销售	带动产品销售	向客户提供性能、服务、价值的综合体验，当年产生1.4万辆的现场订单
	销售增长	2014年陕汽"服务型制造"战略隆重开启，一举打破低迷市场、实现销售逆势增长，成功之由盖源于此
市场响应速度	反应敏捷	矩阵式创新，任何部门、任何人在任何一个环节上感知用户的需求，交互作用，即时改进优化
	服务反应速度	服务响应及时性由15分钟缩短至5分钟

续表

范畴化	概念化	原始资料记录
新产品开发	促进产品开发	随着服务化的深入，凭借矩阵式、生态化的研发体系，陕汽历时三年开发出高端产品——德龙 X3000 重卡

表 3-6　　　　　　　　开放性编码形成的范畴结果

编号	副范畴	初始概念
1	产品性能	产品质量控制、提高产品稳定性、提高产品效率、提升设备效率、提升设备性能
2	员工积极性	激发员工热情、劳动生产率提高、员工参与创新
3	客户关系	改变客企关系、长久客户关系、客户长期合作
4	新产品开发	促进产品开发、推出新产品、促进新成果转化
5	服务收入	服务收入比重增加、服务收入增多
6	内部协作	部门良好合作、促进分工协作、跨部门协作、内部效率最大化、内部协商、业务协作
7	带动新业务	促进其他业务发展、带来新业务、服务内容、服务范围、新服务开发、服务创新、服务组织
8	市场份额	提高市场占有率、开拓市场、扩展市场
9	客户忠诚	顾客忠诚度提高、忠诚顾客增多
10	品牌影响力	扩大品牌影响力、提升品牌影响力
11	投资回报	投资报酬率、投资回报率
12	产品技术创新	促进高效研发、促进技术进步、与技术良性互动、客户推动研发、明确技术创新方向、缩短研发周期
13	吸引新客户	培育新客户、吸引新客户、提高用户转化率
14	抵御风险	抗风险能力增强、应对经济波动
15	市场响应速度	对市场反应加快、反应敏捷、服务响应时间、市场快速反应、提高市场反应速度、服务反应速度
16	盈利能力	带来良好经济效益、带来稳定收入、带来稳定现金收入、获得更高收益、扩大盈利空间、扩展收入空间、提高经济效益、提升盈利能力
17	市场竞争力	利于企业可持续发展、提高企业实力、提升竞争力

续表

编号	副范畴	初始概念
18	客户价值	创造客户价值、降低客户成本、把握客户需求、客企共赢、提升客户体验、为顾客着想、客户预期
19	产品销售	带动产品销售、销售增长、增加销售收入
20	客户满意	顾客满意度提升、客户满意度提高、提升满意度

（二）主轴性编码

主轴性编码主要是建立已被发现的各种范畴之间的联系，来展现资料中各部分间的关联性，提取出主范畴及其副范畴。借助 Strauss 和 Corbin 提出的范式模型（即现象、条件、背景、行动与互动的策略和结果之间所体现的逻辑关系），把上述 20 个副范畴间的关系重新展现，资料又被重新组合在一起。通过主轴性编码，最终把 20 个副范畴归纳到 5 个主范畴之中，如表 3-7 所示。

表 3-7　　　　　主轴性编码形成的主范畴结果

编号	主范畴	对应副范畴
1	产品绩效	产品性能、新产品开发、产品技术创新、产品销售
2	财务绩效	盈利能力、投资回报、服务收入
3	协作绩效	内部协作、员工积极性
4	客户绩效	客户价值、客户关系、客户满意、客户忠诚、吸引新客户
5	市场绩效	市场响应速度、市场份额、市场竞争力、品牌影响力、抵御风险、带动新业务

（三）选择性编码

选择性编码的主要任务是选择能将大多数研究成果囊括在一个比较宽泛的理论范围之内的核心范畴，用故事线的方式把核心范畴和其他范畴联系起来，验证其间的关系，搜集资料进一步完善各范畴。通过对 79 个概念和 20 个副范畴及 5 个主范畴的深入分析，发现可以用"服务化绩效"这一核心范畴来统领其他范畴。至此，得到如下故事线：在服务化大背景下，制造企业服务化绩效由产品绩效、财务绩效、协作绩效、客户绩效和市场绩效共同构成，其中产品绩效反映实施服务化对企业产品层面的影响，服务化应该有利于企业的产品研发与销售；财务绩效反映实施服务化对企业财务方面的影响，能够为企业带来财务收益是实施服务化的直接动力；协作绩效反映实施服务化对企业内部部门之间协同工作的影响，服务化应该有利于部门间协调；客户绩效衡量的是实施服务化在客户方面的表现，制造企业服务化的导向就是满足客户需求，为客户带来利益；市场绩效反映实施服务化的企业在市场中的表现，提高企业市场绩效是实施服务化的主要目标。

（四）理论饱和度检验

扎根理论要求在研究时不断寻找新的数据来和已经形成的范畴进行比较，当有新的范畴产生时要对理论进行修正，直至达到理论饱和。因此，本书从前期整理的服务型制造企业案例库中又随机选取了其他四个案例再次进行编码，经对比发现所形成的范畴也都被已有范畴概括，并无新的范畴产生，满足理论饱和要求。

二 服务化绩效的关键指标筛选

研究者自身因素会对扎根理论分析中概念与范畴的提取产生主观影响，因此在之前质性研究的基础上，本书拟定出制造企业服务化绩效的 20 个评价指标，分别对应表 3-6 中的 20 个副范畴，并将其定义为指标全集，记作 $X^{(1)} = \{x_1, x_2, x_3, \cdots, x_{20}\}$，其中 x_1 为产品性能，x_2 为新产品开发，x_3 为产品技术创新，x_4 为产品销售，x_5 为盈利能力，x_6 为投资回报，x_7 为服务收入，x_8 为内部协作，x_9 为员工积极性，x_{10} 为客户价值，x_{11} 为客户关系，x_{12} 为客户满意，x_{13} 为客户忠诚，x_{14} 为吸引新客户，x_{15} 为市场响应速度，x_{16} 为市场份额，x_{17} 为市场竞争力，x_{18} 为品牌影响力，x_{19} 为抵御风险，x_{20} 为带动新业务。借鉴范柏乃等（2002）[1]、陈险峰（2014）[2] 的研究方法，通过重要性分析、相关性分析以及信效度检验，进一步筛选出关键指标。具体步骤如下。

步骤一：指标重要性分析。若把指标全集 $X^{(1)}$ 看作一个模糊集合，那么重要性分析就是要判断每个指标属于指标全集的程度，可用内容效度指数和等级差异度系数来衡量。内容效度指数（记为 $I\text{-}CVI$，取值范

---

[1] 范柏乃、单世涛、陆长生：《城市技术创新能力评价指标筛选方法研究》，《科学学研究》2002 年第 6 期。

[2] 陈险峰：《评价指标体系的设计方法研究——基于产业集群竞争力》，《运筹与管理》2014 年第 3 期。

围为 0—1）反映每个指标与原定指标体系范围的吻合程度，指标 x_i 的 $I\text{-}CVI$ 值越大表明与 $X^{(1)}$ 关系越紧密。实践中通常采用专家咨询法来对每个指标进行打分，这里定义 N 表示评价专家总人数，N_i 表示认为指标 x_i 与 $X^{(1)}$ 内容具有关联性的专家人数，则指标 x_i 的 $I\text{-}CVI$ 值可以利用式（3-1）计算得出：

$$I\text{-}CVI = \frac{N_i}{N} \qquad \text{式（3-1）}$$

一般认为单个指标的 $I\text{-}CVI$ 大于等于 0.78 时，内容效度较优，而小于 0.78 的指标则予以剔除①。

等级差异度系数（记为 f_i，取值范围为 0—1）反映评价者对指标 x_i 的认同程度。当 $f_i \to 0$ 时，表明评价者对该指标的评分等级差别较小；当 $f_i \to 1$ 时，表明评价者对该指标的评分等级差别较大。通常当 $f_i \geq F$ 时，该指标被剔除，F 为设定的固定阈值。f_i 值可运用式（3-2）计算得出：

$$f_i = \frac{4}{9} \sum_{m=1}^{n} \frac{N_{im}}{N} (m - \overline{m_i})^2 \qquad \text{式（3-2）}$$

其中，m（$m=1, 2, 3, \cdots, n$）为专家 j 对指标 x_i 的评分，N_{im} 为对指标 x_i 评分为 m 分的专家人数，$\overline{m_i}$ 为指标 x_i 的专家评分均值。经过此轮指标重要性筛选，形成指标子集 $X^{(2)}$。

步骤二：指标相关性分析。指标体系中的每个指标应当尽可能地保持相对独立性，避免产生指标间的多重共线性问题。由于各指标初始数据值的单位不同，在进行相关性分析时需要进行无量纲化处理，将每个原始数据转换为标准分数（Z 分数），可利用式（3-3）进行数据转换：

$$Z = \frac{m - \overline{m_i}}{s_i} \qquad \text{式（3-3）}$$

其中，Z 为专家 j 对指标 x_i 评分转换后的标准分数，s_i 为指标 x_i 的评分标准差。在标准化数据的基础上，需要进一步计算指标之间的相关系数 R。以指标 x_a 和指标 x_b 为例，其相关系数 R_{ab} 可利用式（3-4）计算得出：

---

① 史静琤、莫显昆、孙振球：《量表编制中内容效度指数的应用》，《中南大学学报》（医学版）2012 年第 2 期。

$$R_{ab} = \frac{\sum_{j=1}^{N}(Z_{aj} - \overline{z_a})(Z_{bj} - \overline{z_b})}{\sqrt{\sum_{j=1}^{N}(Z_{aj} - \overline{z_a})^2}\sqrt{\sum_{j=1}^{N}(Z_{bj} - \overline{z_b})^2}} \quad \text{式 (3-4)}$$

若 $R_{ab}>C$，则删除隶属度较低的那个指标；若 $R_{ab}<C$，则两个指标均保留。其中，C 为设定的临界值常数（$0<C<1$）。经过此轮指标相关性筛选，形成指标子集 $X^{(3)}$。

步骤三：指标信效度检验。经过前两个阶段的指标筛选，为进一步了解剩余指标的可靠性与有效性，需做指标的信度与效度检验。信度是指根据测验工具所得结果的一致性或稳定性，反映评价指标的可靠程度，常采用内部一致性信度系数值（即 Cronbach's α 系数）来衡量。α 值越大，评价指标体系的可信度越高（一般 α 值应满足 $\alpha \geq 0.7$，最好能高于 0.8）。利用式（3-5）可算出 α 系数值：

$$\alpha = \frac{K}{K-1}\left(1 - \frac{\sum S_i^2}{S^2}\right) \quad \text{式 (3-5)}$$

其中，K 为指标集 $X^{(3)}$ 包含的指标总个数，$\sum S_i^2$ 为指标评分方差总和，S^2 为指标评分总分的方差。

效度反映评价指标体系的有效性，通常采用效度系数 β 来衡量，表明不同专家在采用同一指标体系对相同对象进行评价时产生的偏离程度。β 值越小，评价指标体系的有效性就越高（一般 β 值应满足 $\beta \leq 0.1$[①]）。假设所有评分专家对指标 x_i 的评分集为 $m_{ij} = \{m_{i1}, m_{i2}, m_{i3}, \cdots, m_{iN}\}$，$M_i$ 为评分集中的最优值，则指标体系的效度系数 β 值可通过式（3-6）计算得出：

$$\beta = \frac{\sum_{i=1}^{K}\left(\frac{\sum_{j=1}^{N}|\overline{m_i} - m_{ij}|}{N \times M_i}\right)}{K} \quad \text{式 (3-6)}$$

三 服务化绩效测量维度的确定

按照关键指标筛选步骤，首先将指标全集 $X^{(1)}$ 中的 20 个指标设计

---

① 陈伟斌、张文德：《网络信息资源著作权资产评价指标体系研究》，《情报理论与实践》2014 年第 12 期。

成对应的测量题项，采用 Likert 五级量表的方式（1—5 分，1 表示"非常不同意"、5 表示"非常同意"）形成专家咨询问卷（详见附录 1），然后向 30 位专家发放问卷，请他们根据自己的知识和经验对各指标进行打分。这些专家既有服务型制造领域的研究人员，也有服务型制造企业的中高层管理人员。所有问卷数据采集过程均借助问卷星在线调查工具进行。将收回的问卷数据汇总，形成专家对指标全集的评分总表，作为后续分析的原始数据。

进行指标重要性分析，选取固定阈值 F 为 0.25[①] 计算内容效度指数时 N_i 为评分总表中对指标 x_i 打分为"3 分及以上"的专家人数，将评分总表中的数据分别代入式（3-1）和式（3-2）进行运算，结果如表 3-8 和表 3-9 所示。

表 3-8 各指标 $I\text{-}CVI$ 值

指标\特征值	x_1	x_2	x_3	x_4	x_5	x_6	x_7	x_8	x_9	x_{10}
$I\text{-}CVI$ 值	0.77	1	0.97	1	1	0.8	1	0.83	0.73	1

指标\特征值	x_{11}	x_{12}	x_{13}	x_{14}	x_{15}	x_{16}	x_{17}	x_{18}	x_{19}	x_{20}
$I\text{-}CVI$ 值	1	0.97	0.9	1	1	1	0.9	0.83	0.77	1

表 3-9 各指标 f_i 值

指标\特征值	x_1	x_2	x_3	x_4	x_5	x_6	x_7	x_8	x_9	x_{10}
f_i 值	0.434	0.131	0.217	0.199	0.222	0.463	0.162	0.479	0.583	0.187

指标\特征值	x_{11}	x_{12}	x_{13}	x_{14}	x_{15}	x_{16}	x_{17}	x_{18}	x_{19}	x_{20}
f_i 值	0.141	0.229	0.488	0.199	0.228	0.207	0.357	0.542	0.434	0.175

通过分析发现，指标"x_1 产品性能、x_9 员工积极性、x_{19} 抵御风

[①] 陈险峰：《评价指标体系的设计方法研究——基于产业集群竞争力》，《运筹与管理》2014 年第 3 期。

险"的 I-CVI 值小于 0.78，根据前文提到的内容效度指数的判断标准（即当单个指标的 I-CVI 值大于等于 0.78 时，表明内容效度较优，而小于 0.78 的指标则予以剔除），将其删除。指标"x_6 投资回报、x_8 内部协作、x_{13} 客户忠诚、x_{17} 市场竞争力、x_{18} 品牌影响力"的 f_i 值大于等于 0.25，根据前文提到的等级差异度系数的判断标准（即通常认为当 f_i 大于等于 F 时，该指标被剔除），将其删除。将此轮筛选后剩余的 12 个指标整理形成指标子集 $V=\{v_1, v_2, v_3, \cdots, v_{12}\}$。

在指标相关性分析时，选取临界常数值 C 为 0.7[①]，将指标子集 V 的原始数据分别代入式（3-3）和式（3-4）进行运算，结果如表 3-10 所示，发现所有指标之间的相关系数 R 值均小于 0.7，于是保留 V 里的 12 个指标进行下一轮信效度校验。

表 3-10　　　　　　　　　　指标间相关性矩阵

	v_1	v_2	v_3	v_4	v_5	v_6	v_7	v_8	v_9	v_{10}	v_{11}	v_{12}
v_1	1.000											
v_2	0.353	1.000										
v_3	0.104	0.256	1.000									
v_4	0.190	0.209	0.315	1.000								
v_5	-0.115	0.150	0.208	0.237	1.000							
v_6	0.020	-0.124	0.413	0.355	-0.076	1.000						
v_7	0.347	0.381	0.530	0.377	0.147	0.501	1.000					
v_8	0.266	0.159	0.630	0.232	0.113	0.400	0.660	1.000				
v_9	0.415	0.313	0.213	0.413	0.176	0.275	0.530	0.286	1.000			
v_{10}	0.066	0.040	0.564	0.469	0.527	0.243	0.495	0.509	0.314	1.000		
v_{11}	0.191	0.279	0.218	0.276	0.484	0.075	0.347	0.204	0.437	0.408	1.000	
v_{12}	0.324	0.091	0.311	0.295	0.006	0.554	0.471	0.522	0.216	0.315	0.155	1.000

在指标信效度检验时，将指标子集 V 的原始数据代入式（3-5）和式（3-6），通过运算得出指标子集 V 的 α 系数值为 0.833，β 系数值为 0.095，均符合检验要求，表明所构建的评价指标信效度较高。

[①] 范柏乃、单世涛、陆长生：《城市技术创新能力评价指标筛选方法研究》，《科学学研究》2002 年第 6 期。

经过上述三层筛选，最终确定出制造企业服务化绩效的测量维度与指标。研究发现，服务化绩效由 4 个维度构成：①产品绩效，反映实施服务化对制造企业在产品方面的贡献，可以从新产品开发、产品技术创新、产品销售 3 个方面衡量；②财务绩效，反映实施服务化对制造企业在财务方面的贡献，可以从盈利能力、服务收入 2 个方面衡量；③客户绩效，反映实施服务化对制造企业在保持拓展客户方面的贡献，可以从客户价值、客户关系、客户满意、吸引新客户 4 个方面衡量；④市场绩效，反映实施服务化对制造企业在市场竞争中带来的贡献，可以从市场响应速度、市场份额、带动新业务 3 个方面衡量。

第四节　本章小结

本章首先深入分析了制造企业服务化资源整合的内容（技术类资源、运营类资源、市场类资源），并对资源整合柔性的概念进行界定，提出从资源整合延展性和可塑性两个维度来刻画资源整合柔性；其次，结合以往服务化商业模式的研究成果，总结出产品延伸型和客户需求型两种基本的制造企业服务化商业模式类型，并从价值主张视角出发，提出两种服务化商业模式创新方式，即产品导向服务化商业模式创新和客户导向服务化商业模式创新，并对两种不同创新方式进行了比较；最后，对制造企业服务化绩效维度进行深入剖析，利用扎根理论质性分析和数理统计量化分析方法构建出服务化绩效的四个维度，即产品绩效、财务绩效、客户绩效、市场绩效。本章研究结论为后续进一步分析制造企业服务化资源整合、商业模式创新对服务化绩效的影响关系提供了理论基础。

第四章 探索性案例研究

本章将在前文第三章关于制造企业服务化资源整合、商业模式创新和服务化绩效的理论分析基础上，针对"服务化转型过程中制造企业资源整合、商业模式创新如何作用于服务化绩效"的问题，选择四家服务型制造典型企业进行探索性案例研究。经过研究设计、案例分析和研究讨论，初步探索资源整合、商业模式创新与服务化绩效之间的影响关系，提出源自企业实践的理论构想和初始假设命题，为后续研究提供理论基础。

第一节 研究设计

一 研究方法

案例研究是管理学研究中常用的一种方法。作为实验研究的补充，案例研究是一种经验主义的探究，适合回答"为什么"和"怎么样"这类问题。按照案例在研究中的运用模式可以将案例研究归纳为验证性案例研究、探索性案例研究和描述性案例研究三种类型，其中验证性案例研究侧重于验证理论，通常采用"先理论构建后案例验证"的研究模式，但四种检验（信度、内部效度、外部效度、构念效度）中外部效度不能保证；探索性案例研究侧重于探索理论，通常采用"先案例探索后理论升华"的研究模式，四种检验可以得到保证；描述性案例研究侧重于描述现象，通常采用"基于扎根理论的案例描述"的研究模式，四种检验可以得到保证[①]。按照研究中使用的案例数量可以将案

[①] 苏敬勤、李召敏：《案例研究方法的运用模式及其关键指标》，《管理学报》2018年第3期。

例研究划分为单案例研究和多案例研究两种类型,单案例研究适用于对某个广为接受的理论进行验证或者对某个独特现象进行探索分析[1],相比之下,多案例研究可以较为全面地反映案例的不同情境,当多个案例都指向类似结论时,研究结果会更具可靠性和科学性[2]。本书研究的目的是揭示制造企业服务化资源整合、商业模式创新与服务化绩效之间的影响关系与作用机理,目前尚未有成熟的理论假设与理论体系可供借鉴,然而业界大量典型制造企业的实践却能为研究提供丰富素材,因此本书适合采用探索性的多案例研究方法。

二 案例选择

Yin(2008)提出案例研究应该从企业实践出发,遵循理论抽样原则而非样本抽样原则[3]。对于案例数量,Eisenhardt(1989)认为选择4—10个典型案例可以保证研究结论的一般性[4]。本书研究以实施服务化的制造企业为分析单位,在遵循典型性、多样性、可获得性等原则基础上,采用理论抽样的方式选择4家从事服务化转型的企业作为本书探索性多案例研究的样本,它们分别是A风机制造企业、B重卡汽车制造企业、C服装制造企业和D变压器制造企业,案例企业选择标准的核对如表4-1所示。案例中这4家制造企业分属于不同行业,都有长期从事服务业务的经验,且在同行业中比较突出,它们的实践与本研究高度吻合。选择这4家企业作为研究对象既能保证研究的深度与广度,也能保证分析的准确性与一般性,较好地满足了Yin所倡导的案例研究的四个标准,即信度、内部效度、外部效度、构念效度。

表4-1　　　　　　　　案例企业选择标准核对

企业代码	A	B	C	D
行业地位	业内领先	业内领先	业内领先	业内领先

---

[1] 毛基业、张霞:《案例研究方法的规范性及现状评估——中国企业管理案例论坛(2007)综述》,《管理世界》2008年第4期。

[2] 张平、梁淑茵、王利伟:《高管变更、政治关联与被收购企业绩效——基于美的集团三次并购的研究》,《管理案例研究与评论》2014年第5期。

[3] Yin, R. K., *Case Study Research: Design and Methods*, Thousand Oaks, CA: Sage Publications, 2008.

[4] Eisenhardt, K. M., "Building Theory from Case Study Research", *The Academy of Management Review*, Vol. 14, No. 4, 1989.

续表

企业代码	A	B	C	D
所在行业	风机设备制造	汽车制造	服装制造	输配电设备制造
核心产品	透平压缩机、鼓风机、通风机、工业能量回收透平、汽轮机等	重型卡车、重型车桥及汽车零部件等	商务正装、商务休闲、礼服、混搭系列等	干式变压器、成套电气、电力电子、VPI变压器、电抗器等
服务化定位	透平机械系统问题解决方案及系统服务的制造商、集成商和服务商	产品全生命周期、客户经营全过程的商用车金融与后市场运营服务提供商	服装个性化定制全程解决方案、企业创新转型解决方案提供商	智慧能源管理与智慧服务提供商
服务对象	石油、冶金、化工、电力、城建、环保、空分等企业	商用车物流客户、终端客户、产业链客户	服装终端消费者以及服装、建材、食品、机械等行业有智能化转型升级需求的企业	石油化工、电厂电站、制造行业、基础设施等领域
数据来源	企业年报、官方网站、官方微信、媒体报道、实地调研、专家讲座	官方网站、官方微信、手机APP、媒体报道、实地调研、电话访谈、内部报刊	官方网站、官方微信、手机APP、媒体报道、电话访谈、邮件咨询	官方网站、官方微信、媒体报道、电话访谈、邮件咨询
变量差异	四家案例企业所属行业不同，服务化程度与服务业态不同，在实践中其资源整合、商业模式创新和服务化绩效以及所处环境等各个主要变量的表现存在差异			

三　数据收集

多案例研究时讲究数据来源的多样性，以便能够形成一系列证据链来满足三角验证的要求，从而提高研究的信度和效度。本书研究在数据收集时主要采用以下三种途径：①实地考察与访谈。根据事先拟定好的调研访谈提纲（详见附录2），对部分企业（A风机制造企业、B重卡制造企业）进行了实地调研，通过听取负责人报告、参观企业、与有关人员面谈等方式获取企业实施服务化的一手资料。此外，通过邮件咨询、电话访谈等方式获取C服装制造企业、D变压器制造企业的相关信息，主要包括公司宣传手册、年度报告、评估报告、推介会资料等。②收集公开资料。包括登录企业官方网站、官方微博、官方微信，详细查询企业业务范围、新闻动态、企业宣传片等资料；查询上市公司年报,如 A 风机制造企业近五年来的公司年报;整理相关新闻媒体报道,如各类媒体对企业负责人的采访记录,对企业服务化的视频报道等。③整理相关文献资料。利用中国知网、万方、维普等数据库资源和学校图书馆资源,检索出已公开发表的有关案例企业的研究文献(包括期刊文章和出版书籍)进行整理。

第二节 案例分析

依据第三章关于服务化资源整合、商业模式创新以及服务化绩效基础理论分析结果,本节对收集到的四家典型案例企业数据进行案例内剖析,识别每个案例企业的服务化资源整合、商业模式创新以及服务化绩效的表现,得出结构化的数据信息。

一 A 企业服务化案例分析

(一) A 企业简介

A 风机制造企业成立于 1999 年,公司主要产品包括各类透平压缩机、鼓风机、通风机、工业能量回收透平、汽轮机、自动化仪表等。2010 年在上海证券交易所挂牌上市。目前,公司拥有能量转换装备制造、工业服务、能源基础设施运营三大业务板块。第一板块能量转换设备制造包括离心压缩机、轴流压缩机、工业流程能量回收发电设备、汽轮机、工业锅炉、工业通风机、地铁风机、组合机组等;第二板块工业服务包括工程成套业务、透平系统全生命周期服务、工业化智能服务、金融及金融延伸服务、物流服务、自动化控制系统集成服务等;第三板块能源基础设施运营包括分布式能源智能一体化园区运营、工业气体运营、污水处理一体化服务等。公司自 2001 年起开始实行服务化转型战略,从单一产品生产商向系统解决方案和系统服务提供商转变。随着企业综合实力快速增强,企业的行业影响力不断提升。2009 年荣获"全国质量奖",连续 10 次被评为"中国机械工业百强企业",2017 年凭借"总集成总承包服务"的商业模式被工业和信息化部评选为首批"服务型制造示范企业"。通过服务化转型,抹平经济周期带来的波动影响,企业获得了稳定的、可预见的现金流和收益。2019 年公司实现营业收入 72.7 亿元,同比增长 45%,其中能量转换设备、工业服务、设施运营收入分别为 39.0 亿元、17.1 亿元和 16.6 亿元。

（二）A 企业变量特征分析

A 企业自 2001 年开始实行服务化转型战略，基于"源于制造，超越制造"的理念，提出"从单一产品制造商向能量转换领域系统解决方案商和系统服务商转变，从产品经营向品牌经营、资本运营转变"，服务化实践不断深入，由最开始的服务化初级发展阶段进入服务化高级发展阶段。在这两个阶段中，企业在资源整合、商业模式创新以及服务化绩效方面呈现出不同特征。

在服务化转型初级阶段，企业先从产品延伸型的服务化商业模式入手，围绕核心产品向客户提供与产品高度相关的服务业务，包括"监测诊断、备件维修、旧设备升级改造、二手设备回收、耗材、保姆式托管、通风设备集成服务"等在内的产品服务以及"卖方信贷、融资租赁"等在内的融资服务，利用产品导向服务化商业模式创新方式来实现初步转型。为了支持产品服务和融资服务的开展，企业不断强化自身资源整合能力，提高资源整合柔性。在"技术创新是产品根本"理念的指引下，整合企业、高校、科研院所、国际研究机构的技术资源，不断加大能量转换设备及系统技术研发创新。2011—2015 年企业累计研发投入 21.48 亿元，平均研发投入占销售收入比重达 8.21%；设立国家级科研平台、学校企业联合研发平台、行业实验室、工业节能服务技术中心等专业科研机构；设立欧洲、美洲研发中心，技术与国际同步；开发透平专用智能控制器和硬件平台、自动化软件开发；重视自主知识产权，拥有专利 189 件；"冶金余热余压能量回收同轴机组应用技术"入选国际能效合作伙伴关系组织（IPEEC）国际"双十佳"最佳节能技术。为解决"设备定期维修成本高、维修信息碎片化、维修外包导致资产弱化"等行业痛点，企业整合骨干技术力量，研发出远程监测与故障诊断系统，该系统涵盖数据接入（框架表、DCS、PLC）、现场应用（IPMC 现场数据管理、HMI 健康监控一体化、现场诊断预警）、设备大数据融合挖掘（设计加工信息、备件库存信息、生产流程信息、服务业务记录）、数据应用（工业服务、维修备件、设备维保、能源管理）四个架构，包含设备状态数据、业务型数据和知识型数据三大类数据。依托该系统所开展的远程监测与诊断服务不仅为企业带来了良好经济收益，也为用户增加了产值、节约了维护成本。在融资服务方面，企业积极整合各方金融资源，为解决客户购买设备时的资金短缺痛点，向客户推出包括"卖方信贷，买方付息""买方订金+企业垫资+金融机构""BOT 模式""融资租赁"等在内的 13 种融资服务模式，已为 82 家客户、162 个项目提供了融资服务，合同金额累计达 123.54 亿元；企业共获得 13 家金融机构授信额度 178.82 亿元，每年召开年度金融工作会，与金融机构探讨金融服务模式；在全球范围内寻找更有竞争力的金融资本，在中国香港、卢森堡建立离岸公司；同时，为了获得更加多元化的资金来源，设立产业基金。融资服务业务的开展为企业带来了可观的财务收益。

在服务化转型高级阶段，企业从客户需求型的服务化商业模式入手，围绕客户需求提供通风系统集成服务、工业气体系统解决方案、工程总包服务、合同能源管理服务，利用客户导向服务化商业模式创新方式来推动服务化转型。为了支持基于客户需求的服务化商业模式，企业加大内部资源整合力度，在"有所为有所不为"的理念下，放弃非核心业务，强化高端核心能力。通过利用外部协作资源，加大对非核心能力环节的逐步放弃，十年间企业共放弃 18 个非核心环节业务，涉及人员 1346 名，新增、强化 18 个高端核心环节，增加人员 2056 名。采取"销售体系调整、实业公司业务整合、生产制造整合"等方式调整企业架构，通过流程再造以适应市场需求。组建工程公司、工程设计研究院，为工程总承包服务提供支持，已累计承揽 235 个工程总承包项目，合同总额达到 126.72 亿元。组建气体运营公司，利用专业空分核心设备优势、能源化工企业运行与安全标准优势、投融资服务优势、专业工程总包优势等为客户提供专业高效的气体系统解决方案。已在全国投资、建设、运营 9 个气体厂，规模超过 51 万 Nm^3/h，居国内气体运营商前三甲。通过整合省内气体资源，拓宽省外、海外气体市场，预计 5—10 年内气体产业销售收入可达到 50 亿—100 亿元。随着服务化转型的深入，当前，企业聚焦分布式能源系统解决方案的设计与推广，该系统解决方案涉及高端能量转换设备、工程 EPC 总包、运营服务、全生命周期健康管理服务以及特色金融服务五大核心业务，可以说是企业多年来服务化转型实践经验的集成。

A 企业服务化转型各阶段资源整合、商业模式创新与服务化绩效的表现总结如表 4-2 所示。从 A 企业服务化发展过程可以发现，当企业处于服务化初级阶段时,由于资源整合的柔性相对较弱,资源整合的范围、层次以及强度都较为一般,这时企业采取产品导向服务化商业模式创新方式,紧密围绕企业核心产品,不断增加与产品高度相关的服务业务,通过差异化服务给企业带来了一定的收益,不仅增强了企业实力,更坚定了企业服务化转型的决心。随着服务化转型的不断深入,企业资源整合的柔性不断增强,资源整合的范围、层次以及强度都较高,这时企业采取客户导向服务化商业模式创新方式,紧密围绕客户需求,基于企业在风机行业中的各种资源和专业优势,开发出各类系统集成服务与一体化解决方案,服务成为企业利润的主要来源,企业服务化转型发展到了高级阶段。

表 4-2　　　　　　　　A 企业案例结构化总结

服务化阶段		第一阶段			第二阶段	
资源整合	整合内容	技术资源 供应链资源 金融资源		整合内容	技术资源 金融资源 管理资源 供应链资源 渠道资源 客户资源	
	柔性表现	延展性	较好	柔性表现	延展性	好
		可塑性	较好		可塑性	好
商业模式创新	创新方式	产品导向		创新方式	客户导向	
	服务业态	维修保养服务 远程监测服务 备品备件服务 设备改造服务 设备回收服务 通风设备集成服务 融资租赁服务		服务业态	工程总承包服务 合同能源管理服务 工业气体系统解决方案 园区一体化运营解决方案 分布式能源系统解决方案	
服务化绩效		促进产品销售;提高客户满意度;提升市场空间;快速响应市场需求;维修业务、备品备件业务订货量增速明显;集成业务获利空间大;融资租赁带来可观的财务收益			促进新产品开发;工业服务与运营板块订货占比逐年提升,从 2009 年的 21%提高到 2018 年的 76%以上;服务业务收入占公司总收入 60%左右;在国内同行中建立起比较优势,公司利润在国内风机行业处于领先地位	

二　B 企业服务化案例分析

（一）B 企业简介

B 重卡制造企业成立于 2002 年，公司产品主要涵盖重型越野车、重型卡车、重型车桥、汽车零部件等领域，包括三个产品系列。现有员工 1.6 万人，总资产 345 亿元。公司自 2009 年起开始实行服务型制造战略，从单一汽车制造商向整体解决方案提供商转变。从重卡汽车客户难题出发，关注产品全生命周期，关注客户经营全过程，为客户提供包括"最合适的底盘、最合适的上装、最合适的基础服务、最合适的增值服务"在内的整体解决方案。公司聚焦客户核心价值，开展了"卡车与后市场整体解决方案、车联网业务、融资租赁业务、汽车金融全生命周期增值服务"等服务业务，已形成以供应链为核心，以金融服务和信息服务为载体的服务平台。2017 年凭借"产品全生命周期管理"模式被工业和信息化部评为首批"服务型制造示范企业"。随着服务型制造战略的深入实施，公司在国内民品市场份额持续提升，2018 年国内销售突破 14 万辆，位居行业第三，品牌影响力、客户满意度等各项指标均有显著提升。

（二）B 企业变量特征分析

B 企业自 2009 年提出服务型制造发展战略，开始了从"单一产品制造商向整体解决方案提供商"的转型之路。鉴于国内商用车尤其是重型卡车行业趋于饱和，企业仅仅依靠产品质量、价格或者某个点的优势已经很难获得长久的竞争优势。国内大多数汽车制造企业仍然将目光聚焦在产品技术研发、制造和销售方面，忽略了客户对重卡汽车产品的个性化服务需求。B 企业通过对重卡用户的走访调研发现，企业以前关注的产品品质、交货期、价格、售后服务等与重卡用户的关注点出现严重错位，重卡用户更关心的是优质稳定可靠的货源、好的运价、专线服务、货运安全、资金结算等。从客户需求角度来看，客户的关注点已经发生变化，更关注经营全过程的价值最大化，期望获得全套解决方案；从竞争要素角度来看，单一产品要素无法在竞争中取得胜利；从利润来源角度来看，车辆购买成本仅占车辆全生命周期成本的 1/20，需要通过更多增值服务来获取更多利润；从服务业务角度来看，服务具有弱周期性和强客户黏性，具有巨大的产业纵深和发展潜力；从互联网技术角度来看，互联网正颠覆传统商业模式和竞争模式，新技术和工具使企业可直接面对终端客户、降低维护成本；从重卡行业发展规律来看，我国重卡行业经过十几年高速发展，已从规模发展阶段迈入纵深发展阶段。基于上述判断，B 企业选择了服务型制造发展战略，并将企业关注点聚焦在两个方面：一是关注产品全生命周期，二是关注客户运营全过程。基于这两个关注，企业通过资源整合，采取不同的服务化商业模式创新方式，取得了良好的服务化绩效。

着眼于产品全生命周期，B 企业积极整合各类技术资源、渠道资源和金融资源，采用产品导向服务化商业模式创新方式推动服务型制造战略落地，不仅为重卡用户提供优质售后服务，如高效保内维修服务、定制化保外维修、终生服务延保、保外配件服务、定制化维修提醒服务、预防性维修服务、二手车评估与交易服务、车辆改装与翻新服务等，还提供各类融资租赁、经营性租赁、商业保理、保险经纪等金融增值服务，帮助客户解决"买车、用车、养车、卖车"全周期各环节问题。企业坚信"技术先进、质量可靠的硬件产品是服务型制造的基础和载体"，为了提升产品竞争力，从传统重卡产品向新能源、智能化、高端化产品转变，企业整合各类技术研发资源，通过研发外包形式与国内著名高校开展产学研合作，对汽车底盘、悬架系统、自卸系统等进行技术开发或改进，与国内外汽车设计公司合作对驾驶室内外室进行改进设计，陆续推出一批明星产品，获得市场一致好评。利用模块化生产方式，不断整合供应商资源，形成企业与供应商之间在工艺流程层面的深度合作，集成国内发动机、变速箱、车桥等领域的最佳零部件供应商，打造企业"黄金供应链"，以低成本、高效率、完成重卡产品制造，为客户创造更大价值。整合各类金融与保险资源，先后组建了专业的保险经纪公司、商业保理公司和融资租赁公司，为经销商和客户提供更为专业的保险理赔、风险管理、供应链保理、物流保理、融资租赁等服务。优质售后服务和金融增值服务给企业带来了显著影响，重卡产品市场份额由当年的 10% 增长到 2018 年的 15.5%，位居行业第三。推行的"贴心服务"成为重卡行业第一个服务品牌，客户满意度不断提升。金融服务为企业带来的利润持续增长，从 2013 年的 4300 万元增长到 2016 年的 1.07 亿元。

着眼于客户经营全过程，企业进一步明确了服务型制造战略对企业的意义："靠价值而不是靠价格赢得客户；要研究清楚客户需求；产品配置水平要高，而非低配置、低质量、低价格；企业不仅仅是个卖车的；企业增加了服务的盈利；企业需要重塑新的核心能力，这些核心能力包括发现/满足/创造需求的能力（对物流行业、物流企业、客户经营的深入研究和知识储备）、增值服务产品开发的能力、整体解决方案提供的能力、产品与服务内部协同的能力"。为此，企业通过整合各类优势资源、搭建客户需求发现模型，采用客户导向服务化商业模式创新方式，初步实现了向重载移动服务解决方案提供商的转变，为用户提供包括"物流与供应链解决方案、物流车队管理解决方案、车贷风控解决方案、渣土车智能管理方案"在内的信息增值服务，以个性化的整体解决方案满足客户需求，使客户价值最大化。整合高校资源，联合国内高校制定了企业服务型制造战略发展规划，服务型制造理念在企业内部得到贯彻，为服务化转型提供了理论指导。整合管理资源，全面梳理服务型制造模式下的管理职能，提出"营销和研发是服务化转型先锋"的口号，以价值营销为核心，提出"目标产品、产品策略、定价策略、营销渠道、传播和促销、售后服务、绩效考核、人员技能、知识管理、需求研究、组织和流程、资源配置"在内的价值营销 12 大要点；以正向研发为核心，采取"调整组织架构，成立专注于需求研究、产品规划的部门；优化需求管理流程；明确产品战略；修订产品开发、改进优化的衡量标准；修改新产品评审标准；强化对客户经营过程价值的研究；培养基于客户经营过程的专家；客户参与产品策划；加强智能化产品研发"等重要措施实现研发转型。整合数字化信息技术资源，利用物联网、智能交通、车联网、大数据等先进技术，开发出行业内首个主机厂车联网品牌"天行健车联网服务系统"，该系统拥有车辆远程监控、发动机监测、实时定位、油气耗管理、油料防盗、驾驶行为评估、智能配货等功能，可分别为物流公司、车贷商、个体散户、渣土车公司量身定制物流车队管理方案、车贷风险管控方案、行车增值服务方案和渣土车智能管理方案，帮助各类客户实现经营全过程中的精益管理和安全运营；构建了涵盖用户与合作伙伴在内的 O2O 卡车物流生态平台"车轮滚滚"，该平台深度整合企业线下金融资源、供应链资源、营销渠道和服务渠道，在线为客户提供"卡车租赁、后市场商品（轮胎和油品）、物流金融、卡车运营"等服务。

B 企业服务化过程中资源整合、商业模式创新与服务化绩效的表现总结见表4-3。从中可以发现，企业实行服务型制造战略是基于对产品竞争力、行业生命周期、行业竞争地位做出准确判断后的选择，转型方向也是依托企业优质产品，走"产品全生命周期管理和客户运营全过程"两条路径。其中，基于产品全生命周期视角，资源整合的范围、层次和强度相对较小，依托原有渠道资源，优质售后服务和金融增值服务等业务拓展难度相对较小，效果却很显著。基于客户运营全过程视角，资源整合的范围、层次和强度相对较高，需要企业建立"发现需求、满足需求、创造需求"的全新能力作为支撑，通过充分挖掘客户运营全过程的潜在需求，借助先进信息技术（天行健车联网系统和车轮滚滚O2O平台）向客户提供综合性的移动运营解决方案，最大化客户价值，为企业创造新的利润增长点。

表4-3　　　　　　　　B企业案例结构化总结

服务化关注点		产品全生命周期		客户运营全过程	
资源整合	整合内容	技术资源 渠道资源 金融资源		整合内容	技术资源 管理资源 供应链资源 渠道资源 客户资源
	柔性表现	延展性	较好	柔性表现	延展性	中
		可塑性	较好		可塑性	中
商业模式创新	创新方式	产品导向		创新方式	客户导向
	服务业态	维保服务 配件服务 融资租赁 经营性租赁 商业保理 保险经纪		服务业态	物流与供应链解决方案 物流车队管理解决方案 车贷风控解决方案 渣土车智能管理方案 车轮滚滚O2O服务
服务化绩效		促进产品销售；提高客户满意度；金融服务带来的利润从2013年的4300万元提高到了2016年的1.07亿元			提高品牌影响力；促进产品销售；促进新产品开发；强化客户关系；降低客户运营成本；提高客户运营效率；提高客户运营安全

三　C 企业服务化案例分析

（一）C 企业简介

C 服装制造企业成立于 1995 年，是以生产西装为主的服装制造企业，产品涵盖男装和女装，分为商务正装、商务休闲、礼服和混搭四大系列。现有员工 3000 多人，注册资本 1.8 亿元，拥有西装厂、衬衣厂、休闲裤厂三个专业生产工厂。公司自 2003 年起开始运用信息化手段和互联网思维对传统服装生产线进行改造升级，现已构建出完整的个性化大规模工业化定制生产平台。经过十几年发展，目前公司业务主要聚焦在"服装个性化大规模定制和源点论数据工程"两大板块。其中，个性化大规模定制板块运用公司独创的 C2M 商业生态系统以工业化手段、效率和成本为客户提供个性化的服装产品；源点论数据工程板块借助物联网、云计算等技术，融入智能制造、精益管理、产业链协同以及公司独创的源点论管理思想等关键要素，为传统产业的中小企业提供从传统工业升级为互联网工业的全程彻底解决方案。

（二）C 企业变量特征分析

C 企业最初从接受外贸订单做 OEM 起家，随着 OEM 的利润越来越低，企业董事长意识到转型升级势在必行。2003 年起，企业开始了大规模个性化定制的转型之路，工厂员工从当初的 7000 名裁减到 3000 名，持续的资金投入、对生产线的不断改造、先进信息技术的应用，最终研发出个性化定制柔性生产线。企业通过整合各类技术资源，将转型过程中遇到的诸如量体、定制信息传递、定制化流水作业等诸多难题一一破解。量体难题被独创的"三点一线"坐标量体法破解，如今利用 3D 智能量体仪短短十几秒就能完成数据采集；生产线上各个服装的数据信息存储难题被电子磁卡（条形码）破解；定制化流水作业难题被企业自主研发的 RCMTM 系统破解。企业最终打通了个性化定制与工业化生产之间的壁垒，借助独创的 C2M（消费者需求驱动工厂生产）商业生态，实现了个性化定制；由数据驱动生产，利用数字化智能生产线实现个性化服装的大规模生产。为了支撑 C2M 的商业生态，企业进一步整合管理资源，对组织结构、业务流程不断进行优化，管理被治理取代，企业一切活动都以客户为中心，这种治理体系被企业称为"源点论组织体系"。个性化定制让企业产值和净利润得到快速提升，智能化生产系统也让产品周期从 3 个月缩短到 7 天，企业内部生产效率提升了

30%，实现零库存。

  面对传统企业转型升级的迫切愿望，企业管理者意识到为传统企业提供彻底的升级改造解决方案将会是企业新的利润点。2011年企业整合内外部优势科研资源，成立了C端科研中心、盈利模式科研中心、组织创新科研中心等8个科研中心，从互联网络、盈利模式、数据驱动等8个方向协同研发，历时5年，跨界实验实践了具备各行业普遍适用的企业升级解决方案，并于2016年开始对外输出企业转型创新整体解决方案，帮助客户进行柔性化和个性化定制改造，帮助客户做信息化系统。当前，其已成立专业公司，为客户提供参观培训（为全球政府、企业、相关机构提供参观、学习以及人才培训服务）、路径辅导和转型辅导（提供从M2C到C2M，从大规模制造到大规模定制，从传统制造到智能制造的实施路径；为企业提供转型升级的全程辅导，包括需求梳理、数据化、路径修正，确保转型方向的正确和效果的达成）、工程改造服务（提供从蓝图设计、组织变革、流程再造、到软件开发的全程解决方案）和SaaS服务（软件产品包括从C到M所有定制化软件的SaaS产品以及业务性、组织性、流程性、服务性的软件服务产品；硬件产品包括显示屏、服务器、RFID卡等信息化设备设施以及裁床设备、配备设备、立体仓库设备、吊挂、线架等设备设施）。目前，已累计接待全球各地大型企业7万人次的培训学习，已有30多个行业近百家客户引进了整体解决方案，取得了良好效果。以某牛仔企业为例，引入源点论数据工程整体解决方案后，企业实现了大规模定制，工艺成本大幅下降，利润实现翻倍。

  C企业服务化过程中资源整合、商业模式创新与服务化绩效的表现总结见表4-4。作为传统制造业，服装企业往往采用大规模制造模式，按照固定版式进行批量生产，企业利润与市场需求和订单量息息相关。而C企业将注意力聚焦在"智能化+服务化"的个性化定制领域，为企业开拓出一片蓝海市场。随着企业资源整合柔性不断增强，服装设计资源、数字化技术资源、物流资源、渠道资源、信息资源等高度集成并固化在企业独创的智能化生产系统中，形成了个性化大规模定制的C2M商业模式，借助C2M模式企业获得了高收入和高利润率。C企业转型升级的成功为其他行业类似企业提供了范本，面对大量企业转型升级的市场需求，企业整合各类优势资源，成立专门机构将企业转型的成功经验固化为专有知识（源点论数据工程），采用客户导向服务化商业模式创新方式，为客户提供转型创新整体解决方案，企业从卖"个性化服装"变成了卖"管理知识、升级方案"，专业服务成为企业新的利润点。

表 4-4　　　　　　　　　C 企业案例结构化总结

转型阶段		第一阶段			第二阶段	
资源整合	整合内容	技术资源 管理资源 供应链资源 渠道资源 客户资源		整合内容	技术资源 管理资源 供应链资源 渠道资源 客户资源	
	柔性表现	延展性	好	柔性表现	延展性	较好
		可塑性	好		可塑性	较好
商业模式创新	创新方式	产品导向		创新方式	客户导向	
	服务业态	服装产品个性化定制 （终端消费者、ODM）		服务业态	企业转型创新解决方案 （咨询培训、路径辅导、转型辅导、数据化服务、SaaS 服务、工程改造服务）	
服务化绩效	企业产值连续 5 年增长 100% 以上，利润率达到 25% 以上			为企业带来新的利润增长点，一套方案少则几百万，多则几千万；已为 30 多个行业近 100 家客户提供辅导与改造，取得良好效果，大幅提升了客户的生产效率、降低了成本、提高了效益		

四　D 企业服务化案例分析

（一）D 企业简介

D 变压器制造企业成立于 1993 年，是一家生产干式变压器、成套电气、电力电子、VPI 变压器、电抗器等产品的高新技术企业，在全国各地拥有多个研发与生产基地。其先后荣获多项荣誉，2009 年被科技部认定为"创新型试点企业"，2015 年被工业和信息化部评定为"互联网与工业融合创新试点企业"，2016 年荣获"省政府质量奖"。公司始终秉承"以品质提升客户价值""不断创新，实现客户价值最大化"的经营理念，倡导"全员为客户服务"。注重维护客户权益，持续创新，提高产品质量和响应速度；持续保质保量向客户提供符合国家标准和客户要求的产品；与客户在技术、质量、安全、环境管理上保持常态化交流。多年来，通过精准的品牌定位、多元化的产品布局、差异化的营销战略，以市场为导向的研发制造、优质的售后服务，以及与众多客户建立起的持续、密切的合作关系，使公司成长为国内环氧树脂浇注干式变压器行业领军者，在激烈的竞争中取得了优异的市场成果和令顾客满意的结果。公司自2017年起在提供传统输配电设备产品和服务的基础上，借助工业互联网、大数据等手段积极开展智慧园区管理、智慧能源管理、高端输配电装备、智慧电力系统解决方案等智能科技类产品、系统和服务，推行"智能制造+智慧服务"的全新发展战略。

（二）D企业变量特征分析

D企业在经营过程中始终把客户的需求和期望放在第一位，通过整合企业技术资源、供应链资源和渠道资源，以核心产品为载体，采取产品导向服务化商业模式创新方式向客户提供优质售后服务和设备总集成服务。整合管理资源和渠道资源，在总部设立服务事业部、在国内38个销售代表处设有专职服务工程师，负责服务管理及顾客投诉问题的处理。整合技术资源，开发出"售后服务处理系统"，用于顾客投诉的记录、分析、处理及验证，以提高投诉处理的信息化程度及处理效率。服务工程师接到投诉案例后，在半小时内与顾客接触了解详细的情况及需求，在2个小时内应确定处理方案并与顾客沟通确认，然后组织实施，直至用户满意。若确认属于公司管理及产品质量的问题，服务工程师会通过自主设计的"8D管理系统"传递到公司质量管理部门予以调查改进。质量管理部门及相关的产品事业部将通过8D、5W2H等方法，对问题进行分析、改进及验证，避免类似问题的再次发生。对于投诉涉及供应商元器件问题的，服务工程师也将通过"8D管理系统"传递到质量部门，由SQE（供应商质量工程师）介入调查，协助供应商对问题进行改进。整合供应链资源，围绕企业核心产品向客户提供各类高、低压成套设备集成服务。产品导向的服务化商业模式创新方式给企业带来了良好收益，促进了企业产品销售，提高了客户满意度，降低了客户抱怨率。近5年的顾客满意度测评分数持续保持在91分以上高分，满意度呈逐年上升的趋势。2016年从产品质量、服务指标、产品价格、履行合同按期交货能力四大项十一小项对国内顾客满意度进行测评，分值为92.9分，总体结果满意，而客户抱怨率下降到了1.30%。2017年开始，公司聚焦智慧转型，进一步提出"智能制造+智慧服务"的发展战略，整合各类优势资源，采取客户导向服务化商业模式创新方式，为客户提供节能合同管理服务，有效降低了客户能源消耗，提高了客户运行效率，同时也为公司带来了一定收益。公司管理者认为，"虽然当前此项业务对公司贡献还非常小，但随着公司资源整合柔性的不断增强，节能合同管理业务将成为公司新的利润增长点"。

D企业在资源整合、商业模式创新与服务化绩效的表现总结见表4-5。可以看出，D企业的服务化转型还处于逐步深入阶段，但公司管理者已将"智慧服务"确立为公司新的发展战略。当前，公司资源整合的柔性表现一般，主要是依托核心产品，通过整合各类技术资源、渠道资源和供应链资源向客户提供优质售后服务以及设备总集成服务，而以客户需求为导向的节能合同管理业务对资源整合柔性要求较高，鉴于当前公司在这方面表现还较差，服务化绩效表现尚不明显。

表4-5　　　　　　　　　D企业案例结构化总结

转型阶段		第一阶段		第二阶段	
资源整合	整合内容	技术资源 供应链资源 渠道资源		整合内容	技术资源 管理资源 供应链资源 渠道资源 客户资源
	柔性表现	延展性	中	柔性表现	延展性	较差
		可塑性	中		可塑性	较差
商业模式创新	创新方式	产品导向		创新方式	客户导向	
	服务业态	维保备件服务 设备总集成服务		服务业态	节能合同管理	
服务化绩效		促进产品销售；客户满意度提升；客户抱怨率下降			企业新的利润点，已为企业带来部分收益，但占比还很小，是未来重点发展方向	

五　案例企业数据编码

在对上述 4 个典型案例企业进行简介与变量特征分析的基础上，本书研究依据各案例企业在资源整合、商业模式创新、服务化绩效的实际情况，联合两名服务型制造领域的专家对其进行评判与编码，利用"好、较好、中、较差、差"五个等级（依次由高到低）反映案例企业在各变量指标上的表现，将初步评判结果反馈给企业相关人员进行审核与修正，得出最终编码如表 4-6 所示。

表 4-6　　　　　　案例企业的表现汇总与编码

变量	企业	A 企业 阶段一	A 企业 阶段二	B 企业 阶段一	B 企业 阶段二	C 企业 阶段一	C 企业 阶段二	D 企业 阶段一	D 企业 阶段二
资源整合	资源整合延展性	较好	好	较好	中	好	较好	中	较差
资源整合	资源整合可塑性	较好	好	较好	中	好	较好	中	较差
商业模式创新	产品导向	较好		较好		好		中	
商业模式创新	客户导向		好		中		较好		较差
服务化绩效		较好	好	较好	中	好	较好	中	较差

第三节　案例间讨论与初始命题提出

本节在对四个案例企业变量比较分析的基础上，通过对案例间现象的讨论，总结出制造企业服务化过程中资源整合、商业模式创新与服务化绩效各变量间的影响关系，提出初始的假设命题。

一　资源整合与商业模式创新

从表 4-6 可以看出，总体来讲资源整合的柔性程度与商业模式创新正相关。制造企业在服务化过程中资源整合的延展性和可塑性程度越高，商业模式创新的效果越好；资源整合的延展性和可塑性程度越低，商业模式创新的效果越不好。例如，C 企业资源整合的柔性程度高，其服务化商业模式创新的效果就好；相比之下 D 企业资源整合的柔性程度一般，其服务化商业模式创新的效果也一般。

企业为进行服务化商业模式创新，需要获得并利用相关资源来构建新的商业模式。然而，企业自有资源并不能满足要求，在服务化过程中，企业需要通过整合各类有效资源为其商业模式创新提供资源基础。为实现产品导向服务化商业模式创新，A 企业积极整合利用产品技术资源、信息技术资源、供应链资源和金融资源，为客户提供维保备件服务、远程在线监测与故障诊断服务、设备系统集成服务和融资租赁服务。B 企业围绕重卡汽车产品，通过整合技术研发资源、渠道资源和金融资源，为重卡用户提供优质售后服务和金融增值服务，打造出"贴心服务"的重卡服务品牌，获得了中国驰名商标称号。C 企业历经十几年摸索，整合并利用设计资源、信息技术资源、人力资源、渠道资源、供应链资源、管理资源等，最终研发出包括服装版型数据库、服装款式数据库、服装工艺数据库和服装 BOM 数据库在内的智能化个性化大规模定制生产系统，为客户提供个性化定制服务提供强力支撑。D 企业依托核心变压器产品，整合利用技术资源、渠道资源、供应链资源，为客户提供优质售后服务和设备总集成服务，初步实现了服务化转型。

商业模式创新程度越高，对资源需求越大。与产品导向服务化商业模式创新相比，客户导向服务化商业模式创新程度要更高，需要企业整合利用的有效资源范围和层次也更广泛，对资源整合的柔性程度要求也越高。例如，A 企业通过构建产业联盟、发展战略伙伴、构建专业协作网等形式整合并利用技术资源、供应链资源、金融资源、渠道资源等，向客户提供各类整体解决方案服务，实现了客户导向的服务化商业模式的创新。当前，A 企业正进一步整合设备、金融、服务、运营、EPC 等领域的核心资源和能力，围绕分布式能源流程工业、综合园区、智慧城市等领域的客户需求，实践并创新研发出分布式能源互联岛智慧绿色系统解决方案，进军万亿级的分布式能源市场。同时，为进一步增强资源整合的延展性和可塑性，A 企业开启了"资源星网平台"的研发，该平台包括研发众包、供应链金融、物流运输、工业品电商等板块，为协作单位联手深挖市场需求，以最快速度组合优势资源，寻求对接市场的最佳系统解决方案提供平台。B 企业从关注客户经营全过程需求入手，利用客户需求发现模型，有效寻找并区分物流客户、产业链客户、终端客户的核心需要与一般需求，为客户提供各类运营管理综合解决方案。在此过程中，B 企业负责搭建平台、主导核心业务环节，其他业务则通过整合社会成熟资源实现。另外，B 企业利用信息技术资源，整合其他线上服务提供商，研发出车轮滚滚服务平台，结合落地子公司资源、服务渠道资源、营销渠道资源以及其他线下渠道资源，为重卡客户提供专业 O2O 服务。较强的资源整合延展性和可塑性极大地支撑了 B 企业实现客户导向的服务化商业模式创新。可见，资源整合有利于商业模式创新的实现。

基于上述案例分析，本书提出如下初始假设命题：

命题 1：制造企业在服务化过程中资源整合的柔性程度（资源整合延展性和资源整合可塑性）对服务化商业模式创新（产品导向和客户导向）有正向影响，即资源整合的柔性程度越高，越有利于服务化商业模式创新；反之，则不利于服务化商业模式创新。

二 商业模式创新与服务化绩效

从表 4-6 可以看出，制造企业服务化商业模式创新的效果越好，其服务化绩效也越佳；反之，服务化商业模式创新的效果差，其服务化绩效也不佳。例如，A 企业客户需求型商业模式创新表现好，相应的服务化绩效也好；D 企业客户需求型商业模式创新表现较差，其服务化绩效表现表现也较差。B 企业产品延伸型商业模式创新表现较好，其服务化绩效表现也较好；D 企业产品延伸型商业模式创新表现一般，其服务化绩效表现同样也一般。

对制造企业而言，在将企业注意力从产品和生产层面转向服务层面时，产品导向的服务化商业模式创新方式成为首选，这一结论在 4 个案例企业中都得到了验证。A 企业在服务化转型初期，以核心主机为同心圆，不断扩大圆的半径，发展与主机产品高度相关的服务业务，主要包括三类：一是升级售后服务，推出包括维修备件托管服务、远程监测诊断服务、性能优化托管服务等在内的优质服务；二是设备集成服务；三是金融服务。B 企业将服务化转型时的目光聚焦在产品全生命周期上，以重卡汽车产品为核心，深入挖掘"买车、用车、养车、卖车"各个环节的潜在需求，推出优质售后服务和汽车金融服务。C 企业围绕服装产品采取个性化定制服务实现转型。D 企业则采取优质售后服务和设备总集成服务来实施服务化。产品导向服务化商业模式创新是基于功能型价值主张，以企业核心产品为基础，强调产品的交换价值，以实现产品销售和产品效率为目标。A 企业和 D 企业利用自身多年来与合作伙伴建立的良好关系，通过系统集成方式为客户提供成套产品解决方案，获得了较高的服务化收益。C企业利用独创的智能化生产系统解决了服装个性化设计与大规模工业化生产的难题，大大提高了个性化产品的生产效率，以服装个性化定制业务为企业赢得了市场。A企业和B企业为解决客户购买产品时的资金短缺难题，推出融资租赁等金融服务业务来满足潜在客户购买产品的资金需求，大大促进了产品销量。A企业、B企业和D企业为保证产品的高效运行，提供优质售后服务或远程监测诊断服务，提升了产品价值，提高了客户效益，降低了客户成本。

随着服务化实践的不断深入，企业可以采取客户导向的服务化商业模式创新来提升服务化水平，4个案例企业在发展到一定时期时也都采取了这一方式来提升服务化层次。A企业为客户提供工程总承包服务、合同能源管理服务、工业气体系统解决方案、分布式能源系统解决方案。B企业为客户提供物流与供应链解决方案、物流车队管理解决方案、车贷风控解决方案、渣土车智能管理方案、车轮滚滚O2O服务。C企业为客户提供创新转型整体解决方案。D企业为客户提供节能合同管理服务。客户导向服务化商业模式创新基于情感型价值主张，以客户需求为基础，强调产品的使用价值，以实现客户的有效性结果为目标。A企业和D企业将自身在产品技术和运营等方面的优势显化为各类服务，通过向客户提供一体化解决方案，创新盈利方式（按服务收费），成为企业新的利润增长点。B企业充分挖掘客户运营过程中的潜在需求，借助先进信息系统为客户提供运营信息增值服务，不仅使客户价值实现最大化，企业也在激烈的市场竞争中赢得一席之地。C企业则将多年来在智能化转型升级中积累的成功经验显化为专有知识，以此来向其他企业提供创新转型升级整体解决方案，"卖知识"不仅解决了客户的实际困难，也给企业带来了可观的利润。

基于上述案例分析，本书提出如下初始假设命题：

命题2：制造企业在服务化过程中，商业模式创新对服务化绩效具有积极促进作用。企业可以根据自身特征（阶段）选择产品导向商业模式创新方式或客户导向商业模式创新方式来提高服务化绩效。

三 资源整合与服务化绩效

从表4-6可以看出，资源整合的柔性程度与服务化绩效正相关。制造企业在服务化过程中资源整合的延展性和可塑性程度越高，服务化绩效表现越佳；资源整合的延展性和可塑性程度越低，服务化绩效表现越不好。

从资源整合的延展性来看，为满足服务化要求，所有案例企业都积极整合企业内外部各类资源。技术资源整合有利于企业技术创新和产品创新，为服务化转型提供了重要基础。所有案例企业在服务化过程中都有整合技术资源（包括产品技术资源和信息技术资源）的行为，A企业联合各大高校和科研院所，以委托开发、联合开发等方式进行产品与服务的研发设计工作，收购海外公司提升企业在汽轮机领域的技术实力；整合各类先进信息技术资源研发出远程在线监测与故障诊断系统。B企业拥有专职研发部门（汽车工程研究院），其后整合内部技术骨干力量，又组建了包括"紧固件研究、电控系统研究、底盘应用技术研究"等在内的9个技术创新工作室，来激发员工的创新效力。C企业整合互联网、大数据、物联网等信息技术资源，研发出独特的个性化大规模定制生产系统，有力支撑了个性化定制服务的开展。D企业整合企业研发技术资源，成立专门的电气研究院，其干式变压器研究中心获批为"省级工程技术研究中心"，使企业具备了为客户提供整体方案及参与大型项目电力系统设计的技术服务能力。供应链资源整合有利于企业系统集成能力的提高。A企业和D企业都积极培育与战略供应商、重点配套商和重点外协商的良好关系，为产品总集成服务提供保障。金融资源整合有利于企业金融服务能力的提高。A企业和B企业依托自身实力，积极整合各类银行、保险、基金等金融资源开展金融服务，不仅解决了客户购买产品时资金短缺的难题，也为企业带来了可观的财务收益。随着企业服务化转型的不断深入，企业对资源整合的范围、层次以及强度的要求也相应提高。例如，A企业当前大力推行的分布式能源系统解决方案服务，将目标市场从传统的工业领域延伸到了非工业领域，以"装备+工程+服务+运营+金融"一体化的服务模式满足客户系统化需求，使企业市场业绩得到快速提升。可见，资源整合的延展性有利于企业服务化的实行和绩效的提升。

从资源整合的可塑性来看，企业需要根据客户不同需求来调整企业的资源组合，提高其利用能力来适应服务化要求。A企业在与客户长期交往的过程中敏锐地察觉到"客户真正的需求是功能而不是产品，是更为专业化和个性化的服务"。因此，A企业优化内部业务流程，逐步放弃整合铸造、机床维修、传统加工制造等低端业务，新增投融资业务、新能源市场业务、工业气体业务、污水处理业务、风险控制业务等与客户需求紧密联系的高端业务。当前，又积极利用企业各类优势资源，配合分布式能源战略的落地，将企业业务聚焦在分布式能源一体化解决方案市场。C企业发现自己多年来积累的"从传统服装制造企业转型升级为智能化个性化大规模定制企业"的成功经验对其他企业同样具有普适应性，于是便将这种成功经验固化为专有知识（源点论数据工程），通过对企业内部资源的重新配置、共享和转化，成立专门机构为需要智能化转型升级的客户提供保姆式一体化解决方案，企业因此也进入智能化改造升级的蓝海市场，获得了高额利润。可见，资源整合的可塑性同样有利于企业服务化的实行和绩效的提高。

基于上述案例分析，提出如下初始假设命题：

命题3：制造企业在服务化过程中资源整合的柔性程度（资源整合延展性和资源整合可塑性）对服务化绩效有正向影响，即资源整合的柔性程度越高，企业服务化绩效越好；反之，则企业服务化绩效越差。

第四节 本章小结

本章采用探索性案例研究方法，选取四家服务化制造企业作为案例样本，针对制造企业服务化过程中资源整合、商业模式创新以及服务化绩效之间的影响关系进行初步分析和讨论。依据前文的基础理论分析，对四家典型企业在资源整合、商业模式创新与服务化绩效的具体表现进行深入剖析，得出案例企业数据编码。在此基础上本章还进行案例间分析，进一步探究了资源整合与商业模式创新、商业模式创新与服务化绩效、资源整合与服务化绩效之间的影响关系，并提出三个初始假设命题，即制造企业在服务化过程中资源整合的柔性程度（资源整合延展性和资源整合可塑性）对服务化商业模式创新（产品导向和客户导向）有积极影响；制造企业在服务化过程中无论是产品导向的商业模式创新还是客户导向的商业模式创新都对服务化绩效有积极促进作用；制造企业在服务化过程中资源整合的柔性程度（资源整合延展性和资源整合可塑性）对服务化绩效有积极影响。

第五章　影响机理与概念模型

通过第四章的探索性案例研究，初步得到了制造企业服务化过程中资源整合对商业模式创新有正向影响、商业模式创新对服务化绩效有正向影响、资源整合对服务化绩效有正向影响的结论。本章将在前文基础理论分析和探索性案例研究的基础上，借鉴国内外相关理论研究成果，按照"资源整合→商业模式创新→服务化绩效"的研究路径，进一步剖析制造企业服务化过程中的资源整合、商业模式创新对服务化绩效影响的作用机理，提出细化假设和概念模型，为后续开展实证研究奠定基础。

第一节　资源整合对服务化绩效的影响

资源基础理论认为企业拥有或控制的资源是获得竞争优势的基础。企业在经营过程中常常会面临资源约束和资源冗余的问题，因此对资源进行有效整合以发挥最大价值成为关键。学术界较多学者认为资源整合对提升企业绩效具有积极影响。通过资源整合来形成独特产品和服务是企业获取竞争优势、提高绩效的重要手段[1]。资源整合实际上是企业采取不同整合方式，对来自不同范围、层次的各类资源进行合理配置利用，最终使资源效能得到发挥，从而为企业带来较高绩效。资源也被认为是制造企业服务化转型成功的关键，因为企业在建立服务业务时需要大量投资[2]。面对在服务创新过程中常常遇到的诸如市场、竞争模仿、

---

[1] 彭学兵、陈璐露、刘玥玲：《创业资源整合、组织协调与新创企业绩效的关系》，《科研管理》2016 年第 1 期。

[2] Benedettini, O., Neely, A., Swink, M., "Why do Servitized Firms Fail? A Risk-Based Explanation", *International Journal of Operations & Production Management*, Vol. 35, No. 6, 2015.

产品等多方面不确定性,企业需要通过内部资源整合、外部资源整合以及信息沟通来促进服务创新的实现[1],拥有足够资源建立服务业务的公司在服务化转型时会更为成功[2]。当制造企业提供给客户的服务产品与核心业务紧密相关并且公司拥有更多可用资源(即资源冗余)时,服务转换策略在提高价值方面更有效,资源冗余对服务化绩效有正向调节作用[3]。资源整合是制造服务化的核心[4],服务型制造的成功开展有赖于制造网络中各种资源的整合与优化[5]。制造企业既需要对业务流程、人力资源、组织架构等内部资源进行合理配置利用,也需要对来自合作伙伴与客户的外部资源加以利用来满足服务化要求,资源整合能力对服务化转型起到驱动作用[6]。

对制造企业而言,想要实现服务化转型就必须具备良好的动态能力,以不断适应客户多样化需求,传统生产型制造方式所强调的静态资源观点在遇到企业服务化时则会失灵。通过资源整合可以有效弥补静态资源的不足,使企业资源得到不断更新与匹配,形成新的资源,由此形成的动态能力能够为企业带来持续的竞争优势[7]。企业拥有的资源柔性能够为应对环境变化起到缓冲作用[8]。经过资源整合,各要素之间会产生放大效应、互补效应、优化效应和整合效应等协同创新效应,在动态环境中资源整合与协同创新之间的非线性叠加效应影响了企业新竞争优

---

[1] 郭东海、鲁若愚:《服务创新不确定性的资源整合研究》,《电子科技大学学报》(社科版)2013年第1期。

[2] Fliess, S., Lexutt, E., "How to be Successful with Servitization—Guidelines for Research and Management", *Industrial Marketing Management*, Vol. 78, 2019.

[3] Fang, E., Palmatier, R. W., Steenkamp, J. B. E. M., "Effect of Service Transition Strategies on Firm Value", *Journal of Marketing*, Vol. 72, No. 5, 2008.

[4] 蔡三发、王清瑜、黄志明:《制造服务化的核心过程探讨》,《经济论坛》2013年第6期。

[5] 赵益维、陈菊红、冯庆华等:《服务型制造网络资源整合决策优化模型》,《运筹与管理》2013年第4期。

[6] 杨水利、梁永康:《制造企业服务化转型影响因素扎根研究》,《科技进步与对策》2016年第8期。

[7] 董保宝、葛宝山、王侃:《资源整合过程、动态能力与竞争优势:机理与路径》,《管理世界》2011年第3期。

[8] Kraatz, M. S., Zajac, E. J., "How Organizational Resources Affect Strategic Change and Performance in Turbulent Environments: Theory and Evidence", *Organization Science*, Vol. 12, No. 5, 2001.

势的获取①。

从资源整合延展性来看，资源整合延展性反映资源整合的范围、层级以及被整合资源的可选择性，体现企业服务化过程中资源整合的有效范围。服务化转型意味着企业发展逻辑与业务方向的改变，相应地需要对企业资源进行适当调整，将以往的制造资源延伸至服务领域，根据服务业务需要整合来自企业内部、合作伙伴以及客户的技术类资源、运营类资源和市场类资源等诸多资源来适应服务化要求。资源整合的延展性越强，制造企业在服务化过程中能够利用的有效资源基础就越丰富。产品技术资源整合可以提升企业技术创新能力以及产品和工艺创新绩效，最大限度地提高产品开发机会以满足市场需要②，较强的技术能力可以使制造企业把握服务时机，提高服务开发效率。技术创新能力对制造企业服务能力具有积极的促进作用，制造企业通常依托其积累的技术知识向客户提供知识密集型服务业务，其技术知识资源的数量与质量决定了服务化效果。现代信息技术的快速发展促使制造企业服务化层次得到提升，拥有各类先进技术（如大数据、云计算、物联网）的制造企业往往拥有较强的服务创新能力③。信息技术资源成为企业服务化绩效提升的关键因素，云计算技术的使用可以让客户参与产品设计与制造，有利于满足客户多样化需求，增强体验、提高满意度④。人力资源整合可以帮助企业获得累积性知识⑤，在服务化过程中人力资源整合能够帮助企业解决通用知识与服务知识之间的匹配问题，有助于服务业务的开展。组织资源整合可以提升业务流程效率，组织因素对制造企业不同服务化行为具有显著影响⑥，企业需要利用必要的组织资源来为客户提供整体

---

① 汪秀婷、程斌武：《资源整合、协同创新与企业动态能力的耦合机理》，《科研管理》2014年第4期。

② Amir-Aslani, A., Negassi, S., "Is Technology Integration the Solution to Biotechnology's Low Research and Development Productivity?", *Technovation*, Vol. 26, No. 5-6, 2006.

③ Santamaría, L., Nieto, M. J., Miles, I., "Service Innovation in Manufacturing Firms: Evidence from Spain", *Technovation*, Vol. 32, No. 2, 2012.

④ Huxtable, J., Schaefer, D., "On Servitization of the Manufacturing Industry in the UK", *Procedia CIRP*, Vol. 52, 2016.

⑤ Mcknight, D. H., Cummings, L. L., Chervany, N. L., "Initial Trust Formation in New Organizational Relationships", *Academy of Management Review*, Vol. 23, No. 3, 1998.

⑥ Turunen, T., Finne, M., "The Organisational Environment's Impact on the Servitization of Manufacturers", *European Management Journal*, Vol. 32, No. 4, 2014.

解决方案，并对组织设计、组织分工等方面进行改进与优化[1]。研究发现，企业财务资源、品牌资源等其他方面的资源也都会对服务化行为产生积极影响[2]。由此可见，制造企业资源池的扩大有利于服务创新活动的开展，从而有利于企业服务化绩效的提升。

此外，资源整合延展性体现了企业的资源识别能力与资源获取能力，学者研究发现企业资源识取能力对企业绩效具有正向影响[3]。在服务化过程中，制造企业需要根据客户需求，通过资源识取来获得服务化所需的关键资源，为开展服务业务打下坚实基础。只有识别和获取了对服务化有价值的资源，企业才有可能获得较好的服务化绩效。资源识别是企业发展的重要前提，企业通过构建资源识别体系来帮助企业利用资源创造价值。借助网络获取企业缺乏的资源，并将其转化成独特能力与优势，有利于提高企业效率，获得较好绩效[4]。因此，制造企业在实施服务化过程中，需要围绕客户需求不断提高其资源识别与资源获取的能力，以增强资源整合的延展性，推动服务业务开展，达到提升服务化绩效的目的。

从资源整合可塑性来看，资源整合可塑性反映资源整合的强度以及被整合资源的适用性，体现企业利用整合资源、发挥资源最大价值的能力。在服务化过程中，制造企业需要充分挖掘客户潜在需求，将整合的资源应用于各种服务业务，包括确定资源使用范围、识别建立资源链、配置利用资源等。资源整合可塑性实质上是制造企业在对服务机会的识别与把握以及对客户需求做出反应的时间与成本上的具体表现，对制造企业服务化绩效具有积极促进作用。资源整合可塑性较强的制造企业，可以发现整合资源的新价值，扩大资源使用范围，提高资源使用效率。

---

[1] Guo, A. F., Li, Y. K., Zuo, Z., et al., "Influence of Organizational Elements on Manufacturing Firms' Service-Enhancement: An Empirical Study Based on Chinese ICT Industry", *Technology in Society*, Vol. 43, 2015.

[2] 闵连星、刘人怀、牟锐：《产品市场竞争、组织资源与中国制造企业服务化转型》，《西南民族大学学报》（人文社科版）2015年第6期。

[3] Sears, J., Hoetker, G., "TechnologicalOverlap, Technological Capabilities, and Resource Recombination in Technological Acquisitions", *Strategic Management Journal*, Vol. 35, No. 1, 2014.

[4] Reynolds, P., Miller, B., "New Firm Gestation: Conception, Birth, and Implications for Research", *Journal of Business Venturing*, Vol. 7, No. 5, 1992.

通过资源共享,制造企业将以往生产产品所使用的各类技术资源、管理资源、品牌资源、渠道资源和客户资源等延伸至服务领域,使这些资源具有范围经济的优势,使制造企业形成资源扩大效应,有利于服务业务的开展,提升服务化绩效。企业资源整合可塑性越强,其探索和利用资源组合的能力越强,资源组合可以在特定情形下使某些资源的属性发挥出来,增加原有资源的价值,促进服务创新活动的开展,进一步提高产品服务系统的弱成本增长性。具备较高资源整合可塑性的企业,能减少提供差异服务的资源转换时间,帮助企业快速响应客户需求,抢占市场先机。资源整合可塑性可以用制造企业的服务品类和服务速度来衡量。服务品类能满足不同客户的服务需求,企业通过实现服务业务的广市场覆盖来提升服务化绩效;服务速度有助于企业建立领先于竞争对手的优势、保护企业服务创新、帮助企业建立声誉,以此来提升服务化绩效。由此可见,资源整合的可塑性越强,制造企业在服务化过程中就越能根据客户需求来组合利用资源,推动服务业务创新,从而有利于提升企业服务化绩效。

此外,资源整合可塑性体现企业的资源配置能力与资源利用能力。学者研究发现,资源配用能力对企业绩效具有积极影响[①]。在服务化过程中,面对复杂、动态的客户需求,制造企业需要对整合的服务创新资源进行合理配置和利用,实现整合资源与服务业务的有效匹配,进而促进服务化绩效的提升。资源配置是资源整合的核心环节,制造企业服务化过程中整合的资源能否对服务化绩效产生积极影响,关键在于资源配置。资源配置时需要注意要将外部获得的新资源与原有资源进行匹配,企业的资源匹配能力是竞争者无法模仿和复制的独特能力[②]。只有将整合的资源进行有效配置,才能让资源的使用价值得到发挥,使企业在满足客户需求的同时,提高服务化绩效,促进企业发展。资源利用是企业所整合的资源的价值实现过程,在服务化过程中制造企业资源利用得当,会提高企业资源整合的效率,进而提高服务化绩效。资源的合理利

[①] 张一博、何建民:《酒店联盟网络规模对酒店绩效的影响——资源整合过程的中介效应》,《经济管理》2017 年第 10 期。

[②] Barney, J. B., "Firm Resource and Sustained Competitive Advantage", *Journal of Management*, Vol. 17, No. 1, 1991.

用也会最大限度地实现资源的杠杆作用，为企业吸引更多的可使用资源[1]。因此，制造企业在实施服务化过程中，需要围绕客户需求不断提高其资源配置与资源利用的能力，以增强资源整合的可塑性，推动服务业务开展来提升服务化绩效。

基于上述理论分析，本书提出如下研究假设：

H1：制造企业服务化过程中资源整合对服务化绩效有正向影响。

H1a：资源整合延展性对服务化绩效各维度（产品绩效、财务绩效、客户绩效、市场绩效）具有正向影响。

H1b：资源整合可塑性对服务化绩效各维度（产品绩效、财务绩效、客户绩效、市场绩效）具有正向影响。

第二节　商业模式创新对服务化绩效的影响

商业模式创新作为不同于产品创新和技术创新的另一种创新范式，近年来引起学术界关注，学者认为商业模式创新能够为企业带来新的价值增长点，帮助企业建立竞争优势，已成为企业提升绩效和获取经济租金的重要工具。面对制造业服务化趋势，制造企业需要对原有商业模式进行服务化创新，以适应服务化情境[2]，商业模式创新对制造企业服务化转型起到积极的促进作用[3]。在销售产品之外，制造企业还可以发展业务咨询、解决方案、培训教育、融资以及信息管理等客户服务[4]。产品销售和服务销售具有互补效应，研究发现服务化商业模式会对制造企业市场绩效产生积极影响[5]。因此，在服务化过程中制造企业可以通过

---

[1] 张一博：《联盟网络类型、资源整合方式与企业绩效：一个理论模型》，《现代管理科学》2016年第9期。

[2] 蔺雷、吴贵生：《服务创新：研究现状、概念界定及特征描述》，《科研管理》2005年第2期。

[3] 刘建国：《商业模式创新、先动市场导向与制造业服务化转型研究》，《科技进步与对策》2015年第15期。

[4] Velamuri, V. K., Bansemir, B., Neyer, A. K., et al., "Product Service Systems as a Driver for Business Model Innovation: Lessons Learned from the Manufacturing Industry", *International Journal of Innovation Management*, Vol. 17, No. 1, 2014.

[5] Kastalli, I. V., Looy, B. V., Neely, A., "Steering Manufacturing Firms towards Service Business Model Innovation", *California Management Review*, Vol. 56, No. 1, 2013.

商业模式创新来提高附加价值①。

服务化阶段不同，制造企业需要的商业模式创新类型也不同②，企业必须根据自身技术水平、资源特征以及市场竞争格局等因素来选择合适的服务化商业模式创新方式。基于前文基础理论分析，本书认为制造企业服务化商业模式创新方式包括产品导向型和客户导向型两种类型。产品导向型服务化商业模式创新从功能型价值主张出发，围绕企业核心产品，向客户提供或者开发新的服务业务以提升产品效能、便捷化交易和产品集成，通过"产品收入+服务收入"来实现价值。客户导向型服务化商业模式创新是从情感型价值主张出发，围绕客户潜在需求，将企业在研发、供应链、销售等方面的能力外化为服务，利用其在价值链的运营优势提供专业服务，通过"服务收入"来实现价值。从创新程度来看，产品导向型属于渐进式商业模式创新，客户导向型属于突破式商业模式创新。前者强调对价值创造和价值获取进行微调，后者强调对价值创造和价值获取进行明显改变③，价值创造和价值获取是商业模式创新提升企业绩效的基础。

产品导向商业模式创新是制造企业以核心产品为内核向客户提供与产品高度相关的服务业务，服务专注于企业和客户的效率提升。这种围绕核心产品所开展的"服务增强"既可以增强产品竞争力也可以直接创造价值，服务带来了产品差异化，增强了产品市场竞争力，提升了制造企业价值和消费者剩余④。服务的难以模仿性不仅强化了产品差异，也为企业建立起与竞争者的"隔离机制"，降低了市场竞争强度。制造企业通过提供标准化产品和差异化服务为客户创造价值，当客户获得较高价值的体验时，会提高产品市场认可度，从而促进企业绩效的提升。从价值创造角度来看，产品导向商业模式创新可以提高交易效率，降低交易成本。制造企业利用自身在供应链中的优势，以相对较低的成本来集成有关产品或开拓新的服务，通过业务量的扩展来获取较高收益。企

---

① 童有好：《"互联网+制造业服务化"融合发展研究》，《经济纵横》2015年第10期。

② 王宗水、秦续忠、赵红等：《制造业服务化与商业模式创新策略选择》，《科学学研究》2018年第7期。

③ Velu, C., Stiles, P., "Managing Decision-Making and Cannibalization for Parallel Business Models", *Long Range Planning*, Vol. 46, No. 6, 2013.

④ 蔺雷、吴贵生：《服务延伸产品差异化：服务增强机制探讨——基于Hotelling地点模型框架内的理论分析》，《数量经济技术经济研究》2005年第8期。

业创造的价值由产品价值和服务价值构成,服务价值具有溢出效应,使企业的总价值得到提升。从价值获取角度来看,采取产品导向商业模式创新的制造企业通常是将"产品+服务"打包销售,企业提供的服务种类比较丰富,服务是产品战略的重要组成部分,差异化的服务不仅能够促进产品销售,也能为企业带来部分服务收益。制造企业以产品为中心向客户提供相关服务,有利于提高客户对产品的使用能力,最终可能会带来较高的客户满意度[1],面向产品的服务提供对制造企业服务创新绩效具有明显促进作用[2]。由此可见,产品导向商业模式创新对制造企业服务化绩效具有正向影响。

客户导向商业模式创新是制造企业以客户需求为内核,将企业在研发、供应链、销售等方面的核心能力外化为服务能力,利用其在价值链中的运营优势向客户提供专业服务,服务侧重于企业和客户的有效性。与产品导向的服务提供相比,客户导向的服务提供面临更大挑战,激发制造企业服务创新的力度更强[3],客户需求导向能够引导企业战略行为,提升企业开发新产品或服务的能力,引发企业更多创新[4]。客户导向商业模式创新强调先动性市场导向,与反应性市场导向不同,先动性市场导向更加注重客户潜在需求,通过满足客户需求来实现商业模式创新[5]。从价值创造角度来看,客户导向商业模式创新注重客户与企业共同创造价值,客户是使用产品期间的积极参与者和价值创造的贡献者。面向客户的服务提供对制造企业服务创新绩效具有明显促进作用[6]。制造企业通过采取新的交易机制,改变交易方式,推动企业生产结构及其

---

[1] 王莉、罗瑾琏:《产品创新中顾客参与程度与满意度的关系——基于高复杂度产品的实证研究》,《科研管理》2012年第12期。

[2] 蒋楠、赵嵩正、吴楠:《服务型制造企业服务提供、知识共创与服务创新绩效》,《科研管理》2016年第6期。

[3] Kindström, D., Kowalkowski, C., "Service Innovation in Product-Centric Firms: A Multi-dimensional Business Model Perspective", *Journal of Business & Industrial Marketing*, Vol. 29, No. 2, 2014.

[4] Alam, I., Perry, C., "A Customer-Oriented New Service Development Process", *Journal of Services Marketing*, Vol. 16, No. 6, 2002.

[5] Qu, R. L., Ennew, C. T., "An Examination of the Consequences of Market Orientation in China", *Journal of Strategic Marketing*, Vol. 11, No. 3, 2003.

[6] 蒋楠、赵嵩正、吴楠:《服务型制造企业服务提供、知识共创与服务创新绩效》,《科研管理》2016年第6期。

合作伙伴网络关系的重塑，产生更多专业化服务的机会。客户导向商业模式创新主要体现在：客户创新方面，以客户需求为依据对目标客户进行细分，借助新技术准确了解客户需求，预测服务提供时机，提高客户消费概率；核心资源创新方面，技术创新是服务提供的基础，人员素质与能力是服务提供的关键；渠道创新方面，开发各种新渠道来提高服务效率、降低服务成本；关系管理创新方面，借助互联网技术利用互动创新方式提高客户参与度。通过对上述四方面的组合创新，可以提高服务在各环节上的价值创造能力[1]，提升企业服务化绩效。客户导向商业模式创新方式适合提供复杂性和高技术性产品或服务的企业，向客户提供"整体解决方案"能够延伸企业价值网络，提高价值创造链条的效率，提升附加价值[2]。从价值获取角度来看，采取客户导向商业模式创新的制造企业通常是将"解决方案"进行销售，企业利用其运营优势向客户提供可以不依托于自身产品的个性化服务，利用企业建立的服务体系帮助客户解决复杂问题，服务成为企业独立业务或企业核心，成为利润的主要来源。客户在接受企业提供的全方位服务时会形成更高满意度，有利于企业强化客户关系[3]。为客户提供解决方案不仅可以提高企业收入和利润率，也能够为企业创造价值[4]。由此可见，客户导向商业模式创新有利于服务化绩效提升。

基于上述理论分析，本书提出如下研究假设：

H2：制造企业服务化过程中商业模式创新对服务化绩效有正向影响。

H2a：产品导向商业模式创新对服务化绩效各维度（产品绩效、财务绩效、客户绩效、市场绩效）具有正向影响。

H2b：客户导向商业模式创新对服务化绩效各维度（产品绩效、财务绩效、客户绩效、市场绩效）具有正向影响。

---

[1] 王宗水、秦续忠、赵红等：《制造业服务化与商业模式创新策略选择》，《科学学研究》2018年第7期。

[2] 王树祥、张明玉、郭琦：《价值网络演变与企业网络结构升级》，《中国工业经济》2014年第3期。

[3] 程东全、顾锋、耿勇：《服务型制造中的价值链体系构造及运行机制研究》，《管理世界》2011年第12期。

[4] 崔连广、冯永春、张敬伟：《客户解决方案研究述评与展望》，《外国经济与管理》2016年第10期。

第三节　资源整合对商业模式创新的影响

商业模式创新活动离不开企业资源和能力的支撑，Teece（2010）认为商业模式创新就是一个优化、重组复杂资源的过程。从价值链角度来看，商业模式是企业价值链体系（包括企业价值链、供应商价值链、渠道价值链、客户价值链）中各子链活动集合的函数，而各子链活动又是资源集合的函数[1]，所以本质上讲企业资源的灵活性和资源整合能力对企业进行商业模式创新起决定作用[2]，企业的资源整合能力越强越有利于商业模式创新活动的实施[3]。

在服务化过程中，制造企业可以选择产品导向型或者客户导向型商业模式创新来促进服务化转型，而无论采取哪种创新方式都要求企业具备一定的资源基础。当企业具备良好的资源与能力时，就能够减少冗余，提高资源的利用效率，保障商业模式的成功[4]。为此，制造企业既需要充分利用手边已有资源，同时也需要积极获取来自企业外部的其他资源。已有资源的价值并不是特定的，通过创造性行为可以开发出新的用途，研究发现对冗余资源的创造性利用可以为企业提供一种低成本、低风险的商业模式创新途径[5]，采用资源拼凑方式可以促进商业模式创新[6]。实践中大部分制造企业就是将原来围绕产品制造的资源（如技术资源、人力资源、渠道资源等）延伸应用至服务领域，开发出与产品密切相关的服务业务，实现产品导向的服务化商业模式创新。企业在长

---

[1] 杨希若：《基于商业模式创新的资源整合研究》，硕士学位论文，东华大学，2012 年。
[2] Winterhalter, S., Zeschky, M. B., Gassmann, O., "Managing Dual Business Models in Emerging Markets: An Ambidexterity Perspective", *R&D Management*, Vol. 46, No. 3, 2015.
[3] 庞长伟、李垣、段光：《整合能力与企业绩效：商业模式创新的中介作用》，《管理科学》2015 年第 5 期。
[4] 庞长伟、李垣、段光：《整合能力与企业绩效：商业模式创新的中介作用》，《管理科学》2015 年第 5 期。
[5] 张玉利、田新、王晓文：《有限资源的创造性利用——基于冗余资源的商业模式创新：以麦乐送为例》，《经济管理》2009 年第 3 期。
[6] 孙锐、周飞：《企业社会联系、资源拼凑与商业模式创新的关系研究》，《管理学报》2017 年第 12 期。

期经营中会与合作伙伴形成相互依赖的运营关系①，这种关系可以给企业带来商业模式创新所需的互补资产，研究发现资产互补性能够提高新颖性商业模式成功的概率②。客户导向的服务化商业模式创新属于新颖性商业模式创新，它基于情感型价值主张，围绕客户需求引入新的服务内容（表现为整体解决方案），通过新的连接方式和交易机制实现价值创造与价值获取。实践中，部分制造企业就是通过构建资源网络来获取供应商、分销商、客户以及其他合作伙伴的互补性资源来实现客户导向型服务化商业模式创新。可见，制造企业在服务化过程中的资源整合对服务化商业模式创新具有积极促进作用。

从资源整合延展性来看，资源整合的延展性越强，说明企业资源整合的范围和层次越广，企业可以利用的资源越丰富。一方面，企业资源池的扩大，有利于企业提出新的价值主张，增加商业模式创新的可能性。对制造企业而言，功能型价值主张强调产品效能、性价比、技术与质量③，企业通过整合产品技术资源、信息技术资源、供应链资源和金融资源等，向客户提供实时监测、在线支持、个性化设计、金融融资、电子商务、产品总集成等服务来实现功能型价值主张。伴随着上述资源的整合和服务提供，制造企业实现了产品导向的服务化商业模式创新。情感型价值主张则强调一站式服务、客户导向、解决方案④，制造企业需要整合更多不同类型的资源向客户提供各类整体解决方案来实现情感型价值主张，与此同时企业也实现了客户导向的服务化商业模式创新。研究表明，不同价值主张需要不同资源组合来支持，价值主张创新对企业商业模式创新具有正向影响⑤。另一方面，企业资源池的扩大，有利于企业拥有异质性资源。无论是产品导向商业模式创新还是客户导向商业模式创新，其创新行为的内在动因都是为了使企业获取经济租金，而

---

① Doz, Y. L., Kosonen, M., "Embedding Strategic Agility: A Leadership Agenda for Accelerating Business Model Renewal", *Long Range Planning*, Vol. 43, No. 2-3, 2010.

② 吴晓波、朱培忠、姚明明：《资产互补性对商业模式创新的影响研究》，《西安电子科技大学学报》（社会科学版）2016 年第 2 期。

③ 江积海、沈艳：《制造服务化中价值主张创新会影响企业绩效吗？——基于创业板上市公司的实证研究》，《科学学研究》2016 年第 7 期。

④ 江积海、沈艳：《制造服务化中价值主张创新会影响企业绩效吗？——基于创业板上市公司的实证研究》，《科学学研究》2016 年第 7 期。

⑤ 齐严：《商业模式创新研究》，博士学位论文，北京邮电大学，2010 年。

获取最大化经济租金的基础就是制造企业所拥有的异质性资源。研究发现，异质性资源不仅有利于企业商业模式创新，还会影响企业商业模式创新行为的选择[①]。由此可见，资源整合的延展性对产品导向型和客户导向型商业模式创新均有积极促进作用。

从资源整合可塑性来看，资源整合的可塑性越强，说明企业共享和利用整合资源的能力越强，对市场需求的应变能力越强。在服务化过程中，拥有较强资源整合可塑性的制造企业往往可以保持资源组合的灵活性来适应客户多样化的服务需求。产品导向服务化是制造企业依托核心产品向客户提供与之高度相关的服务内容，在配置和利用整合资源时主要从提高产品效能、实现便捷化交易和产品整合等方面考虑；客户导向服务化是制造企业围绕客户需求向客户提供解决运营流程等方面问题的一体化方案，在配置和利用整合资源时主要从关注客户结果和有效性方面考虑。与产品导向型相比，客户导向型对企业资源整合可塑性的要求更高，企业需要具备较强的产品、软件和服务的系统集成能力。当制造企业资源整合的可塑性与服务化商业模式创新方式匹配时，整合资源的效用会得到充分发挥，有利于商业模式创新的实现。服务化商业模式创新作为一种高资源依赖型的创新活动，持续有效的资源输入和利用是商业模式创新的必要条件，研究发现企业利用资源、转化资源和共享资源的能力有助于企业创新活动的实施[②]。当制造企业资源整合可塑性高时，企业可以灵活配置所整合的资源，快速形成不同资源组合，弥补资源刚性对创新活动的限制，提高新服务开发速度，从而促进服务化商业模式创新。由此可见，资源整合的可塑性对产品导向型和客户导向型商业模式创新均有积极影响。

基于上述理论分析，提出如下研究假设：

H3：制造企业服务化过程中资源整合对商业模式创新有正向影响。

H3a：资源整合延展性对产品导向商业模式创新有正向影响。

H3b：资源整合延展性对客户导向商业模式创新有正向影响。

H3c：资源整合可塑性对产品导向商业模式创新有正向影响。

---

① 陈国平、李晓嫚、张鑫：《服务创新资源与能力对商业模式创新选择的影响》，《科技进步与对策》2017年第23期。

② 韩晨、高山行：《战略柔性、战略创新和管理创新之间关系的研究》，《管理科学》2017年第2期。

H3d：资源整合可塑性对客户导向商业模式创新有正向影响。

第四节　商业模式创新的中介作用

　　尽管学者普遍认为资源整合有助于提高企业绩效，但也意识到两者之间的关系远不只是直接相关的，从资源整合到企业绩效的提升还存在某些中间机制，因而需要引入合适的中介变量来揭示其影响路径[①]。资源整合实际上为企业提供了一条可能的创新路径，使企业在资源约束情况下也可以通过开展创新活动来提升企业绩效[②]，研究表明商业模式创新已成为企业构建竞争优势的一种战略途径[③]，是将企业资源整合能力转化为企业绩效的重要机制[④]，资源整合能力越强，越有利于企业进行商业模式创新，进而提高企业绩效[⑤]。对实施服务化的制造企业而言，商业模式创新在资源整合与服务化绩效之间同样扮演着重要的中介角色。

　　商业模式创新是制造企业服务化过程中将企业资源转化为服务化绩效的实现机制，一侧是资源的输入，另一侧是价值的输出。资源整合有助于制造企业资源池的扩大和资源利用效率的提高，为商业模式创新提供资源基础。商业模式反映企业价值创造的逻辑，制造企业在服务化过程中通过对价值主张、价值创造和价值获取等进行创新来提升企业价值。一方面，在产品导向服务化商业模式创新的驱使下，制造企业围绕核心产品，从提升产品效能、交易便捷化以及产品整合等功能型价值主张出发整合各种技术资源、供应链资源和金融资源等，通过提高服务效率和降低服务成本来为客户创造更大价值并获得服务化绩效的提升。另

---

① 尹苗苗、王玲：《创业领域资源整合研究现状与未来探析》，《外国经济与管理》2015年第8期。

② Senyard, J. M., Baker, T., Davidsson, P., "Entrepreneurial Bricolage: Towards Systematic Empirical Testing", *Frontiers of Entrepreneurship Research*, Vol. 29, No. 5, 2009.

③ Zott, C., Amit, R., Massa, L., "The Business Model: Recent Developments and Future Research", *Social Science Electronic Publishing*, Vol. 37, No. 4, 2011.

④ 易朝辉、周思思、任胜钢：《资源整合能力与科技型小微企业创业绩效研究》，《科学学研究》2018年第1期。

⑤ 庞长伟、李垣、段光：《整合能力与企业绩效：商业模式创新的中介作用》，《管理科学》2015年第5期。

一方面，在客户导向服务化商业模式创新的驱动下，制造企业需要围绕客户需求，从提升客户运营有效性和客户体验等情感型价值主张出发不断增强资源整合的延展性和可塑性，通过有效识别和开发服务机会，快速推出满足客户需求的服务品类，进而提升服务化绩效。由此可见，根据自身资源整合的延展性和可塑性程度，制造企业可以通过采取合适的产品导向商业模式创新或者客户导向商业模式创新来促进服务化的实施，进而达到提高服务化绩效的目的。

具体来说，商业模式创新对资源整合与服务化绩效关系的中介作用主要是通过提高服务开发机会和价值创造效率实现的。首先，制造企业在服务化过程中既要对企业内部资源进行整合，也要对外部资源进行整合。资源整合可以使企业拥有异质性资源，扩大企业资源池。在整合外部资源的过程中，制造企业增加了与外部信息交流的机会，在获取外部丰富信息的同时也有利于企业发现新的服务机会，此时企业借助一定的商业模式，可以将服务机会转化成新的价值主张，利用企业资源来保障商业模式创新活动的实施，通过新的服务内容和服务方式来提升企业服务化绩效。其次，在资源整合能力的支撑下，商业模式创新能够为客户创造出更多价值[①]。拥有较强资源整合延展性和可塑性的制造企业，能够对服务化过程中所需要的资源进行有效识别和获取，通过对资源的有效配置和利用，使企业拥有较多的服务品类和较快的服务速度，这是价值创造的基础，然后通过系统性创新活动的桥梁作用提高服务化绩效。商业模式创新是企业在一定资源基础上，为获得更高价值而对价值创造和价值获取等一系列活动进行变革的系统性创新活动[②]。制造企业就是通过商业模式创新这一"桥梁"，将资源投入与服务产出连接起来，进而实现资源的价值，提升服务化绩效。

基于上述理论分析，提出如下研究假设：

H4：制造企业服务化过程中商业模式创新在资源整合与服务化绩效之间起中介作用。

H4a：产品导向商业模式创新在资源整合与服务化绩效之间起中介

---

① 庞长伟、李垣、段光：《整合能力与企业绩效：商业模式创新的中介作用》，《管理科学》2015年第5期。

② 郭韬、吴叶、刘洪德：《企业家背景特征对技术创业企业绩效影响的实证研究——商业模式创新的中介作用》，《科技进步与对策》2017年第5期。

作用。

H4b：客户导向商业模式创新在资源整合与服务化绩效之间起中介作用。

第五节　概念模型

通过对以上资源整合、商业模式创新和服务化绩效各变量之间相互关系影响机理的归纳，可以发现：

（1）通过资源整合，企业可以克服静态资源的不足，形成较强的资源柔性，进一步提升企业动态能力，促进服务业务开展，提升服务化绩效。从资源整合延展性来看，较强的延展性反映出企业具备适应服务化要求的资源基础，各类资源有利于服务业务的开发与推广；较强的延展性体现了企业较强的资源识取能力，有利于企业形成独特能力，提高企业效率来获得良好绩效。从资源整合可塑性来看，较强的可塑性反映出企业对服务机会的把握以及对客户需求的反应速度，有利于提高资源的范围经济优势和成本弱增性，其影响具体表现在服务品类与服务速度上；较强的可塑性体现了企业较强的资源配置能力，能够提高资源配置效率，发挥资源杠杆作用，以此推动服务创新来提升服务化绩效。

（2）制造企业通过改变价值主张，对价值创造过程和价值创造方式进行创新来提升服务化绩效。产品导向商业模式创新强调"核心产品+服务"，利用"服务增强"来提高产品差异化水平，使企业建立起"隔离机制"来降低竞争强度获取效益。在价值创造方面有利于提高交易效率、降低交易成本，在价值获取方面既有利于产品销售也能获得服务收益，拓宽了企业收益渠道。客户导向商业模式创新强调客户需要，通过引导企业战略行为，推动服务创新活动。在价值创造方面注重客户价值共创，利用新的交易机制和方式来提升服务环节的价值创造能力，提高价值创造链条的效率，在价值获取方面通过"解决方案"向客户提供全方位服务，强化客户关系提升服务化绩效。

（3）资源整合为服务化商业模式创新提供支撑，通过已有资源的创新性利用和外部互补资源的有效利用来实现商业模式创新。从资源整合的延展性来看，较强的延展性表现为企业资源池的扩大，有利于企业获取异质性资源和提出新的价值主张，促进商业模式创新活动的实施；从资源整合的可塑性来看，较强的可塑性反映企业配置利用整合资源的较高灵活性，较强的利用、转化和共享资源的能力有助于创新活动的实施，制造企业可根据客户的不同需求及时配置资源组合，弥补资源刚性对创新活动的限制，快速开发出新服务内容，促进服务化商业模式创新。

（4）商业模式创新在资源整合与服务化绩效关系之间存在中介机制作用。制造企业在服务化过程中，可以依据自身资源整合的延展性和可塑性，选择产品导向型或客户导向型服务化商业模式创新方式来提升服务化绩效。在资源整合过程中，企业增加了与外界信息交流的机会，有利于发现新的服务机会，通过一定的服务化商业模式创新方式可以推动服务化的实施，提高企业服务化绩效。在企业资源的支撑下，采取一定的服务化商业模式创新方式能够提高价值创造效率，将资源投入与服务产出连接起来，在为客户创造更多价值的同时促进企业服务化绩效的提升。

综上所述，结合前面第三章和第四章的研究结果，提出如图5-1所示的概念模型框架。

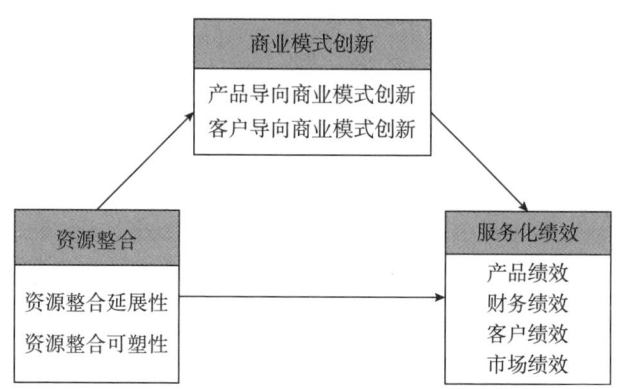

图 5-1　概念模型框架

同时，在前文对制造企业资源整合、商业模式创新和服务化绩效之间的影响关系进行理论分析的基础上，进一步绘制出研究假设的模型图，具体如图5-2所示。

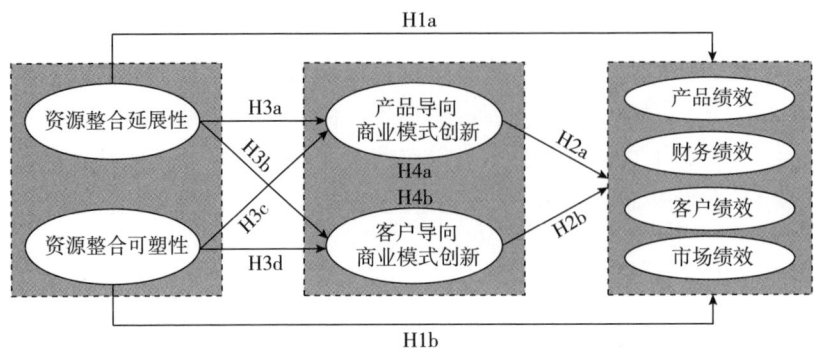

图 5-2 研究假设模型

第六节 本章小结

本章在前文探索性案例研究得到的有关制造企业服务化过程中资源整合、商业模式创新与服务化绩效关系的初步假设命题基础上，结合以往相关理论研究成果，进一步对变量之间的影响关系进行逻辑推理，提出如表 5-1 所示的 14 条研究假设，并构建出本书研究的概念模型。

表 5-1　　　　　　　　研究假设汇总

假设编号	具体内容
H1	制造企业服务化过程中资源整合对服务化绩效有正向影响
H1a	资源整合延展性对服务化绩效各维度（产品绩效、财务绩效、客户绩效、市场绩效）具有正向影响
H1b	资源整合可塑性对服务化绩效各维度（产品绩效、财务绩效、客户绩效、市场绩效）具有正向影响
H2	制造企业服务化过程中商业模式创新对服务化绩效有正向影响
H2a	产品导向商业模式创新对服务化绩效各维度（产品绩效、财务绩效、客户绩效、市场绩效）具有正向影响
H2b	客户导向商业模式创新对服务化绩效各维度（产品绩效、财务绩效、客户绩效、市场绩效）具有正向影响

续表

假设编号	具体内容
H3	制造企业服务化过程中资源整合对商业模式创新有正向影响
H3a	资源整合延展性对产品导向商业模式创新有正向影响
H3b	资源整合延展性对客户导向商业模式创新有正向影响
H3c	资源整合可塑性对产品导向商业模式创新有正向影响
H3d	资源整合可塑性对客户导向商业模式创新有正向影响
H4	制造企业服务化过程中商业模式创新在资源整合与服务化绩效之间起中介作用
H4a	产品导向商业模式创新在资源整合与服务化绩效之间起中介作用
H4b	客户导向商业模式创新在资源整合与服务化绩效之间起中介作用

第六章 实证研究设计

在第五章所提假设和概念模型的基础上，本章主要围绕实证研究中的问卷设计、变量测量、小样本预调研分析和大样本正式调研分析等内容展开研究。由于本书主题是关于制造企业服务化行为的研究，涉及的各个变量均为构念，所需数据很难直接从相关数据库、企业年报、统计年鉴等途径获取，因此采用管理学研究中常用的问卷调查法来搜集相关企业信息。问卷调查的目的是了解制造企业在服务化过程中有关资源整合、商业模式创新和服务化绩效等方面的实际情况，为实证研究提供数据支持。

第一节 问卷设计

一 问卷设计的原则

设计出可靠的调查问卷是应用问卷调查法获取数据的关键，为提高本研究的问卷可靠性，在问卷设计时主要遵循马庆国（2002）[①]、杨国枢等（2006）[②] 提出的设计原则，具体包括四个方面：第一，所设问题与研究目标相匹配。本书研究目标是弄清制造企业服务化过程中资源整合、商业模式创新和服务化绩效之间的影响关系，因此在设立测量题项时也紧扣这三个变量展开，变量测量是调查问卷的主体部分。其中，资源整合的测量条目主要是为了了解企业围绕服务化所进行资源整合的情况；商业模式创新的测量条目主要是为了了解企业围绕服务化所开展的

[①] 马庆国：《管理统计：数据获取、统计原理、SPSS 工具与应用研究》，科学出版社 2002 年版。

[②] 杨国枢、文崇一、吴聪贤等：《社会及行为科学研究方法》，重庆大学出版社 2006 年版。

商业模式创新情况;服务化绩效的测量条目主要是为了了解企业实施服务化的效果情况。第二,所设问题总数不宜过长,单个测量题项要便于受访者理解,不会产生歧义或误解。本研究在拟定测量题项时,首先通过现有文献梳理、专家咨询、企业调研访谈等途径形成初始问题,其次再对其表述形式进行多次修改,尤其对来自国外文献的测量题项采取双向翻译,使其符合中国情境。第三,所设问题保持中立。本研究问卷调查的目的是掌握样本企业实施服务化的实际情况,在围绕资源整合、商业模式创新和服务化绩效设立问题时避免采用对结果具有引导性的词语。第四,所设问题不涉及企业机密或个人隐私,以消除受访者的心理戒备。本研究在调查问卷的引导语部分,明确说明问卷调查所获数据仅仅用作学术研究,不用作任何商业用途。尤其在获取服务化绩效方面的数据时借助变通方式处理,不要求受访者填写企业详细名称,消除其顾虑。

二 问卷设计的程序

基于上述问卷设计原则,本书按照图6-1所示的程序来设计问卷,具体步骤如下。

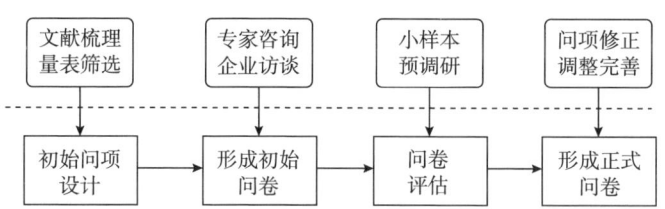

图6-1 本研究问卷设计的程序

步骤一,通过文献梳理、量表筛选,设计初始问项。在对相关文献梳理以及前文基础理论分析的基础上,界定出研究变量的可操作性定义。利用CNKI、Science Direct、EBSCO等数据库搜索国内外相关重要文献,通过整理前人研究中所使用的具有较高信效度的成熟量表,筛选提炼出与资源整合(包括资源整合的延展性、资源整合的可塑性)、商业模式创新(包括产品导向商业模式创新和客户导向商业模式创新)以及服务化绩效(包括产品绩效、财务绩效、客户绩效、市场绩效)相关的测量条目,形成问卷的初始问项。

步骤二,通过专家咨询、企业访谈,形成初始问卷。将经过文献梳理和量表筛选所形成的初始问项提交给所在研究团队(包括1名教授、

2名副教授、2名博士）进行多次讨论，并与同领域其他学者进行交流，征询其对所设问项的修改意见。同时，利用研究团队外出实地调研的机会，邀请调研企业负责人对所设问项在易懂性、易答性和合理性等方面提出修改建议。通过对所有反馈意见的整理，进一步对问卷题项进行修改和完善，形成初始的调查问卷。

步骤三，通过小样本预调研，进行问卷评估。在大规模发放问卷之前需要进行小样本预测试，目的在于检验问卷所设题项与企业实际运行情况的契合程度。采用SPSS17.0软件对采集到的小样本数据进行处理，通过测量每个变量的效度和信度对问卷质量进行评估，及时发现存在的问题与缺陷。

步骤四，通过问项修正、调整完善，形成正式问卷。根据小样本测试的结果，对初始问卷中的个别问项进行修正，结合预调研时的企业反馈信息再次对问卷题项进行调整和完善，最终形成正式问卷。正式问卷包括引导语、企业基本信息、服务化绩效的测度、资源整合的测度、商业模式创新的测度等部分。

第二节　变量测量

本书研究主要涉及资源整合、商业模式创新和服务化绩效三个潜变量，鉴于这三个潜变量均由若干维度构成且难以全部利用客观量化指标来度量，因此本书采用李克特5级量表形式对其进行测量，其中，1代表与企业实际情况非常不符合，2代表比较不符合，3代表不确定，4代表比较符合，5代表非常符合。每个变量的测量题项主要来源于三方面：一是直接引用已有研究中成熟有效的测量题项；二是结合本研究主题对已有测量题项进行适当修改；三是依据案例研究结果和实地访谈结果自行设计题项。

一　被解释变量

本书研究的被解释变量为服务化绩效。制造企业服务化绩效是一个多维化概念，在实证研究中学者对服务化绩效的测量也从单一维度或指标（如提供服务的数量、服务带来的收入占比、客户满意度等）深入到多维度或多指标，以求更符合服务化绩效的本质。根据第三章对服务化绩效维度的分析，本书从产品绩效、财务绩效、客户绩效和市场绩效四个维度来测量制造企业的服务化绩效。基于前文对服务化绩效测度的文献梳理，借鉴 Antioco 等（2008）[1]、王雪原等（2017）[2]、Ambroise 等（2018）[3]、杨志波（2018）[4] 等的研究成果，同时结合前文案例研究结论和有关企业访谈，设计出包含 13 个测量题项的服务化绩效测量量表，其中，产品绩效涉及"促进新产品开发""促进产品技术创新""促进产品销售" 3 个题项；财务绩效涉及"利润率提高""收入增长率提高""服务收入及增长" 3 个题项；客户绩效涉及"提高客户价值""增强客户关系""提高满意度""吸引新客户" 4 个题项；市场绩效涉及"市场响应速度""市场份额""带动新业务" 3 个题项。服务化绩效测量量表具体内容如表 6-1 所示。

二 解释变量

本书研究的解释变量为资源整合。根据第三章对服务化资源整合柔性的分析，本书从资源整合延展性和资源整合可塑性两个维度来测量资源整合。借鉴 Sanchez（1995）[5]、Wiklund 和 Shepherd（2009）[6]、付丙海等（2015）[7]、彭学兵等（2017）[8] 等的研究成果，同时结合前文案

---

[1] Antioco, M., Moenaert, R. K., Lindgreen, A., et al., "Organizational Antecedents to and Consequences of Service Business Orientations in Manufacturing Companies", *Journal of the Academy of Marketing Science*, Vol. 36, No. 3, 2008.

[2] 王雪原、刘成龙、王亚男：《基于扎根理论的制造企业服务化转型需求、行为与绩效结果》，《中国科技论坛》2017 年第 7 期。

[3] Ambroise, L., Prim-Allaz, I., Teyssier, C., "Financial Performance of Servitized Manufacturing Firms: A Configuration Issue between Servitization Strategies and Customer-Oriented Organizational Design", *Industrial Marketing Management*, Vol. 71, 2018.

[4] 杨志波：《制造型企业服务化绩效——商业模式和文化障碍的中介调节作用研究》，《科技进步与对策》2018 年第 2 期。

[5] Sanchez, R., "Strategic Flexibility in Product Competition", *Strategic Management Journal*, Vol. 16, No. S1, 1995.

[6] Wiklund, J., Shepherd, D. A., "The Effectiveness of Alliances and Acquisitions: The Role of Resource Combination Activities", *Entrepreneurship: Theory and Practice*, Vol. 33, No. 1, 2009.

[7] 付丙海、谢富纪、韩雨卿：《创新链资源整合、双元性创新与创新绩效：基于长三角新创企业的实证研究》，《中国软科学》2015 年第 12 期。

[8] 彭学兵、王乐、刘玥伶等：《创业网络、效果推理型创业资源整合与新创企业绩效关系研究》，《科学学与科学技术管理》2017 年第 6 期。

例研究结论和有关企业访谈，设计出包含 10 个测量题项的资源整合测量量表，其中，资源整合延展性涉及"重视积累自身资源""重视外部获取资源""有效判断资源范围及数量""选择和获取外部资源""利用客户反馈信息" 5 个题项，资源整合可塑性涉及"保持资源灵活性""资源有效匹配""资源内部共享""资源组合调整""利用资源开发新业务" 5 个题项。资源整合测量量表具体内容如表 6-2 所示。

表 6-1　　　　　　　　服务化绩效的测量量表

维度	编号	题项内容	依据或来源
产品绩效	SP11	与以往相比，实施服务化促进了企业新产品开发，提高了新产品占比	Antioco 等（2008）；Oliva 等（2012）；Kastalli 等（2013）；Deutscher 等（2014）；蒋楠等（2016）；张雅琪等（2017）；王雪原等（2017）；Ambroise 等（2018）；胡查平等（2018）；杨志波（2018）；案例研究；企业访谈
产品绩效	SP12	与以往相比，实施服务化促进了企业产品技术创新，提升了产品质量等级	
产品绩效	SP13	与以往相比，实施服务化带动了企业产品销售，提高了销售增长率	
财务绩效	SP21	与以往相比，实施服务化提高了企业的利润率	
财务绩效	SP22	与以往相比，实施服务化提高了企业的收入增长率	
财务绩效	SP23	与以往相比，实施服务化为企业带来了服务收入，服务收入占比呈增长趋势	
客户绩效	SP31	实施服务化提高了客户价值，客户采用服务产品后提高了收益、降低了成本	
客户绩效	SP32	实施服务化增强了企业与客户的关系，使老客户保留率提高	
客户绩效	SP33	实施服务化提高了客户对企业产品或服务的满意度	
客户绩效	SP34	实施服务化为企业吸引了新的客户	
市场绩效	SP41	实施服务化使得企业的市场响应速度得到显著提升	
市场绩效	SP42	实施服务化提高了企业产品或服务的市场份额	
市场绩效	SP43	实施服务化给企业带来了新的市场机会，企业因此开发出新的业务	

表 6-2　　　　　　　　　　资源整合的测量量表

维度	编号	题项内容	依据或来源
资源整合延展性	RI11	企业重视积累自身独特资源来开展服务创新活动	Sanchez (1995); Wiklund 和 Shepherd (2009); 张公一和孙晓欧 (2013); 付丙海等 (2015); 彭伟和符正平 (2015); 彭学兵等 (2017); 案例研究; 企业访谈
	RI12	企业重视从外部获取新资源来开展服务创新活动	
	RI13	企业能够有效判断出可为其所用的服务创新资源的范围及数量	
	RI14	企业能够根据服务化进程有效选择和获取来自外部的服务创新资源	
	RI15	企业能够通过客户体验将客户反馈的信息融入服务创新活动	
资源整合可塑性	RI21	企业能够保持资源整合进程足够灵活,可以根据新的发现及时做出调整	
	RI22	企业能够将新获取的资源和原有资源进行有效匹配	
	RI23	企业能够将整合的资源在内部各部门之间实现共享	
	RI24	企业能够根据服务化进程对资源组合进行有效调整	
	RI25	企业能够利用整合的资源开发新的服务业务	

三　中介变量

本书研究的中介变量为商业模式创新。根据第三章对服务化商业模式创新方式的分析,本书从产品导向商业模式创新和客户导向商业模式创新来测量商业模式创新。基于前文对商业模式创新测度的文献梳理,借鉴 Narver 等 (2004)[①]、Zott 和 Amit (2007)[②]、安筱鹏 (2012)[③]、Green 等 (2017)[④] 等研究成果,同时结合论文案例研究结论和有关企业访谈,设计出包含 14 个测量题项的商业模式创新测量量表,其中,产品导向商业模式创新涉及"利用产品价值获取竞争优势""提供产品

---

① Narver, J. C., Slater, S. F., Maclachlan, D. L., "Responsive and Proactive Market Orientation and New-Product Success", *Journal of Product Innovation Management*, Vol. 21, No. 5, 2004.

② Zott, C., Amit, R., "Business Model Design and the Performance of Entrepreneurial Firms", *Organization Science*, Vol. 18, No. 2, 2007.

③ 安筱鹏:《制造业服务化路线图:机理、模式与选择》,商务印书馆 2012 年版。

④ Green, M. H., Davies, P., Ng, I. C. L., "Two Strands of Servitization: A Thematic Analysis of Traditional and Customer Co-Created Servitization and Future Research Directions", *International Journal of Production Economics*, Vol. 192, 2017.

增值服务""围绕产品来提升或开发新服务""注重服务流程改善""经常改良产品或服务""有效降低使用成本""服务带来少量利润"7个题项,客户导向商业模式创新涉及"以客户需求为导向开展业务""服务带来价值""构建商业生态圈""引入新机制、新流程与新规范""注重能力培养""重视客户反馈意见""服务带来持续收入"7个题项。商业模式创新测量量表具体内容如表6-3所示。

表6-3 商业模式创新的测量量表

维度	编号	题项内容	依据或来源
产品导向商业模式创新	BM11	企业主要通过提升产品价值来获取和维持竞争优势	Narver 等(2004);He 和 Wong(2004);Zott 和 Amit(2007);安筱鹏(2012);乐云鑫(2014);Osiyevskyy 和 Dewald(2015);庞长伟等(2015);Green 等(2017);案例研究;企业访谈
	BM12	企业能够为客户提供用于提升产品使用效能或实现交易便捷化的增值服务	
	BM13	企业能够围绕核心产品,提升或开发新的服务业务以支持销售或实现差异化竞争	
	BM14	企业注重对与产品相关的服务业务流程的改善	
	BM15	企业经常改良主打的产品或服务,以更好迎合客户	
	BM16	企业的商业模式有效降低了客户使用产品的成本	
	BM17	企业开展的服务业务能够给企业带来少量利润	
客户导向商业模式创新	BM21	企业主要以客户需求为导向来组织开展各项业务	
	BM22	企业提供的服务能给客户带来独特的、容易感知的价值	
	BM23	企业构建了与利益相关者良性互动的商业生态圈,并在其中扮演核心角色	
	BM24	企业采用了新的交易机制,引入新的运作流程和规范	
	BM25	企业注重对客户需求的研究并致力于培养满足客户需求的能力	
	BM26	企业重视客户对产品和服务的反馈意见	
	BM27	企业开展的服务业务能够给企业带来持续收入,服务业务的盈利性较好	

四 控制变量

制造企业服务化绩效是多因素综合作用的结果,除了企业资源整合、商业模式创新，还有其他外部变量可能对其产生影响。为了能够更好地反映主要变量之间的关系，排除其他变量的影响，有必要将企业的背景特征作为控制变量来处理①。借鉴以往制造企业服务化领域的有关实证研究，并结合制造企业服务化转型实践，本书选取企业年龄、企业规模、企业性质、企业所属行业四个变量作为研究的控制变量。

企业年龄是企业最显著的特征之一，企业年龄不同，拥有的市场经验和各项能力可能会不同，研究发现新创企业和在位企业在商业模式创新方面存在差异②。此外，企业成立的年限也可能影响到服务化战略的实施效果，企业成立的时间越早，拥有的资源就越多，企业服务化转型的效果可能就越好。本书采用企业成立年限作为企业年龄的表征，并将其分为5个区间，1代表1—5年，2代表6—10年，3代表11—15年，4代表16—20年，5代表20年以上。

企业规模在一定程度上可以反映出企业拥有资源的丰裕度③，制造企业是否能够取得理想的服务化绩效可能与企业规模有关④，许多学者认为企业规模可以影响服务化战略的制定与实施。现有研究将企业规模作为控制变量处理时常常采用营业收入、总资产、从业人员数量等指标，本书采用企业近三年年平均营业收入作为企业规模的表征。参照国家统计局2017年公布的企业划分办法，将企业规模按照近三年平均营业收入（用Y表示）分为三个水平，1代表Y<2000万元（小微型企业），2代表2000万元≤Y<40000万元（中型企业），3代表Y≥40000万元（大型企业）。

在中国社会情境下，企业性质往往会影响其经营决策，不同性质的企业在资源整合、商业模式创新等方面的选择可能会存在差异，进而影响到服务化绩效。本书将国有企业设置为1，其他企业设置为0。

企业所处行业常被认为是影响企业绩效的重要因子之一，不同行业

---

① 张红：《创业学习对新创企业商业模式创新的影响研究》，博士学位论文，吉林大学，2017年。
② 吴晓波、赵子溢：《商业模式创新的前因问题：研究综述与展望》，《外国经济与管理》2017年第1期。
③ 王绒：《制造企业服务化战略、组织植入对服务创新绩效的影响研究》，博士学位论文，西安理工大学，2018年。
④ Neely, A., "Exploring the Financial Consequences of the Servitization of Manufacturing", *Operations Management Research*, Vol. 1, No. 2, 2008.

的企业绩效往往存在差异①。制造企业在实施服务化过程中，由于所处的行业不同，所开展的服务创新活动可能存在较大差异，继而产生不同的服务化绩效。结合我国制造企业服务化实践，本书将企业主营业务所属行业类别划分为 4 种，1 代表"装备制造业"，2 代表"消费品制造业"，3 代表"电子信息制造业"，4 代表"其他制造业"。研究中所有控制变量的设置具体如表 6-4 所示。

表 6-4　　　　　　　　　控制变量的设置

变量条目		赋值
企业年龄	1—5 年	1
	6—10 年	2
	11—15 年	3
	16—20 年	4
	20 年以上	5
企业规模	Y<2000 万元	1
	2000 万元≤Y<40000 万元	2
	Y≥40000 万元	3
企业性质	国有企业	1
	非国有企业	0
企业所属行业	装备制造业	1
	消费品制造业	2
	电子信息制造业	3
	其他制造业	4

第三节　小样本预调研分析

一　数据收集

本书研究对象聚焦实施服务化的制造企业，重点调查企业在服务化

---

① Wiengarten, F., Pagell, M., Ahmed, M. U., et al., "Do a Country's Logistical Capabilities Moderate the External Integration Perform?", *Strategic Entrepreneurship Journal*, Vol. 9, No. 1, 2015.

过程中有关资源整合、商业模式创新以及服务化绩效的实际表现情况。参考工业和信息化部有关遴选服务型制造示范企业的基本条件，结合已公布的两批次（共63家）服务型制造示范企业情况，采取判断抽样的方式，遵循"典型区域、典型行业"的原则，重点选取我国东部地区（广东、江苏、浙江、山东、福建）、中部地区（湖南、安徽、河南）、西部地区（重庆、四川、陕西）、东北地区（吉林、辽宁）的装备制造业、消费品制造业、电子信息制造业等领域的制造企业作为研究样本。选择上述区域和行业领域的制造企业作为样本的原因在于：一方面，所选区域的制造业综合实力较强，属于《中国制造业发展研究报告2017—2018》里的中国制造业强省排名前20的省份；另一方面，所选行业领域的制造企业实施服务化或者进行服务化转型的可能性较大，有利于提高调查样本属于目标样本的吻合度。小样本预调研时间从2017年5月开始，前后共持续3个月时间。小样本预调研的问卷发放途径主要包括以下三种：一是借助研究团队承担各级相关科研课题的机会，将问卷搭载在课题组实地调研考察过程中，向企业有关负责人发放问卷；二是借助EMBA和MBA的校友资源，向符合调研要求的企业负责人发放问卷；三是借助与研究团队建立合作关系的知名企业的途径，委托其向符合要求的合作伙伴企业发放问卷。调查问卷采用无记名方式填写，前后共计收回问卷156份。通过对收回问卷的整理，剔除掉不符合要求的问卷（例如出现问题答案选择全部相同、未填内容过多、尚未开展服务业务、不了解企业服务化现状等情况），最终筛选出有效问卷112份，有效率为71.8%。本书中最大分量表（商业模式创新测量量表）题项数为14个，按照小样本数量要大于最大分量表题项数5倍的观点[1]，所收回的有效问卷数满足对小样本容量的要求。

二 信效度分析

在实证研究过程中，测量量表的优劣需要经过效度和信度分析。效度是指测量量表所能正确测量的特质程度，即设计的量表能否准确测量研究所欲测的问题；信度是指测量量表所测的结果的稳定性及一致性，量表的信度越大，其测量标准误差越小[2]。应根据效度检验和信度检验

---

[1] 吴明隆：《问卷统计分析实务——SPSS操作与应用》，重庆大学出版社2010年版。
[2] 吴明隆：《问卷统计分析实务——SPSS操作与应用》，重庆大学出版社2010年版。

的结果来评估问卷质量,并在此基础上进一步优化测量量表。

(一)效度分析

本书采用探索性因子分析来检验量表的建构效度,以找出量表潜在的结构维度,判断是否与初始量表的维度相一致。在进行因子分析之前,需要通过 KMO(Kaiser-Meyer-Olkin)检验和 Bartlett 球形检验来判别。KMO 值在 0 和 1 之间,越接近 1 越适合进行因子分析。当 KMO 量值在 0.60 以上时,题项变量间可以进行因子分析(Mediocre);当 KMO 值小于 0.60 时,题项变量间不适合进行因子分析(Miserable);当 Bartlett 球形检验的统计值显著性概率小于或等于显著性水平时,适合做因子分析[1]。本书借助 SPSS17.0 软件对服务化绩效、资源整合和商业模式创新量表进行 KMO 检验和 Bartlett 球形检验,结果如表 6-5 所示。根据判别标准,这三个变量均适合进行因子分析。下面将采用主成分分析和最大方差旋转的方法,按特征值大于 1 的方式分别对服务化绩效、资源整合、商业模式创新三个分量表提取因子。

表 6-5　各个初始量表的 KMO 检验和 Bartlett 球形检验

		服务化绩效	资源整合	商业模式创新
取样足够度的 KMO 值		0.737	0.812	0.839
Bartlett 球形检验	近似卡方	594.463	387.140	681.256
	df	78	45	91
	Sig.	0.000	0.000	0.000

(1)服务化绩效初始量表的探索性因子分析。服务化绩效初始量表共 13 个题项,对其进行因子分析,结果如表 6-6 和表 6-7 所示。从解释总方差来看,可以发现服务化绩效量表被提取出四个公因子,这四个公因子对方差的累计解释程度达到 72.581%>50%。从旋转成分矩阵来看,可以发现 SP11、SP12、SP13 这三个题项在公因子 2 上的因子负荷均大于 0.5,能够代表产品绩效;SP21、SP22、SP23 这三个题项在公因子 4 上的因子负荷均大于 0.5,能够代表财务绩效;SP31、SP32、SP33、SP34 这四个题项在公因子 1 上的因子负荷均大于 0.5,能够代

---

[1] 吴明隆:《问卷统计分析实务——SPSS 操作与应用》,重庆大学出版社 2010 年版。

表客户绩效;SP41、SP42、SP43 这三个题项在公因子 3 上的因子负荷均大于 0.5,能够代表市场绩效。

表 6-6　　　　　服务化绩效初始量表的解释总方差

成分	初始特征值			提取平方和载入			旋转平方和载入		
	合计	方差的百分比(%)	累计百分比(%)	合计	方差的百分比(%)	累计百分比(%)	合计	方差的百分比(%)	累计百分比(%)
1	3.777	29.052	29.052	3.777	29.052	29.052	2.654	20.413	20.413
2	2.128	16.367	45.419	2.128	16.367	45.419	2.299	17.687	38.100
3	1.944	14.955	60.374	1.944	14.955	60.374	2.262	17.398	55.498
4	1.587	12.207	72.581	1.587	12.207	72.581	2.221	17.083	72.581
5	0.652	5.016	77.597						
6	0.527	4.050	81.647						
…	…	…	…						
13	0.207	1.591	100.000						

提取方法:主成分分析

表 6-7　　　　　服务化绩效初始量表的旋转成分矩阵[a]

题项	成分			
	1	2	3	4
SP11	-0.048	0.858	0.031	0.008
SP12	0.149	0.855	0.110	0.114
SP13	0.147	0.852	0.170	0.027
SP21	0.052	-0.015	0.079	0.873
SP22	-0.018	0.038	-0.003	0.856
SP23	0.130	0.136	0.241	0.804
SP31	0.824	0.131	-0.048	-0.091
SP32	0.845	0.073	0.135	0.085
SP33	0.758	-0.062	0.062	0.127
SP34	0.738	0.126	0.160	0.043
SP41	0.128	0.196	0.788	0.141

续表

题项	成分			
	1	2	3	4
SP42	-0.060	0.071	0.877	0.064
SP43	0.241	0.047	0.846	0.088

提取方法：主成分分析法　　旋转法：具有 Kaiser 标准化的正交旋转法

a. 旋转在 5 次迭代后收敛

（2）资源整合初始量表的探索性因子分析。资源整合初始量表共十个题项，对其进行因子分析，结果如表 6-8 和表 6-9 所示。从解释总方差来看，可以发现资源整合量表被提取出两个公因子，这两个公因子对方差的累计解释程度达到 57.400%>50%。从旋转成分矩阵来看，可以发现 RI11、RI12、RI13、RI14 这四个题项在公因子 2 上的因子负荷均大于 0.5，能够代表资源整合延展性。RI21、RI22、RI24、RI25 这四个题项在公因子 1 上的因子负荷均大于 0.5，能够代表资源整合可塑性。RI15、RI23 这两个题项在两个公因子上的因子负荷都小于 0.5，故将其删除。

表 6-8　　　　　　　　资源整合初始量表的解释总方差

成分	初始特征值			提取平方和载入			旋转平方和载入		
	合计	方差的百分比（%）	累计百分比（%）	合计	方差的百分比（%）	累计百分比（%）	合计	方差的百分比（%）	累计百分比（%）
1	3.434	34.341	34.341	3.434	34.341	34.341	2.957	29.570	29.570
2	2.306	23.059	57.400	2.306	23.059	57.400	2.783	27.830	57.400
3	0.916	9.163	66.563						
4	0.889	8.887	75.450						
…	…	…	…						
10	0.302	3.022	100.000						

提取方法：主成分分析

表 6-9　　　　　　　　资源整合初始量表的旋转成分矩阵[a]

题项	成分 1	成分 2
RI11	0.228	0.824
RI12	-0.100	0.821
RI13	0.165	0.814
RI14	0.090	0.845
RI15	0.395	0.180
RI21	0.822	0.084
RI22	0.746	0.105
RI23	0.412	0.053
RI24	0.805	-0.026
RI25	0.809	0.026

提取方法：主成分分析法　　旋转法：具有 Kaiser 标准化的正交旋转法

a. 旋转在 3 次迭代后收敛

（3）商业模式创新初始量表的探索性因子分析。商业模式创新初始量表共 14 个题项，对其进行因子分析，结果如表 6-10 和表 6-11 所示。从解释总方差来看，可以发现商业模式创新量表被提取出三个公因子，这三个公因子对方差的累计解释程度达到 61.594%>50%。从旋转成分矩阵来看，可以发现公因子 3 只包含 BM22 这一个题项，所包含的题项数太少无法显示共同因素所代表的意义，故将其删除。BM11、BM12、BM13、BM14、BM16、BM17 这六个题项在公因子 2 上的因子负荷均大于 0.5，予以保留。BM21、BM23、BM24、BM25、BM27 这五个题项在公因子 1 上的因子负荷均大于 0.5，予以保留。BM15、BM26 这两个题项在三个公因子上的因子负荷均小于 0.5，故将其删除。

表 6-10　　　　　　　　商业模式创新初始量表的解释总方差

成分	初始特征值 合计	初始特征值 方差的百分比（%）	初始特征值 累计百分比（%）	提取平方和载入 合计	提取平方和载入 方差的百分比（%）	提取平方和载入 累计百分比（%）	旋转平方和载入 合计	旋转平方和载入 方差的百分比（%）	旋转平方和载入 累计百分比（%）
1	4.757	33.979	33.979	4.757	33.979	33.979	3.752	26.802	26.802

续表

成分	初始特征值			提取平方和载入			旋转平方和载入		
	合计	方差的百分比(%)	累计百分比(%)	合计	方差的百分比(%)	累计百分比(%)	合计	方差的百分比(%)	累计百分比(%)
2	2.709	19.350	53.329	2.709	19.350	53.329	3.647	26.050	52.852
3	1.157	8.265	61.594	1.157	8.265	61.594	1.224	8.742	61.594
4	0.967	6.906	68.500						
5	0.804	5.741	74.241						
…	…	…	…						
14	0.200	1.428	100.000						

提取方法：主成分分析

表 6-11　商业模式创新初始量表的旋转成分矩阵[a]

题项	成分		
	1	2	3
BM11	0.026	0.840	0.101
BM12	0.021	0.699	-0.146
BM13	0.063	0.711	0.259
BM14	0.197	0.722	-0.016
BM15	0.227	0.341	0.305
BM16	0.077	0.762	0.006
BM17	0.206	0.796	0.101
BM21	0.849	0.124	0.034
BM22	-0.040	0.097	0.877
BM23	0.839	0.128	-0.152
BM24	0.775	-0.017	0.351
BM25	0.850	0.126	-0.080
BM26	0.399	0.078	-0.271
BM27	0.837	0.175	0.163

提取方法：主成分分析法　　旋转法：具有 Kaiser 标准化的正交旋转法

a. 旋转在 4 次迭代后收敛

修正后的商业模式创新量表共包括 11 个题项，对其进行 KMO 检验和 Bartlett 球形检验，结果如表 6-12 所示，发现适合进行因子分析。表 6-13 和表 6-14 是对其进行因子分析的结果。从解释总方差来看，可以发现修正后的商业模式创新量表被提取出两个公因子，这两个公因子对方差的累计解释程度达到 65.027%>50%。从旋转成分矩阵来看，可以发现 BM11、BM12、BM13、BM14、BM16、BM17 这六个题项在公因子 2 上的因子负荷均大于 0.5，能够代表产品导向商业模式创新。BM21、BM23、BM24、BM25、BM27 这五个题项在公因子 1 上的因子负荷均大于 0.5，能够代表客户导向商业模式创新。

表 6-12 修正后的商业模式创新量表的 KMO 检验和 Bartlett 球形检验

取样足够度的 KMO 值		0.852
Bartlett 球形检验	近似卡方	624.604
	df	55
	Sig.	0.000

表 6-13 修正后的商业模式创新量表的解释总方差

成分	初始特征值			提取平方和载入			旋转平方和载入		
	合计	方差的百分比（%）	累计百分比（%）	合计	方差的百分比（%）	累计百分比（%）	合计	方差的百分比（%）	累计百分比（%）
1	4.513	41.029	41.029	4.513	41.029	41.029	3.609	32.813	32.813
2	2.640	23.998	65.027	2.640	23.998	65.027	3.544	32.215	65.027
3	0.788	7.166	72.193						
4	0.591	5.370	77.563						
…	…	…	…						
11	0.201	1.825	100.000						

提取方法：主成分分析

表 6-14 修正后的商业模式创新量表的旋转成分矩阵[a]

题项	成分	
	1	2
BM11	0.035	0.845

续表

题项	成分 1	成分 2
BM12	0.009	0.673
BM13	0.073	0.732
BM14	0.204	0.728
BM16	0.084	0.768
BM17	0.220	0.806
BM21	0.847	0.117
BM23	0.836	0.108
BM24	0.801	0.014
BM25	0.850	0.119
BM27	0.852	0.182

提取方法：主成分分析法　　旋转法：具有 Kaiser 标准化的正交旋转法

a. 旋转在 3 次迭代后收敛

（二）信度分析

本书采用内部一致性分析来检验量表的信度，以判断量表的可靠性。在前文对各变量进行探索性因子分析之后，剔除掉不合适的题项，在此基础上继续对各量表进行信度检验。在信度检验中，最常用的检测方法是 Cronbach's Alpha 系数值（简称 α 系数值）和校正的项总计相关性系数（Corrected-Item Total Correlation，CITC）。对于 α 系数值和 CITC 值的判别标准，学者观点并不一致。对于 α 系数值，采用大部分学者在实证中所采用的标准，认为 α 系数值在 0.60 和 0.70 之间是最小可接受值，α 系数值在 0.70 以上是合适的标准阈值，在 0.8 以上则是非常好的。对于 CITC 值，本书采用 Peterson（1994）[①] 提出的标准，只要题项的 CITC 值小于 0.5，就予以删除。

借助 SPSS17.0 软件对修正后的各量表进行内部一致性检验，结果如表 6-15 所示。从 α 系数值来看，可以发现服务化绩效的 α 系数值为 0.789，其中各维度的 α 系数值分别为 0.837、0.817、0.813、0.820。

---

① Peterson, R. A., "A Meta-Analysis of Cronbach's Coefficient Alpha", *Journal of Consumer Research*, Vol. 21, No. 2, 1994.

资源整合的 α 系数值为 0.784，其中各维度的 α 系数值分别为 0.852、0.828。商业模式创新的 α 系数值为 0.853，其中各维度的 α 系数值分别为 0.858、0.899。所有的 α 系数值均超过 0.70 的标准阈值，反映量表具有良好的内部一致性。从 CITC 值来看，可以发现量表中所有题项的 CITC 值均大于 0.5，每个题项删除后的 α 系数均小于未删除题项的各维度的 α 系数，故没有题项需要被删除。

表 6-15　　　　　　　　各变量的信度检验结果

变量	题项	校正的项总计相关性	项已删除的 Cronbach's Alpha 值	Cronbach's Alpha 值	
产品绩效	SP11	0.656	0.815	0.837	0.789
	SP12	0.723	0.750		
	SP13	0.718	0.754		
财务绩效	SP21	0.706	0.711	0.817	
	SP22	0.643	0.776		
	SP23	0.664	0.755		
客户绩效	SP31	0.638	0.764	0.813	
	SP32	0.731	0.714		
	SP33	0.570	0.793		
	SP34	0.594	0.783		
市场绩效	SP41	0.640	0.787	0.820	
	SP42	0.681	0.744		
	SP43	0.707	0.718		
资源整合延展性	RI11	0.720	0.801	0.852	0.784
	RI12	0.651	0.830		
	RI13	0.690	0.814		
	RI14	0.713	0.804		
资源整合可塑性	RI21	0.697	0.766	0.828	
	RI22	0.606	0.804		
	RI24	0.669	0.776		
	RI25	0.652	0.784		

续表

变量	题项	校正的项总计相关性	项已删除的 Cronbach's Alpha 值	Cronbach's Alpha 值
产品导向商业模式创新	BM11	0.739	0.817	0.858
	BM12	0.533	0.855	
	BM13	0.610	0.842	
	BM14	0.636	0.838	
	BM16	0.652	0.834	
	BM17	0.730	0.821	
客户导向商业模式创新	BM21	0.769	0.872	0.853
	BM23	0.748	0.878	
	BM24	0.682	0.891	0.899
	BM25	0.767	0.873	
	BM27	0.788	0.868	

三 正式问卷的形成

通过对概念模型中涉及的 8 个主要变量（服务化绩效中的产品绩效、财务绩效、客户绩效、市场绩效；资源整合中的资源整合延展性、资源整合可塑性；商业模式创新中的产品导向商业模式创新、客户导向商业模式创新）进行前测，借助 SPSS17.0 分析软件对收集到的 112 份小样本调查问卷数据进行效度和信度分析，剔除不合适的题项（包括原测量量表中的 RI15、RI23、BM15、BM22、BM26），将保留题项编号重新进行命名与排序，最终形成包含 32 个题项的正式问卷，具体内容详见附录 3。

第四节 大样本正式调研分析

一 数据收集

大样本正式调查时间从 2017 年 9 月开始到 2018 年 2 月结束，共持续 6 个月时间。正式调查的样本选取原则与问卷发放途径和预调研时保持一致，此外，在预调研经验的基础上，问卷发放途径增加了两种方式：一是研究团队成员实地参加制造业领域的行业博览会（如 2017 年

12月在南京举办的世界智能制造大会），参会期间与参展单位负责人进行深入交流，了解企业在服务化方面的实际做法，并邀请其当面填写问卷；二是委托朋友和同学，实地参加了2017年9月在广州举办的首届中国服务型制造大会，要求其与参会单位负责人面对面交流，邀请负责人当面填写问卷。这两种途径获取的问卷质量相对较高，成为大样本数据收集的主要途径。大样本正式调查过程前后累计收回问卷334份，剔除掉不符合要求的无效问卷（剔除标准与小样本一致），最后筛选出有效问卷253份，有效率为75.7%。调查问卷主体涉及三个量表共32个题项，样本量与题项量之比为7.9∶1，满足Gorsuch（1983）①、Bagozzi和Yi（1988）②提出的样本量要达到题项量5倍以上的要求。

二 描述性统计分析

（一）样本特征描述

样本统计分析主要是对所收回的253份有效样本进行样本特征方面的描述性统计，包括对样本企业的特征分析和被访者的特征分析，具体结果如下。

1. 样本企业所处地区

从样本企业所处地区来看，如表6-16所示，来自东部地区的样本数量最多，占35.97%，其他依次为中部地区占24.90%，西部地区占22.53%，东北地区占16.60%，说明样本企业大多来自制造业较为发达的东中部省份。

表6-16　　　　　　　样本企业所处地区统计

条目	选项	数量	所占比例（%）
企业所处地区	东部地区	91	35.97
	中部地区	63	24.90
	西部地区	57	22.53
	东北地区	42	16.60

---

① Gorsuch, R. L., "Three Methods for Analyzing Limited Time-Series (N of 1) Data", *Behavioral Assessment*, Vol. 7, No. 2, 1983.

② Bagozzi, R. P., Yi, Y., "On the Evaluation of Structural Equation Models", *Journal of the Academy of Marketing Science*, Vol. 16, No. 1, 1988.

2. 样本企业年龄

从样本企业年龄来看，如表6-17所示，成立时间在16年以上、20年以下的企业数量最多，占39.13%，其他依次为20年以上的占24.51%，11年以上、15年以下的占20.95%，成立时间在10年以内的企业数量最少，占15.42%，说明样本企业大部分是成立在20年以内的发展中企业。

表6-17　　　　　　　　　样本企业年龄统计

条目	选项	数量	所占比例（%）
企业年龄	1—5年	13	5.14
	6—10年	26	10.28
	11—15年	53	20.95
	16—20年	99	39.13
	20年以上	62	24.51

3. 样本企业所属行业

从样本企业所属行业类别来看，如表6-18所示，来自装备制造业领域的企业数量最多，达45.85%，其他依次为电子信息制造业领域占23.32%，消费品制造业领域占17.79%，其他制造业领域占13.04%，样本企业所属行业类别与我国制造业企业实施服务化转型的实践情况基本吻合。

表6-18　　　　　　　　　样本企业所属行业统计

条目	选项	数量	所占比例（%）
企业所属行业类别	装备制造业	116	45.85
	消费品制造业	45	17.79
	电子信息制造业	59	23.32
	其他制造业	33	13.04

4. 样本企业性质

从样本企业性质来看，如表6-19所示，所调查的企业中非国有企业数量最多，达64.82%，国有企业占35.18%。

表 6-19　　　　　　　　　样本企业性质统计

条目	选项	数量	所占比例（%）
企业性质	国有企业	89	35.18
	非国有企业	164	64.82

5. 样本企业规模

从样本企业近三年年平均营业收入分布来看，如表 6-20 所示，年均收入 2000 万—40000 万元（不含）的企业数量最多（占 47.83%），其他依次为年收入至少 40000 万元的（占 33.20%），年收入在 2000 万元以下的（占 18.97%），说明所调查企业多属于大型、中型企业。

表 6-20　　　　　　　　　样本企业规模统计

条目	选项	数量	所占比例（%）
年平均营业收入（用 Y 表示）	Y<2000 万元	48	18.97
	2000 万元≤Y<40000 万元	121	47.83
	Y≥40000 万元	84	33.20

6. 被访者特征分析

从被访者的特征统计来看，如表 6-21 所示，问卷填写者主要来自对企业实施服务化情况较为熟悉的中高层管理人员或企业内部直接参与服务业务的部门管理人员，其中高层管理人员占 24.11%，中层管理人员占 54.15%，基础管理人员占 21.74%。被访者在企业的工作时间大多超过 5 年，且以 10 年以上的居多，说明问卷填写人对所在企业的发展情况比较了解，熟悉企业服务化转型。

表 6-21　　　　　　　　　被访者特征统计

条目	选项	数量	所占比例（%）
被访者职务等级	高层管理人员	61	24.11
	中层管理人员	137	54.15
	基层管理人员	55	21.74

续表

条目	选项	数量	所占比例（%）
被访者工作年限	1—5 年	23	9.09
	6—10 年	81	32.02
	11—15 年	97	38.34
	15 年以上	52	20.55

（二）变量数据特征描述

本书研究主要涉及资源整合（包含资源整合延展性和资源整合可塑性两个维度）、商业模式创新（包含产品导向商业模式创新和客户导向商业模式创新两个维度）、服务化绩效（包含产品绩效、财务绩效、客户绩效和市场绩效四个维度）三个潜变量，所有潜变量及其维度均属于企业层面的变量，由了解所在企业服务化现状的中高层管理者以及少数基层管理者评价完成。本书对各变量数据进行了描述性统计分析，结果如表 6-22 所示。从表中结果可以看出，所有变量的均值都大于标准差的 2 倍，说明各变量分布波动不大，所获样本数据基本正常。

表 6-22　　　　　　各变量数据的描述性统计结果

变量名	维度	最小值	最大值	均值	标准差
RI	SRI	1.250	5.000	3.723	1.001
	PRI	1.000	5.000	3.408	1.161
	合计	1.380	5.000	3.568	0.848
BM	PBM	1.500	5.000	3.695	0.978
	CBM	1.000	5.000	3.193	1.108
	合计	1.820	5.000	3.467	0.829
SP	PP	1.330	5.000	3.768	1.047
	FP	1.330	5.000	3.803	1.068
	CP	1.500	5.000	3.753	0.969
	MP	1.000	5.000	3.760	1.020
	合计	2.230	5.000	3.771	0.685

注：表中 RI 表示资源整合，SRI 表示资源整合延展性，PRI 表示资源整合可塑性；BM 表示商业模式创新，PBM 表示产品导向商业模式创新，CBM 表示客户导向商业模式创新；SP 表示服务化绩效，PP 表示产品绩效，FP 表示财务绩效，CP 表示客户绩效，MP 表示市场绩效。下同。

三 信效度分析

（一）信度分析

信度分析用来检验大样本数据测量结果的可靠性、一致性和稳定性。本书借助 SPSS17.0 软件分别测算 8 个潜变量的 Cronbach's Alpha 值（简称 α 系数值），具体结果如表 6-23 所示。按照前文小样本测试时提到的 α 系数值的判别标准，可以发现除了变量 MP 的 α 系数值为 0.799，其余变量的 α 系数值均在 0.8 以上，由此表明大样本测量数据的信度水平较高，测量具有较好的内部一致性。

表 6-23　　　　　　　　各变量的信度检验结果

变量	题项数	Cronbach's Alpha 值
SRI	4	0.842
PRI	4	0.844
PBM	6	0.896
CBM	5	0.852
PP	3	0.828
FP	3	0.840
CP	4	0.839
MP	3	0.799

（二）效度分析

效度分析用来检验问卷测量的有效程度，通常采用因子分析的方法来进行。因子分析可以分为探索性因子分析和验证性因子分析两种，根据研究目的不同需要采用不同的因子分析。一般来说，探索性因子分析的目的在于确定量表因素结构或一组变量的模型，而验证性因子分析的目的在于探究量表的因素结构模型是否与实际收集的数据契合[①]。由于本书所要构建的量表因子模型在小样本测试时已经确定下来，因而这里只需采用验证性因子分析来检验指标变量是否可以有效作为因素构念的测量变量即可。本书借助 AMOS17.0 软件分别对资源整合、商业模式创新和服务化绩效 3 个变量进行验证性因子分析，采用最大似然估计法对模型进行拟合，同时使用 χ^2/df、GFI、AGFI、CFI、NFI、TLI、RMSEA

[①] 吴明隆：《结构方程模型——AMOS 的操作与应用》，重庆大学出版社 2012 年版。

这 7 个模型适配度指标对样本数据的拟合情况进行判定。判定标准为 χ^2/df 的值在 1 和 3 之间，表示模型具有简约适配程度，大于 5 表示模型需要修改；GFI、AGFI、CFI、NFI、TLI 等指标的值大于 0.90，表示模型适配度优，大于 0.80，表示模型适配度良；RMSEA 的值小于 0.05，表示模型适配度良好，小于 0.08，表示适配合理[①]。

（1）资源整合的验证性因子分析。本书中资源整合有资源整合延展性和资源整合可塑性 2 个结构变量，测量题项均为 4 个，其验证性因子分析的测量模型如图 6-2 所示，拟合结果如表 6-24 所示。

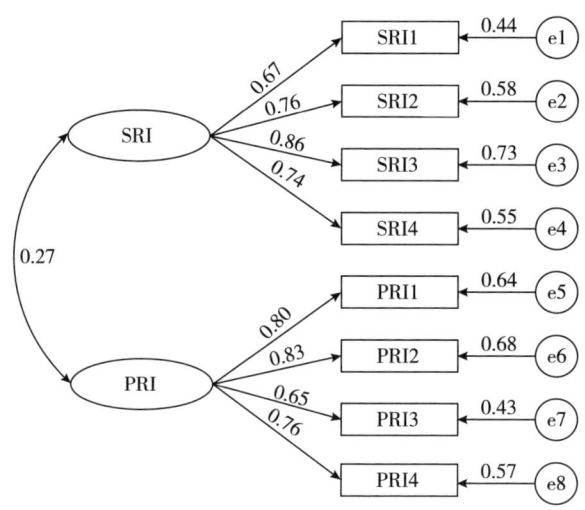

图 6-2　资源整合的结构测量模型

表 6-24　　　　　　　　资源整合的测度模型拟合结果

载荷路径	标准化路径系数	路径系数	S.E.	C.R.	P	AVE	组合信度
SRI1<---SRI	0.665	1.000					
SRI2<---SRI	0.762	1.111	0.110	10.119	***	0.579	0.843
SRI3<---SRI	0.857	1.359	0.126	10.802	***		
SRI4<---SRI	0.739	1.103	0.112	9.882	***		

---

① 吴明隆：《问卷统计分析实务——SPSS 操作与应用》，重庆大学出版社 2010 年版。

续表

载荷路径	标准化路径系数	路径系数	S.E.	C.R.	P	AVE	组合信度
PRI1<---PRI	0.800	1.000					
PRI2<---PRI	0.826	1.050	0.081	12.934	***	0.581	0.846
PRI3<---PRI	0.655	0.825	0.081	10.243	***		
PRI4<---PRI	0.756	0.996	0.083	11.985	***		
适配度指标	χ^2/df	GFI	AGFI	CFI	NFI	TLI	RMSEA
统计值	1.245	0.977	0.957	0.994	0.972	0.992	0.031

注：*** 表示 P<0.001。

从表6-24可以发现，所有适配度指标的统计值均符合模型拟合较优的判定标准，表明模型的拟合效果较佳。资源整合的8个观测变量的标准化路径系数均大于0.5，且大部分大于0.7，表明模型测量具有较好的内部一致性。资源整合延展性和资源整合可塑性的AVE值（平均变异抽取值）分别为0.579和0.581，均大于0.5，表明模型潜变量具有收敛效度；组合信度分别为0.843和0.846，均大于0.6，表明模型的构念信度良好，AVE值和组合信度值均反映出资源整合测量模型的内在质量理想。

（2）商业模式创新的验证性因子分析。本书中商业模式创新由产品导向商业模式创新和客户导向商业模式创新两个结构变量组成，测量题项分别为6个和5个，其验证性因子分析的测量模型如图6-3所示，拟合结果如表6-25所示。

从表6-25可以发现，所有适配度指标的统计值均符合模型拟合较好的判定标准，表明模型的拟合效果较优。商业模式创新的11个观测变量的标准化路径系数均大于0.5，且大部分大于0.7，表明模型测量具有较好的内部一致性。产品导向商业模式创新和客户导向商业模式创新的AVE值分别为0.597和0.539，均大于0.5，表明模型潜变量具有收敛效度；组合信度分别为0.898和0.853，均大于0.6，表明模型的构念信度良好；AVE值和组合信度值均反映出商业模式创新测量模型的内在质量比较理想。

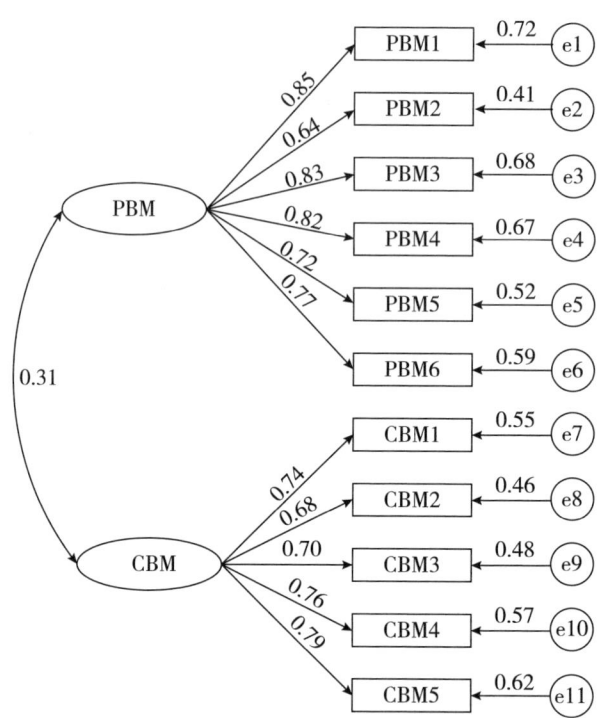

图 6-3　商业模式创新的结构测量模型

表 6-25　　商业模式创新测度模型拟合结果

载荷路径	标准化路径系数	路径系数	S.E.	C.R.	P	AVE	组合信度
PBM1<---PBM	0.850	1.000					
PBM2<---PBM	0.638	0.771	0.070	10.993	***		
PBM3<---PBM	0.826	0.964	0.061	15.794	***	0.597	0.898
PBM4<---PBM	0.817	0.966	0.062	15.532	***		
PBM5<---PBM	0.719	0.872	0.068	12.905	***		
PBM6<---PBM	0.766	0.939	0.067	14.109	***		
CBM1<---CBM	0.743	1.000					
CBM2<---CBM	0.680	0.932	0.092	10.110	***		
CBM3<---CBM	0.696	0.966	0.093	10.348	***	0.539	0.853
CBM4<---CBM	0.756	0.993	0.089	11.218	***		
CBM5<---CBM	0.789	1.063	0.091	11.658	***		

续表

载荷路径	标准化路径系数	路径系数	S.E.	C.R.	P	AVE	组合信度
适配度指标	χ^2/df	GFI	AGFI	CFI	NFI	TLI	RMSEA
统计值	0.980	0.971	0.955	1.000	0.969	1.001	0.000

注：＊＊＊表示 P<0.001。

（3）服务化绩效的验证性因子分析。本书中服务化绩效由产品绩效、财务绩效、客户绩效和市场绩效 4 个结构变量组成，测量题项分别为 3 个、3 个、4 个和 3 个，其验证性因子分析的测量模型如图 6-4 所示，拟合结果如表 6-26 所示。

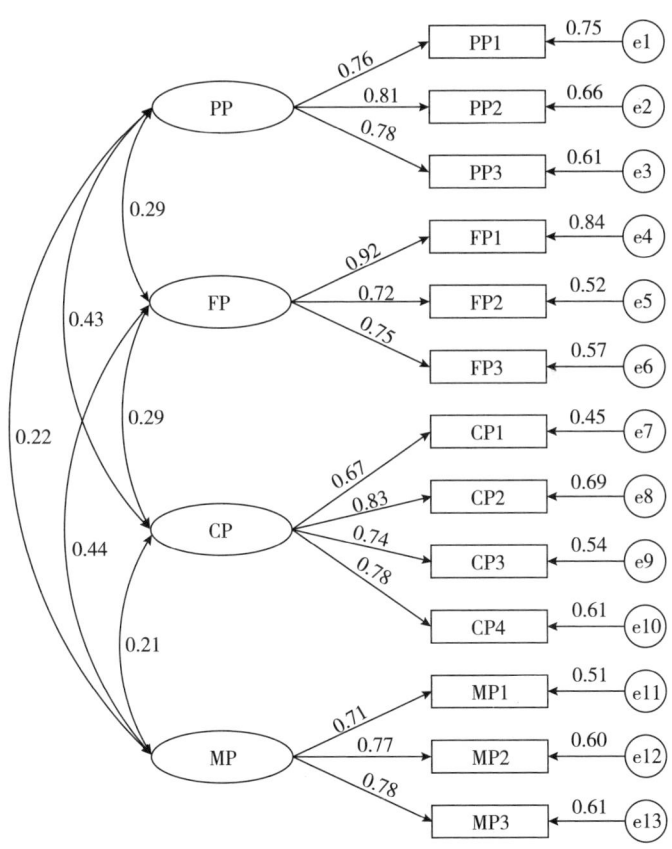

图 6-4 服务化绩效的结构测量模型

表 6-26　　　　　　　　服务化绩效测度模型拟合结果

载荷路径	标准化路径系数	路径系数	S.E.	C.R.	P	AVE	组合信度
PP1<---PP	0.756	1.000					
PP2<---PP	0.815	1.052	0.092	11.400	***	0.619	0.828
PP3<---PP	0.784	1.046	0.093	11.225	***		
FP1<---FP	0.917	1.000					
FP2<---FP	0.723	0.748	0.062	12.011	***	0.644	0.843
FP3<---FP	0.754	0.837	0.067	12.535	***		
CP1<---CP	0.669	1.000					
CP2<---CP	0.830	1.261	0.118	10.690	***	0.573	0.842
CP3<---CP	0.738	1.076	0.109	9.878	***		
CP4<---CP	0.781	1.214	0.118	10.309	***		
MP1<---MP	0.712	1.000					
MP2<---MP	0.774	1.082	0.109	9.952	***	0.573	0.801
MP3<---MP	0.783	1.223	0.123	9.980	***		
适配度指标	χ^2/df	GFI	AGFI	CFI	NFI	TLI	RMSEA
统计值	1.337	0.956	0.931	0.985	0.944	0.980	0.037

注：＊＊＊表示 P<0.001。

从表 6-26 可以发现，所有适配度指标的统计值均符合模型拟合较佳的判定标准，表明模型的拟合效果比较好。服务化绩效的 13 个观测变量的标准化路径系数均大于 0.7，表明模型测量具有较好的内部一致性。产品绩效、财务绩效、客户绩效和市场绩效的 AVE 值分别为 0.619、0.644、0.573、0.573，均大于 0.5，表明模型潜变量具有收敛效度；组合信度分别为 0.828、0.843、0.842、0.801，均大于 0.6，表明模型的构念信度良好；AVE 值和组合信度值均反映出服务化绩效测量模型的内在质量较为理想。

四　相关性分析

本书借助 SPSS17.0 软件并采用 Pearson 分析法，对资源整合的两个构成维度（资源整合可塑性、资源整合延展性）、商业模式创新的两个构成维度（产品导向商业模式创新、客户导向商业模式创新）和服务化绩效的四个构成维度(产品绩效、财务绩效、客户绩效、市场绩效),总共八个变量进行相关关系检验,结果如表6-27所示。可以发现,资源整合、商业模式创新和服务化绩效各维度之间存在不同程度的相关关系,且所有变量间的相关系数均小于0.7,说明模型各变量间不存在多重共线性问题。

表6-27　　　　　　　　各变量相关系数矩阵

变量/相关性	SRI	PRI	PBM	CBM	PP	FP	CP	MP
SRI	1							
PRI	0.227**	1						
PBM	0.243**	0.437**	1					
CBM	0.226**	0.378**	0.276**	1				
PP	0.314**	0.353**	0.391**	0.464**	1			
FP	0.154*	0.333**	0.113	0.605**	0.257**	1		
CP	0.306**	0.412**	0.467**	0.431**	0.366**	0.259**	1	
MP	0.238**	0.278**	0.212**	0.396**	0.173**	0.337**	0.175**	1

注:*表示在0.05水平(双侧)上显著相关,**表示在0.01水平(双侧)上显著相关。

五　差异性分析

为了分析资源整合、商业模式创新和服务化绩效三个变量在企业年龄、企业规模、企业性质、企业所属行业等企业特征方面是否存在显著性差异,需要采用方差分析法进行检验。常用的方差分析法有独立样本t检验和单因素方差分析(ANOVA)两种,当控制变量为二分类别变量时采用独立样本t检验进行,当控制变量为分类变量且数量超过两个时采用单因素方差分析。本书中的控制变量均采用编码测量,属于分类变量。整个差异性分析过程借助SPSS17.0软件进行。

(一)企业年龄的影响

本书将企业年龄分为五组,即1—5年、6—10年、11—15年、16—20年、20年以上。采用单因素方差分析法判断企业年龄对资源整合、商业模式创新和服务化绩效三个变量是否存在显著差异,具体分析结果如表6-28所示。从表中结果发现,在置信度为95%的情况下,不同年龄的企业在资源整合、商业模式创新和服务化绩效三方面的差异性并不显著。

表 6-28　　　　　　　　　企业年龄的方差分析结果

变量	ANOVA 分析			方差齐性检验		
	F 值	显著性	差异是否显著	Leven 统计量	显著性	是否齐性
资源整合	0.142	0.967	否	0.168	0.955	是
商业模式创新	1.023	0.396	否	0.709	0.587	是
服务化绩效	1.075	0.370	否	0.501	0.735	是

（二）企业规模的影响

本书利用企业近三年平均营业收入（Y）来衡量企业规模，并将其分为三组即小型企业（Y＜2000 万元）、中型企业（2000 万元≤Y＜40000 万元）、大型企业（Y≥40000 万元）。采用单因素方差分析法判断企业规模所带来的差异性影响，具体分析结果如表 6-29 所示。从表中结果发现，在置信度为 95% 的情况下，不同规模的企业在资源整合、商业模式创新和服务化绩效三方面的差异性并不显著。

表 6-29　　　　　　　　　企业规模的方差分析结果

变量	ANOVA 分析			方差齐性检验		
	F 值	显著性	差异是否显著	Leven 统计量	显著性	是否齐性
资源整合	1.208	0.301	否	0.095	0.909	是
商业模式创新	0.379	0.685	否	2.298	0.103	是
服务化绩效	0.476	0.622	否	0.513	0.599	是

（三）企业性质的影响

本书将企业性质划分为国有企业和非国有企业两种类型。采用独立样本 t 检验来判断企业性质所产生的差异性影响，具体分析结果如表 6-30 所示。从表中结果发现，在置信度为 95% 的情况下，不同性质的企业在资源整合、商业模式创新和服务化绩效三方面无显著性差异。

表 6-30　　　　　　　企业性质的独立样本 t 检验结果

变量	均值方程的 t 检验			方差方程的 Levene 检验		
	F 值	显著性	差异是否显著	t 值	显著性	是否齐性
资源整合	0.000	0.996	否	0.583	0.560	是
商业模式创新	0.099	0.753	否	0.140	0.889	是
服务化绩效	1.555	0.214	否	−1.120	0.264	是

（四）企业所属行业的影响

本书将企业所属行业的类别划分为四种类型，即装备制造业、消费品制造业、电子信息制造业和其他制造业。采用单因素方差分析法判断企业所属行业带来的差异性影响，具体分析结果如表 6-31 所示。从表中结果发现，在置信度为 95% 的情况下，不同行业的企业在资源整合、服务化绩效两方面存在显著差异，在商业模式创新方面不存在显著差异。

表 6-31　　　　　　　企业所属行业的方差分析结果

变量	ANOVA 分析			方差齐性检验		
	F 值	显著性	差异是否显著	Leven 统计量	显著性	是否齐性
资源整合	3.054	0.029	是	0.402	0.752	是
商业模式创新	2.196	0.089	否	2.684	0.047	否
服务化绩效	4.019	0.008	是	1.738	0.160	是

第五节　本章小结

本章主要围绕实证研究中的问卷设计、变量测量、小样本预调研、大样本正式调研四个方面展开。首先，确定采用问卷调查的方法来获取企业数据，并对调查问卷设计的原则和问卷设计的程序进行了分析。其次，借鉴国内外学者对服务化绩效、资源整合和商业模式创新三个研究变量的八个构成维度的相关研究以及成熟量表，结合前文的探索性案例研究和企业实际调研访谈的结果，编制了各个变量的测量量表，形成初始问卷。再次，为保证调查问卷的可靠性和稳定性，借助 SPSS17.0 分析软件对收集到的 112 份小样本问卷进行信效度检验，删除了不符合信效度检验标准的测量题项，在此基础上对初始问卷进行修正和调整，形成了用于大规模测试的正式问卷。最后，对收集到的 253 份大样本数据进行样本特征和变量数据特征等描述性统计分析，以及信效度分析、相关性分析和主要变量的差异性分析，结果表明所获样本数据质量较好，满足实证研究需要。

第七章 实证检验分析

第六章对正式调查问卷所获数据进行了数据质量分析,在此基础上,为进一步厘清资源整合、商业模式创新和服务化绩效之间的影响关系及其作用机理,本章借助 AMOS17.0 和 SPSS17.0 软件,运用结构方程模型和层次回归分析方法对第五章中提出的研究假设进行检验,并对检验结果展开讨论。

第一节 假设检验

本节对前文提出的假设进行检验时采用两种不同的方法,针对资源整合对服务化绩效影响、商业模式创新对服务化绩效影响、资源整合对商业模式创新影响的假设检验,采用结构方程模型法来进行;针对商业模式创新的中介作用检验,采用逐层回归法来进行。

一 资源整合对服务化绩效影响的假设检验

本书借助 AMOS17.0 分析软件,采用结构方程模型来对资源整合对服务化绩效影响的研究假设进行验证,结构方程模型的运行结果如图 7-1 和表 7-1 所示。

从表 7-1 中的适配度指标检验结果可知,研究所构建的结构方程模型的拟合情况较好。从标准化路径系数和显著性水平可知,资源整合延展性对产品绩效具有显著正向影响($\beta=0.284$,$P<0.001$),资源整合延展性对财务绩效的影响不显著($\beta=0.118$,$P>0.05$),资源整合延展性对客户绩效具有显著正向影响($\beta=0.260$,$P<0.001$),资源整合延展性对市场绩效具有显著正向影响($\beta=0.227$,$P<0.01$);资源整合可塑性对产品绩效具有显著正向影响($\beta=0.352$,$P<0.001$),资源整合可塑性对财务绩效具有显著正向影响($\beta=0.373$,$P<0.001$),资源整

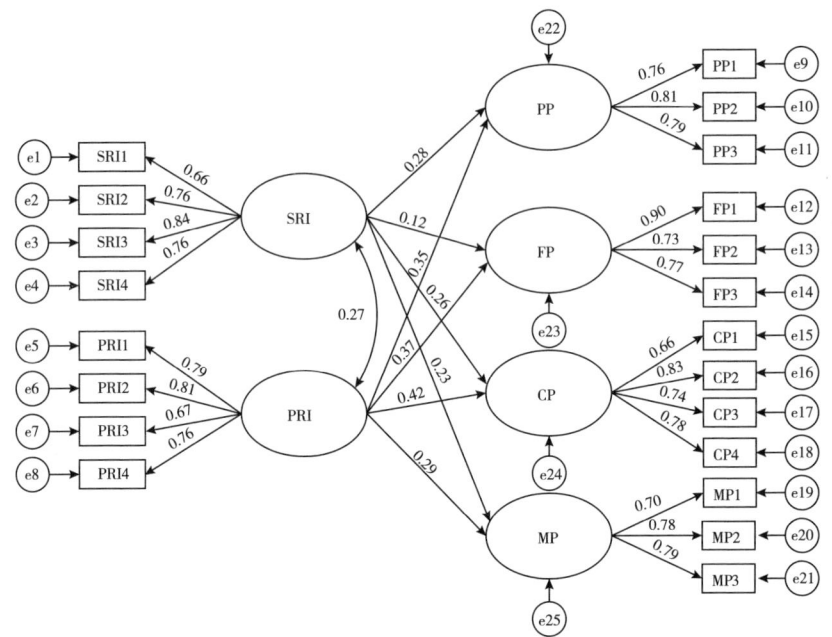

图 7-1　资源整合对服务化绩效影响的路径

表 7-1　　　　资源整合对服务化绩效影响模型的拟合结果

路径	Estimate	S. E.	C. R.	P	标准化路径系数
PP<---SRI	0.288	0.075	3.826	***	0.284
FP<---SRI	0.144	0.088	1.639	0.101	0.118
CP<---SRI	0.221	0.062	3.584	***	0.260
MP<---SRI	0.204	0.070	2.936	0.003	0.227
PP<---PRI	0.294	0.063	4.644	***	0.352
FP<---PRI	0.375	0.075	4.982	***	0.373
CP<---PRI	0.292	0.055	5.340	***	0.418
MP<---PRI	0.215	0.058	3.697	***	0.291
适配度指标检验结果			χ^2/df=1.463；GFI=0.913；AGFI=0.889；CFI=0.964；NFI=0.895；TLI=0.958；RMSEA=0.043		

注：***表示 P<0.001。

合可塑性对客户绩效具有显著正向影响（$\beta=0.418$，P<0.001），资源

整合可塑性对市场绩效具有显著正向影响（$\beta = 0.291$，$P < 0.001$）。结果表明，假设 H1a 部分通过验证，假设 H1b 通过验证。

二 商业模式创新对服务化绩效影响的假设检验

本书借助 AMOS17.0 分析软件，采用结构方程模型来对商业模式创新对服务化绩效影响的研究假设进行验证，结构方程模型的运行结果如图 7-2 和表 7-2 所示。

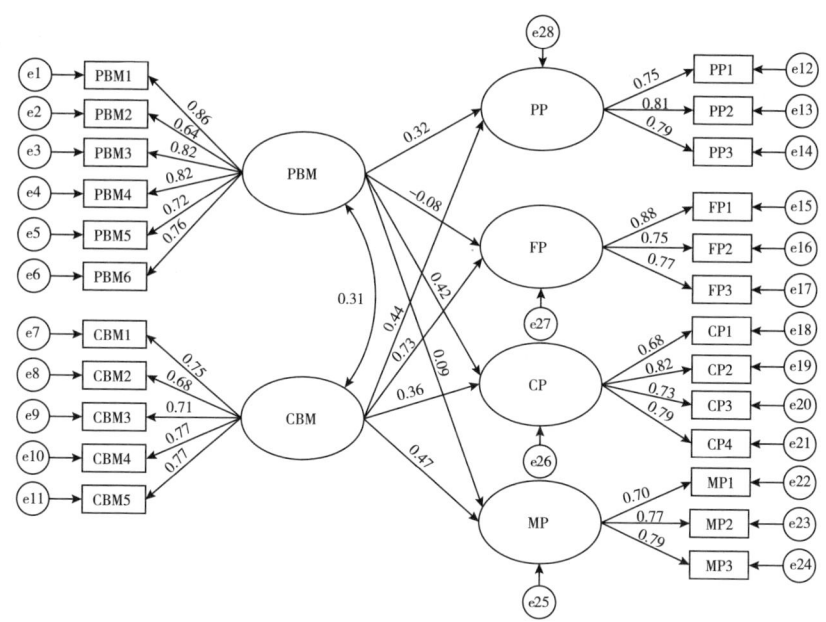

图 7-2 商业模式创新对服务化绩效影响的路径

表 7-2　　商业模式创新对服务化绩效影响模型的拟合结果

路径	Estimate	S.E.	C.R.	P	标准化路径系数
PP<---PBM	0.310	0.068	4.590	***	0.320
FP<---PBM	-0.094	0.071	-1.330	0.183	-0.082
CP<---PBM	0.356	0.062	5.749	***	0.421
MP<---PBM	0.080	0.062	1.291	0.197	0.092
PP<---CBM	0.375	0.064	5.897	***	0.439
FP<---CBM	0.737	0.077	9.545	***	0.725

续表

路径	Estimate	S. E.	C. R.	P	标准化路径系数
CP<---CBM	0.270	0.053	5.046	***	0.361
MP<---CBM	0.356	0.063	5.635	***	0.465
适配度指标检验结果	\multicolumn{5}{l	}{$\chi^2/df=1.216$；GFI=0.915；AGFI=0.895；CFI=0.982；NFI=0.908；TLI=0.980；RMSEA=0.029}

注：*** 表示 P<0.001。

从表 7-2 中的适配度指标检验结果可知，研究所构建的结构方程模型的拟合情况较好。从标准化路径系数和显著性水平可知，产品导向商业模式创新对产品绩效具有显著正向影响（$\beta=0.320$，P<0.001），产品导向商业模式创新对财务绩效的影响不显著（$\beta=-0.082$，P>0.05），产品导向商业模式创新对客户绩效具有显著正向影响（$\beta=0.421$，P<0.001），产品导向商业模式创新对市场绩效的影响不显著（$\beta=0.092$，P>0.05）；客户导向商业模式创新对产品绩效具有显著正向影响（$\beta=0.439$，P<0.001），客户导向商业模式创新对财务绩效具有显著正向影响（$\beta=0.725$，P<0.001），客户导向商业模式创新对客户绩效具有显著正向影响（$\beta=0.361$，P<0.001），客户导向商业模式创新对市场绩效具有显著正向影响（$\beta=0.465$，P<0.001）。结果表明，假设 H2a 部分通过验证，假设 H2b 通过验证。

三 资源整合对商业模式创新影响的假设检验

本书借助 AMOS17.0 分析软件，采用结构方程模型来对资源整合对商业模式创新影响的研究假设进行验证，结构方程模型的运行结果如图 7-3 和表 7-3 所示。

从表 7-3 中的适配度指标检验结果可知，研究所构建的结构方程模型的拟合情况较好。从标准化路径系数和显著性水平可知，资源整合延展性对产品导向商业模式创新具有显著的正向影响（$\beta=0.155$，P<0.05），资源整合延展性对客户导向商业模式创新具有显著的正向影响（$\beta=0.158$，P<0.05）；资源整合可塑性对产品导向商业模式创新具有显著的正向影响（$\beta=0.468$，P<0.001），资源整合可塑性对客户导向商业模式创新具有显著的正向影响（$\beta=0.390$，P<0.001）。结果表明，假设 H3a、H3b、H3c、H3d 均通过验证。

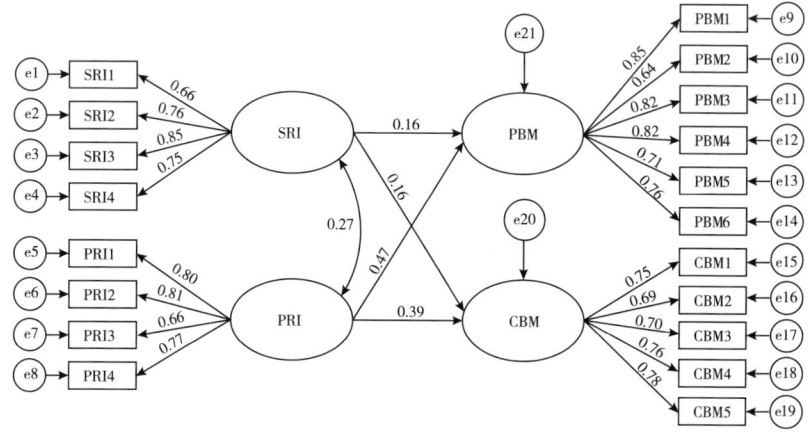

图 7-3　资源整合对商业模式创新影响的路径

表 7-3　资源整合对商业模式创新影响关系模型的拟合结果

路径	Estimate	S.E.	C.R.	P	标准化路径系数
PBM<---SRI	0.175	0.076	2.314	0.021	0.155
CBM<---SRI	0.184	0.084	2.195	0.028	0.158
PBM<---PRI	0.425	0.066	6.429	***	0.468
CBM<---PRI	0.364	0.072	5.059	***	0.390
适配度指标检验结果		χ^2/df=1.026；GFI=0.939；AGFI=0.921；CFI=0.998；NFI=0.937；TLI=0.998；RMSEA=0.010			

注：*** 表示 P<0.001。

四　商业模式创新的中介作用检验

本书采用温忠麟等（2004）[①] 提出的中介变量检验方法，对商业模式创新在资源整合与服务化绩效之间的中介作用进行验证。第一步，检验自变量与因变量之间的影响关系，其回归系数应为显著；第二步，检验自变量与中介变量之间的影响关系以及中介变量与因变量的影响关系，两者的回归系数均为显著，方可进入下一步；第三步，将自变量和中介变量统一纳入回归模型，观察自变量的回归系数值，若自变量的回归系数不显著，则表示中介变量起到完全中介作用，若自变量的回归系

---

① 温忠麟、张雷、侯杰泰：《中介效应检验程序及其应用》，《心理学报》2004年第5期。

数比第一步时降低而且显著,则表示中介变量起到部分中介作用,若自变量的回归系数增大,则表示中介变量的选取可能不合适。根据上述方法,分别以产品导向商业模式创新(PBM)和客户导向商业模式创新(CBM)作为中介变量,检验各自在资源整合(RI)与服务化绩效(SP)之间的中介作用,检验过程借助 SPSS17.0 软件进行。

(一)产品导向商业模式创新的中介效应检验

产品导向商业模式创新的中介作用检验结果见表 7-4。从结果可以发现,在模型 1 中,自变量资源整合对因变量服务化绩效具有显著正向影响($\beta=0.572$,$P<0.001$),可以实施中介检验的第二步;在模型 2 和模型 3 中,自变量资源整合对中介变量产品导向商业模式创新具有显著正向影响($\beta=0.442$,$P<0.001$),中介变量产品导向商业模式创新对因变量服务化绩效具有显著正向影响($\beta=0.443$,$P<0.001$),满足实施中介检验第三步的前提条件;在模型 4 中,将资源整合和产品导向商业模式创新同时纳入对服务化绩效的回归方程,结果发现资源整合对服务化绩效的影响仍然显著($\beta=0.467$,$P<0.001$),但 β 值从 0.572 下降到 0.467,依据中介效应检验准则,表明产品导向商业模式创新在资源整合与服务化绩效关系中起到部分中介作用,假设 H4a 通过验证。

表 7-4　　　　产品导向商业模式创新的中介作用检验结果

变量	SP 模型 1	SP 模型 3	SP 模型 4	PBM 模型 2
控制变量				
年龄	-0.008	-0.010	-0.002	-0.027
规模	0.024	-0.001	0.017	0.030
性质	-0.090	-0.100	-0.101*	0.048
行业	0.091	0.128*	0.099*	-0.031
自变量				
RI	0.572***		0.467***	0.442***
中介变量				
PBM		0.443***	0.237***	
R^2	0.346	0.216	0.391	0.200

续表

变量	SP			PBM
	模型1	模型3	模型4	模型2
调整后的 R^2	0.333	0.201	0.376	0.183
F 值	26.151***	13.646***	26.320***	12.319***

注：* 表示 $P<0.05$，*** 表示 $P<0.001$。

（二）客户导向商业模式创新的中介效应检验

客户导向商业模式创新的中介作用检验结果如表7-5所示。从结果可以发现，在模型1中，自变量资源整合对因变量服务化绩效具有显著正向影响（$\beta=0.572$，$P<0.001$），可以实施中介检验的第二步；在模型2和模型3中，自变量资源整合对中介变量客户导向商业模式创新具有显著正向影响（$\beta=0.388$，$P<0.001$），中介变量客户导向商业模式创新对因变量服务化绩效具有显著正向影响（$\beta=0.711$，$P<0.001$），满足实施中介检验第三步的前提条件；在模型4中，将资源整合和客户导向商业模式创新同时纳入对服务化绩效的回归方程，结果发现资源整合对服务化绩效的影响仍然显著（$\beta=0.350$，$P<0.001$），但 β 值从0.572下降到0.350，依据中介效应检验准则，表明客户导向商业模式创新在资源整合与服务化绩效关系中起到部分中介作用，假设 H4b 通过验证。

表7-5　客户导向商业模式创新的中介作用检验结果

变量	SP			CBM
	模型1	模型3	模型4	模型2
控制变量				
年龄	-0.008	0.042	0.041	-0.086
规模	0.024	-0.035	-0.016	0.070
性质	-0.090	-0.046	-0.062	-0.049
行业	0.091	0.046	0.040	0.089
自变量				
RI	0.572***		0.350***	0.388***

续表

变量	SP 模型1	SP 模型3	SP 模型4	CBM 模型2
中介变量				
CBM		0.711***	0.572***	
R^2	0.346	0.513	0.616	0.175
调整后的 R^2	0.333	0.504	0.607	0.159
F 值	26.151***	52.124***	65.838***	10.501***

注：***表示 $P<0.001$。

第二节 结果讨论

本书研究基于资源基础理论、企业能力理论、商业模式创新理论和服务创新理论等，剖析了制造企业服务化过程中资源整合、商业模式创新和服务化绩效之间的作用机理。在借鉴、参考和修正现有量表的基础上，结合本书探索性案例研究和企业访谈设计出适用的测量量表，通过大规模问卷调查搜集到样本企业的有效数据来对研究所提假设进行验证，结果发现所提假设大部分被证实，但仍有个别假设没有获得调查数据的支持。在此，基于假设检验结果，对变量之间的影响关系展开进一步讨论。

一 资源整合对服务化绩效影响的检验结果讨论

假设1检验的是制造企业在服务化过程中资源整合对服务化绩效的影响。本书研究从资源整合延展性和资源整合可塑性两个维度，提出两个分假设，分别验证了资源整合的两个维度对制造企业服务化绩效各维度的影响。实证检验结果表明，假设1得到部分验证，其中资源整合延展性对服务化绩效中的财务绩效影响不显著。总体来看，资源整合延展性和资源整合可塑性对服务化绩效的影响结果存在差异，与资源整合延展性相比，资源整合可塑性对服务化绩效各维度的影响作用更明显。

假设 H1a 检验资源整合延展性对服务化绩效各维度（产品绩效、

财务绩效、客户绩效、市场绩效)的影响。实证检验结果表明，H1a得到部分验证，资源整合延展性对产品绩效、客户绩效和市场绩效具有显著正向影响，而对财务绩效的影响则不显著。对这一结论可能的解释是，资源整合延展性反映制造企业服务化过程中资源整合的范围和层次以及被整合资源的可选择性，体现企业在资源识别与资源获取方面的能力，这些能力能够为企业带来服务化所需的各类资源，扩大企业原有的资源池，重塑企业服务创新资源的基础。这些资源对提升企业产品创新能力、快速满足客户需求、提高企业市场反应速度、识别可利用的服务机会等会产生直接影响。而资源整合延展性并不能直接为企业带来财务绩效方面的提升，可能的原因是资源识别和获取虽然能够扩大企业资源池，但还需制造企业将整合的资源进一步吸收和转化，开发的新产品和新服务在推向市场之后才能获得财务收益。这一结论也在一定程度上印证了马鸿佳等（2011）[①]的研究结论，尽管资源识取并不能直接作用于企业绩效，但企业仍需仔细识别和获取关键资源，以促进企业发展。

假设 H1b 检验资源整合可塑性对服务化绩效各维度（产品绩效、财务绩效、客户绩效、市场绩效)的影响。实证检验结果表明，H1b得到验证，资源整合可塑性对服务化绩效各维度均有显著正向影响。资源整合可塑性反映制造企业服务化过程中资源整合的强度和效率以及被整合资源的可适性，体现企业在资源配置和资源利用方面的能力，这些能力有利于企业识别可能存在的市场机会，促使企业对客户需求做出快速反应。服务（或产品）品类以及企业服务速度是资源整合可塑性的具体表现。面对客户多样化需求，制造企业资源整合可塑性越强，就越能在较短时间内开发出面向客户的服务业务，以此来促进产品销售，带动服务业务增长，为企业带来财务收益。同时，也能够提高客户满意度，强化与客户的关系，有利于提高企业市场绩效表现，促进企业可持续发展。

二 商业模式创新对服务化绩效影响的检验结果讨论

假设 2 检验的是制造企业在服务化过程中商业模式创新对服务化绩

[①] 马鸿佳、董保宝、葛宝山：《资源整合过程、能力与企业绩效关系研究》，《吉林大学社会科学学报》2011 年第 4 期。

效的影响。本书研究从产品导向商业模式创新和客户导向商业模式创新两个维度，提出两个分假设，分别验证了不同服务化商业模式创新方式对制造企业服务化绩效各维度的影响。实证检验结果表明，假设 2 得到部分验证，其中产品导向商业模式创新对服务化绩效中的财务绩效和市场绩效影响并不显著。总体来看，两种服务化商业模式创新方式对服务化绩效的影响存在差异，与产品导向商业模式创新相比，客户导向商业模式创新对服务化绩效各维度的影响作用更显著。

假设 H2a 检验产品导向商业模式创新对服务化绩效各维度（产品绩效、财务绩效、客户绩效、市场绩效）的影响。实证检验结果表明，H2a 得到部分验证，产品导向商业模式创新对服务化绩效中的产品绩效和客户绩效具有显著正向影响，而对财务绩效和市场绩效的影响则不显著。对这一结论可能的解释是，当前我国很多制造企业基于功能型价值主张，采取产品导向服务化商业模式创新方式进行服务化转型，服务的角色定位仅仅是协助产品销售或者实现"质量弥补"，企业内部尚未开展针对服务业务研发的创新活动，为客户提供的服务大都是基础服务，常常作为产品的附属而无偿服务或只收取成本费，目的是维护客户忠诚度，维持与客户的关系。服务提供还没有真正成为企业的主要业务，未能给企业带来利润。这一结论也在一定程度上映射出 Gebauer 等（2005）[1]、Kastalli 和 Looy（2013）[2]、Benedettini 等（2015）[3] 在研究中所注意到的"服务化悖论"问题，服务化程度不能仅从服务数量上考虑，服务化不是简单服务或基础服务的堆砌，制造企业应该注重开发那些能为企业带来价值的服务业务。

假设 H2b 检验客户导向商业模式创新对服务化绩效各维度（产品绩效、财务绩效、客户绩效、市场绩效）的影响。实证检验结果表明，H2b 得到验证，客户导向商业模式创新对服务化绩效各维度都有显著正向影响。基于情感型价值主张，制造企业借助客户导向商业模式创新，

---

[1] Gebauer, H., Fleisch, E., Friedli, T., "Overcoming the Service Paradox in Manufacturing Companies", *European Management Journal*, Vol. 23, No. 1, 2005.

[2] Kastalli, I. V., Looy, B. V., "Servitization: Disentangling the Impact of Service Business Model Innovation on Manufacturing Firm Performance", *Journal of Operations Management*, Vol. 31, No. 4, 2013.

[3] Benedettini, O., Neely, A., Swink, M., "Why do Servitized Firms Fail? A Risk-Based Explanation", *International Journal of Operations & Production Management*, Vol. 35, No. 6, 2015.

以客户需求为着眼点，以提供服务为核心，注重客户参与价值创造，通过创新交易机制，利用独特的服务能力使企业获得价值。这种突破式的服务化商业模式创新，推动了制造企业服务创新活动的开展。在与外界互动过程中，企业可以获取外部各类知识，有利于企业的技术创新和服务创新，不断增强企业向客户提供"解决方案"的能力，增强企业服务品类和服务速度，从而有效满足客户需求，实现企业价值与客户价值，为企业带来理想的服务化绩效。这一结论也和 Alam 和 Perry（2002）[1]、Kastalli 等（2013）[2]、崔连广等（2016）[3]、蒋楠等（2016）[4] 的研究结论相一致，面向客户的服务提供或客户"解决方案"对制造企业服务化绩效具有积极正向影响。

三 资源整合对商业模式创新影响的检验结果讨论

假设 3 检验的是制造企业在服务化过程中资源整合对商业模式创新的影响。本书研究提出 4 个分假设，并予以验证。实证检验结果表明，假设 3 得到验证，无论是资源整合延展性还是资源整合可塑性，均对产品导向商业模式创新和客户导向商业模式创新具有显著正向影响。这一结论说明资源整合是商业模式创新的重要前置因素，与 Teece（2010）[5]、姚伟峰和鲁桐（2011）[6]、Winterhalter 等（2015）[7]、吴晓波和赵子溢（2017）[8] 等研究的观点一致。同时，这一结论也是对 Winter-

---

[1] Alam, I., Perry, C., "A Customer-Oriented New Service Development Process", *Journal of Services Marketing*, Vol. 16, No. 6, 2002.

[2] Kastalli, I., Van Looy, B., Neely, A., "Steering Manufacturing Firms towards Service Business Model Innovation", *California Management Review*, Vol. 56, No. 1, 2013.

[3] 崔连广、冯永春、张敬伟：《客户解决方案研究述评与展望》，《外国经济与管理》2016 年第 10 期。

[4] 蒋楠、赵嵩正、吴楠：《服务型制造企业服务提供、知识共创与服务创新绩效》，《科研管理》2016 年第 6 期。

[5] Teece, D. J., "Business Models, Business Strategy and Innovation", *Long Range Planning*, Vol. 43, No. 2-3, 2010.

[6] 姚伟峰、鲁桐：《基于资源整合的企业商业模式创新路径研究——以怡亚通供应链股份有限公司为例》，《研究与发展管理》2011 年第 3 期。

[7] Winterhalter, S., Zeschky, M. B., Gassmann, O., "Managing Dual Business Models in Emerging Markets: An Ambidexterity Perspective", *R & D Management*, Vol. 46, No. 3, 2015.

[8] 吴晓波、赵子溢：《商业模式创新的前因问题：研究综述与展望》，《外国经济与管理》2017 年第 1 期。

halter 等（2015）[①]、庞长伟等（2015）[②]、易朝辉等（2018）[③] 的研究所得结论"资源整合对商业模式创新具有积极影响"在制造企业服务化情境下的再次验证。进一步，从各变量间的影响系数可以发现，相比资源整合延展性，资源整合可塑性对两种服务化商业模式创新的影响更大，说明制造企业在服务化资源整合时，不仅要注重资源整合的范围和层次，更要注重资源整合的强度和效率，既要注重培养企业对整合资源的识别和获取能力，更要注重培养企业对整合资源的配置和利用能力。

假设 H3a—H3b 分别检验资源整合延展性对产品导向商业模式创新和客户导向商业模式创新的影响。实证检验结果表明，H3a 和 H3b 得到验证，资源整合延展性对产品导向商业模式创新和客户导向商业模式创新均具有显著正向影响。在制造企业服务化过程中，企业会根据自身特征选择产品导向商业模式创新或客户导向商业模式创新来促进服务化，而无论选择哪种服务化商业模式创新方式，都离不开企业资源的强力支撑，原因在于商业模式创新是一种高资源依赖型的创新活动，持续有效的资源输入和利用是企业商业模式创新活动有效开展的必要条件。资源整合延展性可以帮助企业扩大原有资源池，不仅有利于企业拥有用来进行服务创新的独特资源，也能够促使企业提出新的价值主张，增加商业模式创新的可能性。

假设 H3c—H3d 分别检验资源整合可塑对产品导向商业模式创新和客户导向商业模式创新的影响。实证检验结果表明，H3c 和 H3d 得到验证，资源整合可塑性对产品导向商业模式创新和客户导向商业模式创新均具有显著正向影响。在制造企业服务化过程中，不同服务化商业模式创新方式对服务创新资源组合的要求不同，产品导向商业模式创新注重与核心产品相关的资源组合，而客户导向商业模式创新则注重与"整体解决方案"相关的资源组合。资源整合可塑性有利于制造企业保持资源组合的灵活程度，根据不同服务化商业模式要求来配置和利用整

---

① Winterhalter, S., Zeschky, M. B., Gassmann, O., "Managing Dual Business Models in Emerging Markets: An Ambidexterity Perspective", *R&D Management*, Vol. 46, No. 3, 2015.
② 庞长伟、李垣、段光：《整合能力与企业绩效：商业模式创新的中介作用》，《管理科学》2015 年第 5 期。
③ 易朝辉、周思思、任胜钢：《资源整合能力与科技型小微企业创业绩效研究》，《科学学研究》2018 年第 1 期。

合资源，形成不同资源组合以促进服务化商业模式创新活动的实施。

四 商业模式创新中介作用的检验结果讨论

假设4检验的是制造企业服务化过程中商业模式创新在资源整合与服务化绩效关系中的中介作用。本书研究提出2个分假设，并分别对产品导向商业模式创新和客户导向商业模式创新的中介作用进行验证。实证结果表明，假设4得到验证，无论是产品导向商业模式创新还是客户导向商业模式创新，均在资源整合与服务化绩效之间起到部分中介作用。这一结论也是对Senyard等（2009）[1]、庞长伟等（2015）[2]、易朝辉等（2018）[3]的研究所得结论"商业模式创新在资源整合与企业绩效之间具有中介作用"在制造企业服务化情境下的再次验证。进一步，从资源整合对服务化绩效影响系数的变化情况可以发现，相比产品导向商业模式创新，客户导向商业模式创新在资源整合对服务化绩效影响关系中所起的中介作用更显著。

假设H4a—H4b分别检验产品导向商业模式创新和客户导向商业模式创新的中介作用，实证检验结果显示，H4a和H4b2个分假设均通过验证，说明制造企业在服务化过程中可以根据企业自身资源整合延展性和可塑性，选择与之匹配的服务化商业模式创新方式，从而提高服务化绩效，实现服务化目标。当企业资源整合延展性和可塑性相对较弱时，可以选择产品导向商业模式创新方式，通过开展"核心产品+有效服务"来获取服务化绩效；当企业资源整合延展性和可塑性相对较强时，则可以选择客户导向商业模式创新方式，通过开展"整体解决方案"来获取服务化绩效。借助商业模式创新这一中间"桥梁"，企业"资源输入侧"和"价值输出侧"被连接起来，通过提高服务开发机会和价值创造效率，商业模式创新成为将企业所整合资源转化为服务化绩效的中介机制。

---

[1] Senyard, J. M., Baker, T., Davidsson, P., "Entrepreneurial Bricolage: Towards Systematic Empirical Testing", *Frontiers of Entrepreneurship Research*, Vol. 29, No. 5, 2009.

[2] 庞长伟、李垣、段光：《整合能力与企业绩效：商业模式创新的中介作用》，《管理科学》2015年第5期。

[3] 易朝辉、周思思、任胜钢：《资源整合能力与科技型小微企业创业绩效研究》，《科学学研究》2018年第1期。

第三节　本章小结

本章基于大样本调查数据，对第五章所提研究假设进行实证分析与讨论，以大规模发放调查问卷所收集到的 253 份有效问卷的数据信息为基础，借助 AMOS17.0 软件和 SPSS17.0 软件，采用结构方程模式和层次回归分析对研究所提假设进行实证检验分析，验证结果如表 7-6 所示，并对结果进行了讨论，进一步明晰变量之间的影响关系。

表 7-6　　　　　研究假设检验结果汇总

编号	假设关系	检验结果
H1	制造企业服务化过程中资源整合对服务化绩效有正向影响	部分验证
H1a	资源整合延展性对服务化绩效各维度（产品绩效、财务绩效、客户绩效、市场绩效）具有正向影响	部分验证
H1b	资源整合可塑性对服务化绩效各维度（产品绩效、财务绩效、客户绩效、市场绩效）具有正向影响	验证
H2	制造企业服务化过程中商业模式创新对服务化绩效有正向影响	部分验证
H2a	产品导向商业模式创新对服务化绩效各维度（产品绩效、财务绩效、客户绩效、市场绩效）具有正向影响	部分验证
H2b	客户导向商业模式创新对服务化绩效各维度（产品绩效、财务绩效、客户绩效、市场绩效）具有正向影响	验证
H3	制造企业服务化过程中资源整合对商业模式创新有正向影响	验证
H3a	资源整合延展性对产品导向商业模式创新有正向影响	验证
H3b	资源整合延展性对客户导向商业模式创新有正向影响	验证
H3c	资源整合可塑性对产品导向商业模式创新有正向影响	验证
H3d	资源整合可塑性对客户导向商业模式创新有正向影响	验证
H4	制造企业服务化过程中商业模式创新在资源整合与服务化绩效之间起中介作用	验证
H4a	产品导向商业模式创新在资源整合与服务化绩效之间起中介作用	验证（部分中介）
H4b	客户导向商业模式创新在资源整合与服务化绩效之间起中介作用	验证（部分中介）

第八章　结论与展望

本章主要是对整个研究工作的总结，首先回顾并总结本书研究的主要结论，提出有针对性的管理建议，然后提炼出研究的主要创新点，最后分析研究中存在的不足，指出未来进一步可能研究的方向。

第一节　研究结论与管理启示

一　研究结论

本书从现实背景和理论背景出发，以制造企业服务化为研究情境，提出"资源整合、商业模式创新对服务化绩效的影响研究"这一科学命题，旨在揭示制造企业服务化情境下资源整合、商业模式创新与服务化绩效之间影响关系的作用机理。在国内外相关文献研究的基础上，本书首先深入分析了关于研究变量的基础理论问题，清晰界定了各变量的概念，剖析了服务化资源整合的内容与服务化商业模式的类型，并提出本书研究中关于资源整合、商业模式创新的划分维度；关于服务化绩效的划分维度，是在已有研究基础上，采用扎根理论质性分析和数理统计量化分析，详细探索其构成维度。其次，采用探索性案例研究方法，选取四家典型服务化制造企业为案例样本，初步探索了企业在服务化过程中资源整合、商业模式创新与服务化绩效的影响关系，并提出三个初始假设命题。再次，结合现有研究成果与相关理论，对资源整合、商业模式创新与服务化绩效之间的影响关系进行逻辑推理，提出细化的研究假设并构建了研究的概念模型。最后，通过问卷调查的方式，获取我国制造企业实施服务化的相关数据，运用规范的实证分析方法对所提假设进行了验证。本书研究取得的主要结论如下。

（1）服务化绩效是一个多维度概念，是指制造企业实施服务化

（以核心产品/核心技术为基础，利用其在价值链上的优势向客户提供各种创新型服务）而取得的业绩，它描述的是实施服务化对企业发展的贡献。通过扎根理论质性分析和数理统计量化分析，本书提炼出服务化绩效的四个维度，具体包括产品绩效、财务绩效、客户绩效和市场绩效。其中，产品绩效反映实施服务化对企业产品层面的影响，包括新产品开发、产品技术创新、产品销售，服务化应该有利于企业的产品研发与销售；财务绩效反映实施服务化对企业财务方面的影响，包括盈利能力、服务收入，能够为企业带来财务收益是实施服务化的直接动力；客户绩效衡量的是实施服务化在顾客方面的表现，包括客户价值、客户关系、客户满意、吸引新客户，制造企业服务化的导向就是能够满足顾客需求，为顾客带来利益；市场绩效反映实施服务化的企业在市场中的表现，包括市场响应速度、市场份额、带动新业务，提高企业市场绩效是实施服务化的主要目标。

（2）制造企业需要对来自企业自身、合作伙伴和客户的内外部资源进行有效整合以促进服务化实施。按照职能标准，可以将制造企业服务化过程中所利用到的服务创新资源划分为技术类资源、运营类资源和市场类资源三种。其中，技术类资源是指与企业技术研发活动、产品或服务创新有关的各类技术资源，主要包括产品技术资源和信息技术资源等；运营类资源是指与支持企业顺利开展运营活动有关的各类资源，主要包括内部管理资源、外部供应链资源、金融资源等；市场类资源是指与企业开展市场经营和管理有关的各类资源，主要包括渠道资源、客户资源等。

（3）基于资源整合柔性视角，资源整合可以从资源整合延展性和资源整合可塑性两个维度进行解析。以往关于资源整合的研究中，主要从资源整合过程和资源整合方式两方面来对资源整合进行划分。本书在借鉴物理学中柔性概念和管理学中柔性概念的基础上，提出资源整合柔性的概念，用资源整合柔性来考量企业资源整合行为，并从资源整合延展性和资源整合可塑性两个维度对其进行解析。资源整合柔性是制造企业在服务化过程中为了实现资源整合目标而不断适应外部环境的动态能力，它反映制造企业在面对客户需求变化时可否有效进行资源整合。其中，资源整合延展性体现制造企业识别可供整合资源的有效范围、获取有效资源的能力，它反映资源整合的范围和层次以及被整合资源的可选择性；资源整合可塑性体现制造企业配用整合资源以使资源发挥最大价值的能力，它反映资源整合的强度和效率以及被整合资源的适用性。

（4）基于价值主张视角，服务化商业模式创新可以从产品导向商业模式创新和客户导向商业模式创新两个维度进行解析。以往关于商业模式创新维度的研究，主要从商业模式主题设计和商业模式构成要素等方面来划分。本书借鉴已有文献研究成果，从功能型价值主张和情感型价值主张出发，立足价值创造、价值获取，将服务化商业模式创新划分为产品导向商业模式创新和客户导向商业模式创新两种方式。其中，产品导向型是一种与商品主导逻辑相关的思维模式，服务被认为是物理产品的附属物，并且更多服务属性被添加进来以实现物理产品的不间断性能，客户主要关注物理产品的技术特征或质量等功能层面的硬性元素；客户导向型是一种与服务主导逻辑相关的思维模式，服务被视为企业的核心产品，侧重于客户在体验或使用物理产品时所获得的共创价值，服务化实际上是企业设计服务系统的过程，客户主要关注企业服务层面的软性元素。

（5）资源整合对服务化绩效的影响关系。研究结果表明，资源整合延展性和资源整合可塑性对服务化绩效的影响结果存在差异。总体来看，与资源整合延展性相比，资源整合可塑性对服务化绩效各维度的影响作用更明显。具体来说，资源整合延展性对产品绩效、客户绩效和市场绩效具有显著正向影响，而对财务绩效的影响则不显著；资源整合可塑性对服务化绩效各维度均有显著正向影响。

（6）商业模式创新对服务化绩效的影响关系。研究结果表明，产品导向商业模式创新和客户导向商业模式创新对服务化绩效的影响存在差异，总体来看，与产品导向商业模式创新相比，客户导向商业模式创新对服务化绩效各维度的影响作用更显著。具体来说，产品导向商业模式创新对服务化绩效中的产品绩效和客户绩效具有显著正向影响，而对财务绩效和市场绩效的影响则不显著；客户导向商业模式创新对服务化绩效各维度都有显著正向影响。

（7）资源整合对商业模式创新的影响关系。研究结果表明，无论是资源整合延展性还是资源整合可塑性，均对产品导向商业模式创新和客户导向商业模式创新具有显著正向影响。相比资源整合延展性，资源整合可塑性对产品导向商业模式创新和客户导向商业模式创新的影响更大。

（8）商业模式创新对资源整合与服务化绩效关系的中介作用。研究结果表明，无论是产品导向商业模式创新还是客户导向商业模式创新，均在资源整合与服务化绩效之间起到部分中介作用。相比产品导向商业模式创新，客户导向商业模式创新在资源整合对服务化绩效影响关系中所起的中介作用更显著。

二　管理启示

制造业服务化是我国制造企业转型升级、实现高质量发展的一条重要路径。本书针对"制造企业如何提升服务化绩效，避免落入'服务化悖论'"的现实问题，探索资源整合与商业模式创新对服务化绩效的影响机理。本书为制造企业厘清服务化过程中资源整合的内容，如何根据自身资源整合能力的不同，选择合适的服务化商业模式创新方式，从而促进服务化绩效提供了理论指导。本书研究结论对制造企业服务化实践具有一定的管理启示，具体如下。

（1）制造企业在服务化过程中要树立正确的服务化绩效观，从产品、财务、顾客、市场等层面综合考量企业实施服务化的水平，开展服务化绩效评估管理工作。随着制造与服务的融合，制造企业服务化成为企业转型升级、提质增效的重要路径。虽然理论上服务化能够给制造企业带来多方面好处，然而服务对很多传统制造企业而言还是比较陌生，企业并不完全清楚服务化能够为企业带来哪些贡献，有时甚至片面地理解为"服务化绩效就是服务收入"，因此在进行服务化决策时表现出犹豫和谨慎。即使是进行服务化的制造企业，在实施过程中也没有完全开展服务化绩效评估管理工作。本书研究发现，制造企业服务化绩效是一个多维度概念，具体由产品绩效、财务绩效、客户绩效和市场绩效四个维度构成。其中，产品绩效表现为实施服务化对企业新产品开发、产品技术创新、产品销售等方面的影响，财务绩效表现为实施服务化对企业盈利能力、服务收入等方面的影响，客户绩效表现为实施服务化对客户价值、客户关系、客户满意、吸引新客户等方面的影响，市场绩效表现为实施服务化对市场响应速度、市场份额、带动新业务等方面的影响。制造企业可以以产品绩效、财务绩效、客户绩效和市场绩效这四个维度为框架，建立适合本企业使用的服务化绩效综合评价指标体系，通过服务化绩效评估管理来持续提高企业的服务品质和服务创新。实践中，很多制造企业已经开展对服务响应速度、客户满意度等方面的追踪工作，并将服务质量纳入企业质量管理体系。有了具体量化的服务化绩效评价指标和激励措施，制造企业可大大提高实施服务化的效率。需要特别注意的是，制造企业在开展服务化绩效评估管理工作的同时，也需要进行财务测算工作，了解并分析服务创新活动所产生的成本。由于"服务化悖论"问题的存在，制造企业在实施服务化转型时存在一定风险。财务测算可以帮助企业判断实施服务化对企业财务状况的影响，以此来平衡服务创新和产品创新之间的关系，提升企业资金管理能力，为企业服务化转型提供资金支持，保障服务化的顺利实施。

（2）制造企业在服务化过程中要厘清企业资源基础，善用外部资源，对来自企业内部、客户、合作伙伴的资源进行有效整合以提升服务化绩效。首先，由于产品提供与服务提供之间存在明显差异，两者所需资源基础也有不同，因而制造企业在服务化过程中需要以服务为中心，对企业资源基础进行重构。根据企业的服务业务开发规划，一方面厘清企业资源基础，建立涵盖技术类资源、运营类资源和市场类资源等在内的企业资源清单，另一方面通过建立（或加入）产业联盟、战略合作联盟、企业协作网等方式获取合作伙伴与客户方面的资源，为企业实施服务化提供更广泛的资源支持。其次，制造企业需要不断提高资源整合柔性以适应服务化要求。本书研究发现，资源整合柔性由资源整合延展性和资源整合可塑性两个维度构成。资源整合延展性体现制造企业识别可供整合资源的有效范围、获取有效资源的能力，它反映资源整合的范围和层次以及被整合资源的可选择性。在服务化过程中，制造企业需要不断提高其资源整合延展性，扩大企业资源池，为产品和服务创新提供资源基础，这就要求企业注重培养资源识别和资源获取能力；资源整合可塑性体现制造企业配用整合资源以使资源发挥最大价值的能力，它反映资源整合的强度和效率以及被整合资源的适用性。在服务化过程中，制造企业需要不断提高其资源整合可塑性，根据服务业务需求对资源组合进行有效配置，保持企业资源组合的灵活性，这就要求企业注重培养资源配置和资源利用能力。本书实证研究结果发现，相比资源整合延展性，资源整合可塑性对服务化绩效的正向影响关系更显著。因此，制造企业在资源整合过程中，不仅要扩大资源整合的范围和层次，更要提高资源整合的强度和效率，这样才能使资源价值发挥最大，才能真正实现资源整合对服务化绩效的提升作用。

（3）制造企业在服务化过程中要根据企业自身特征，选择合适的服务化商业模式创新方式来提升企业服务化绩效。本书探索性案例研究发现，制造企业在实施服务化过程中常常表现出比较明显的阶段性特征。当企业处于服务化转型初级阶段，尤其是资源整合柔性相对较弱时，通常会选择产品导向服务化商业模式创新方式，向客户提供"产品+服务"的综合业务。企业围绕核心产品，提供或者开发新的服务业务以有利于提升产品效能、便捷交易和集成产品系统，服务专注于公司和客户的效率提升。当企业处于服务化转型高级阶段，资源整合柔性相对较强时，往往会选择采用客户导向服务化商业模式创新方式，向客户提供"整体解决方案"。企业围绕客户需求，将企业在研发、供应链、销售等方面的核心能力外化为服务能力，利用其在价值链的运营优势提供专业服务，服务侧重于公司和客户的有效性。因此，想要借助服务化商业模式创新来实现服务化转型的制造企业，应该理性分析企业所处发展阶段和自身综合能力，选择适用的服务化商业模式创新方式来稳步推动企业服务化转型。另外，本书实证研究结果发现，相比客户导向商业模式创新，产品导向商业模式创新对服务化绩效各维度的影响存在差异，这就提醒制造企业在采取产品导向服务化商业模式创新方式时，不能一味追求"服务业务"的数量，必须意识到"服务提供数量越多并不意味着服务化程度高"。因此，制造企业在围绕核心产品开展服务创新活动时，除了向客户提供产品基础服务（如维修、保养、备品备件等），更要注重开发那些能够给企业带来服务收入的业务（如金融服务、产品系统集成服务、信息增值服务等），通过开发高品质的服务业务来提升服务化绩效。

第二节 研究创新点

本书研究所做的创新性工作主要体现在以下四个方面。

（1）突破以往从资源整合过程和资源整合方式来对资源整合进行解析的研究视角，从资源整合柔性视角出发，提出从资源整合延展性和资源整合可塑性两个维度来考量制造企业服务化资源整合行为。资源整合柔性体现制造企业在服务化过程中为了实现资源整合目标而不断适应外部环境的动态能力，它反映制造企业在面对客户需求变化时能否有效进行资源整合。其中，资源整合延展性体现制造企业识别可供整合资源的有效范围、获取有效资源的能力，它反映资源整合的范围和层次以及被整合资源的可选择性。资源整合可塑性体现制造企业配用整合资源以使资源发挥最大价值的能力，它反映资源整合的强度和效率以及被整合资源的适用性。在此基础上，本书更加深入系统地分析了制造企业服务化情境下资源整合对商业模式创新和服务化绩效的影响。研究结论不仅丰富了资源整合的相关理论，对指导我国制造企业围绕服务化开展资源整合同样具有重要的理论指导意义。

（2）突破以往从主题设计和构成要素来对商业模式创新进行解析的研究视角，从功能型和情感型价值主张视角出发，结合现有关于制造企业服务化商业模式研究成果，提出制造企业服务化商业模式创新的两种方式，即产品导向商业模式创新和客户导向商业模式创新，并从价值创造、价值获取、企业适用条件以及表现形态等方面进行了理论区分，这是对制造企业服务化商业模式理论研究的有益补充；在此基础上，通过探索性案例研究发现制造企业在实施服务化过程中，常常根据企业发展阶段和自身特征选择不同的服务化商业模式创新方式：当企业处于服务化转型初级阶段，资源整合柔性相对较弱时，一般采用产品导向商业模式创新方式来促进服务化绩效提升；当企业处于服务化转型高级阶段，资源整合柔性相对较强时，一般会采用客户导向商业模式创新方式来获取更大的服务化绩效。研究结论为制造企业采取不同服务化商业模式创新策略提供了理论支持。

（3）系统性识别了制造企业服务化绩效的构成维度，开发出具有较好信效度的测量量表。以往研究中关于服务化绩效测度多集中在财务指标层面，尽管少数学者也尝试解析服务化绩效的维度问题，但也以质性研究为主，缺乏相关量化实证研究。本书在以往研究成果的基础上，结合我国制造企业服务化转型的典型案例，先采用扎根理论质性分析方法构建出服务化绩效指标全集，然后采用数理统计量化方法，通过指标重要性分析、相关性分析以及信效度检验三层筛选，最终识别出制造企业服务化绩效的四个构成维度，即产品绩效、财务绩效、客户绩效和市场绩效，并在实证研究中开发出包含13个测量题项的服务化绩效测量量表，检验结果显示量表具有较好的信度和效度。研究结论进一步明晰了服务化绩效的维度与测量量表，为开展服务化绩效的实证研究提供了理论基础。

（4）构建并验证了制造企业服务化情境下"资源整合→商业模式创新→服务化绩效"的理论模型。在制造企业服务化情境下，本书将资源整合、商业模式创新和服务化绩效纳入统一研究框架，将资源基础理论、商业模式理论和服务化理论结合在一起，对制造企业服务化过程中的资源整合行为、商业模式创新行为进行了探讨，拓展了资源整合和商业模式创新的研究领域。本书不仅研究了资源整合、商业模式创新、服务化绩效两两之间的影响关系及作用机理，还研究了商业模式创新在资源整合与服务化绩效之间的中介作用，从而打开了资源整合如何影响服务化绩效的"部分黑箱"。本书弥补了现有关于制造企业服务化绩效影响因素实证研究的相对不足，研究结论为制造企业通过资源整合和商业模式创新来提升服务化绩效提供了理论依据。

第三节 研究不足与未来展望

在我国制造业转型升级的紧迫现实需要背景下，制造业服务化问题研究成为我国学术界的一个热点，学者也取得了较为丰富的研究成果。本书聚焦制造企业服务化绩效提升问题，综合运用资源基础理论、企业能力理论、商业模式理论、服务创新理论等，在已有研究成果基础上，采用定性与定量相结合的研究范式，将资源整合、商业模式创新与服务化绩效纳入统一研究框架，深入探究了制造企业服务化情境下资源整合、商业模式创新与服务化绩效之间的影响关系及其作用机理，最终解决了研究设定的基本问题并达到预期研究目标，对理论发展和管理实践做出了一定的贡献和启示。然而，本书还存在一定的局限性，有待在未来研究中进一步探讨和完善。

（1）样本企业的局限性。本书通过问卷调查来获取研究所需数据，虽然在研究团队的努力下，获取到了满足本书实证研究需要的有效问卷数量，但仍然存在样本容量分布不均匀、样本差异性偏小的问题，不能反映区域之间、细分行业之间的差异情况。因此，在未来研究中，需要进一步扩大样本企业的选取范围，增加细分行业样本企业数量，最大限度提高样本质量，提高研究结论的普适性和外部效度；或聚焦某一具体行业，开展针对性调查，形成具有行业特色的研究成果。

（2）测量方法的局限性。本书实证研究中对变量的测量是通过量表题项方式实现的，然而量表题项所获取的横截面数据通常仅代表企业在某一时间点的情况。研究中的资源整合、商业模式创新等变量具有一定的时间跨度，测量题项未必能够如实反映出来。采用纵向数据进行追踪研究，可能是更精确的做法。因此，在未来研究中，在条件允许情况下对样本企业进行追踪研究，尝试采用试验研究、仿真研究、内容分析、单案例研究等方法，深入剖析变量间的影响关系，弥补现有研究的不足。另外，对服务化绩效的体系测量也可以引入其他研究方法（如粗糙集理论、熵权 TOPSIS 法、ANP 法等）来进行比较分析，以使测量指标进一步优化；或借助数据挖掘技术，构建出更加精简的客观量化指标应用于实证研究中，以提高变量测量的可操作性。

（3）研究模型的局限性。本书重点研究了制造企业服务化情境下资源整合、商业模式创新对服务化绩效的影响关系及作用机理。然而，影响服务化绩效的因素是多样的，除了本书提到的资源整合与商业模式创新，其他关键因素对服务化绩效的影响可以作为未来研究的主要方向，以揭示更多因素对服务化绩效的影响机理。就本书的研究模型而言，未来可以尝试加入诸如关系质量、环境动态性、战略匹配度等调节变量，或者引入更多企业特征因素（如企业战略、行业角色等）作为控制变量，对研究模型进行适当拓展。就研究问题而言，未来可以尝试进一步研究资源整合与商业模式创新的匹配关系对服务化绩效的影响；或者尝试将管理者角色、企业家精神、员工素质能力等个人层面的因素引入服务化绩效研究，构建个人层面与组织层面的跨层次影响关系模型，以不断深化制造业服务化领域的理论研究。

附　录

附录 1
制造企业服务化绩效评价指标专家咨询问卷

尊敬的专家：

您好！这是一份研究制造企业服务化绩效评价指标体系的问卷，您所提供的信息对于本研究相当重要。每一题目旨在了解您对制造企业服务化绩效的真实看法，答案没有好坏对错之分。衷心希望您能在百忙之中抽出时间来填写问卷，并请您不要遗漏任何一题，以保持这份问卷的完整性。以下为本问卷说明：

（1）制造企业服务化是指制造企业通过不断增加服务要素在投入和产出中的比重，实现从传统产品生产商向综合服务提供商的转变，通过服务创新活动向客户提供服务业务。

（2）服务化绩效评价是对制造企业实施服务化或进行创新型服务活动的成效进行评价，它衡量的是实施服务化对企业发展的贡献，反映企业的服务化水平。

（3）请您根据自身专业认知和工作经验，对每个题项的认同程度进行打分：

1 表示"非常不同意"；2 表示"不同意"；3 表示"一般"；4 表示"同意"；5 表示"非常同意"。

（4）本研究采取匿名的方式进行，所得资料仅供学术研究之用，绝不会单独对外公布，请安心作答。再次感谢您的大力协助！

1. 实施服务化有助于企业产品性能的提高
非常不同意　○　1　○　2　○　3　○　4　○　5　非常同意

2. 实施服务化有助于企业新产品的开发
   非常不同意　○ 1　○ 2　○ 3　○ 4　○ 5　非常同意
3. 实施服务化有助于企业产品技术领域的创新
   非常不同意　○ 1　○ 2　○ 3　○ 4　○ 5　非常同意
4. 实施服务化有助于企业现有产品的销售
   非常不同意　○ 1　○ 2　○ 3　○ 4　○ 5　非常同意
5. 实施服务化有助于提高企业的盈利能力
   非常不同意　○ 1　○ 2　○ 3　○ 4　○ 5　非常同意
6. 实施服务化有助于提高企业的投资回报率
   非常不同意　○ 1　○ 2　○ 3　○ 4　○ 5　非常同意
7. 实施服务化能够为企业带来稳定的服务收入
   非常不同意　○ 1　○ 2　○ 3　○ 4　○ 5　非常同意
8. 实施服务化有利于促进制造企业各部门之间的业务协作
   非常不同意　○ 1　○ 2　○ 3　○ 4　○ 5　非常同意
9. 实施服务化有助于提高员工工作的积极性
   非常不同意　○ 1　○ 2　○ 3　○ 4　○ 5　非常同意
10. 实施服务化有助于更好地实现客户价值
    非常不同意　○ 1　○ 2　○ 3　○ 4　○ 5　非常同意
11. 实施服务化有利于企业维持良好的客户关系
    非常不同意　○ 1　○ 2　○ 3　○ 4　○ 5　非常同意
12. 实施服务化有利于提高客户对企业的满意度
    非常不同意　○ 1　○ 2　○ 3　○ 4　○ 5　非常同意
13. 实施服务化有利于为企业培养忠诚客户
    非常不同意　○ 1　○ 2　○ 3　○ 4　○ 5　非常同意
14. 实施服务化有利于企业吸引新的客户
    非常不同意　○ 1　○ 2　○ 3　○ 4　○ 5　非常同意
15. 实施服务化有助于提高企业对市场需求的响应速度
    非常不同意　○ 1　○ 2　○ 3　○ 4　○ 5　非常同意
16. 实施服务化有助于提高企业的市场占有率（企业产值占比）
    非常不同意　○ 1　○ 2　○ 3　○ 4　○ 5　非常同意
17. 实施服务化有利于提升企业竞争力
    非常不同意　○ 1　○ 2　○ 3　○ 4　○ 5　非常同意

18. 实施服务化有助于提高企业的品牌影响力
非常不同意　○　1　○　2　○　3　○　4　○　5　非常同意

19. 实施服务化有助于企业分散经营风险
非常不同意　○　1　○　2　○　3　○　4　○　5　非常同意

20. 实施服务化有助于企业开展新的业务
非常不同意　○　1　○　2　○　3　○　4　○　5　非常同意

附录 2
企业调研访谈提纲

企业编码：＿＿＿＿＿＿＿＿＿　　访谈对象：＿＿＿＿＿＿＿＿＿

访谈时间：＿＿＿＿＿＿＿＿＿　　访谈地点：＿＿＿＿＿＿＿＿＿

访谈问题：

1. 贵公司的主营业务是什么？核心产品是什么？

2. 贵公司目前处于哪个发展阶段？在行业中处于什么样的地位？业绩如何？

3. 贵公司服务化转型或实施服务化的具体过程是怎样的？在转型中遇到过哪些困难，是如何解决的？

4. 贵公司在实施服务化的过程中是如何进行资源整合的？主要做法有哪些？

5. 贵公司与外部合作的情况如何？主要的合作伙伴都有哪些？合作的内容是什么？

6. 贵公司围绕服务化进行的资源整合效果如何？您认为资源整合对贵公司实施服务化所起的作用体现在哪些方面？

7. 贵公司与合作伙伴、客户的关系如何？采取哪些措施来维护这种关系？

8. 贵公司在实施服务化过程中是如何进行商业模式创新的？主要的服务模式是什么？都能为客户提供哪些相关服务？

9. 您认为资源整合对贵公司服务化商业模式创新或者服务业务的开展起到哪些作用？

10. 您认为实施服务化对贵公司带来哪些影响？（从产品、客户、

财务、市场等方面来谈)

11. 您认为实施服务化对贵公司管理人员、研发人员、生产人员、销售人员分别提出了哪些新的要求？

12. 贵公司未来关于服务化的战略规划是什么？为实现预期的服务化绩效目标所采取的措施有哪些？

附录 3

制造企业资源整合、商业模式创新与
服务化绩效正式调研问卷

尊敬的女士/先生：

您好！非常感谢您在百忙之中参与我们的课题调研。本调查问卷是为研究我国制造企业在服务化过程中"资源整合、商业模式创新与服务化绩效"之间的影响关系而设计的，对于制造企业服务化转型理论和实践具有一定价值。制造企业服务化是制造企业通过不断增加服务要素在投入和产出中的比重，实现从传统产品生产商向综合服务提供商的转变，通过服务创新活动向客户提供服务业务。

本次调研活动纯属学术研究，所获信息将被严格保密，不会用做任何商业目的。问卷答案没有对错之分，请您根据所在企业实际情况客观选择最为接近的答案。本次问卷填写采取匿名方式进行，问卷内容不涉及企业任何商业机密，请您放心作答。感谢您的支持与帮助！

第一部分：基本信息

1. 企业所在地：_____省（直辖市）_____市（区/县）

2. 企业成立年限：
□1—5 年　　□6—10 年　　□11—15 年　　□16—20 年　　□20 年以上

3. 企业主营业务所属行业类别：

□装备制造业（金属制品、通用设备、专用设备、交通运输设备、电气机械及器材、仪器仪表等）

□消费品制造业（家用电器、服装与鞋帽、家具及家居用品、食品与饮料等）

□电子信息制造业（通信设备、电子元件及电子专用材料、电子器

件、计算机制造业等）

□其他制造业_____

4. 企业所有权性质：

□国有企业（含国有控股）　　□非国有企业

5. 企业近三年平均营业收入（用 Y 表示）：

□Y<2000 万元　□2000 万元≤Y<40000 万元　□Y≥40000 万元

6. 企业是否进行服务创新活动，向客户提供服务业务：

□是　□否

7. 您是否了解企业实施服务化或进行服务化转型的情况：

□是　□否

您在企业中的职位等级：

□高层管理者　□中层管理者　□基层管理者

8. 您在企业中的工作年限：

□1—5 年　□6—10 年　□11—15 年　□15 年以上

第二部分：服务化绩效

请您根据企业的"服务化绩效"实际表现，对下列题项内容进行判断，在您认为合适的分值上打"√"。

编号	题项内容	非常不符合	比较不符合	一般符合	比较符合	非常符合
PP1	与以往相比，实施服务化促进了企业新产品开发，提高了新产品的占比	1	2	3	4	5
PP2	与以往相比，实施服务化促进了企业产品技术创新，提升了产品质量等级	1	2	3	4	5
PP3	与以往相比，实施服务化带动了企业产品销售，提高了销售增长率	1	2	3	4	5
FP1	与以往相比，实施服务化提高了企业的利润率	1	2	3	4	5
FP2	与以往相比，实施服务化提高了企业的收入增长率	1	2	3	4	5

续表

编号	题项内容	非常不符合	比较不符合	一般符合	比较符合	非常符合
FP3	与以往相比，实施服务化为企业带来了服务收入，服务收入占比呈增长趋势	1	2	3	4	5
CP1	实施服务化提高了客户价值，客户采用服务产品后提高了收益、降低了成本	1	2	3	4	5
CP2	实施服务化增强了企业与客户的关系，使老客户保留率提高	1	2	3	4	5
CP3	实施服务化提高了客户对企业产品或服务的满意度	1	2	3	4	5
CP4	实施服务化为企业吸引了新的客户	1	2	3	4	5
MP1	实施服务化使得企业的市场响应速度得到显著提升	1	2	3	4	5
MP2	实施服务化提高了企业产品或服务的市场份额，企业产值占比提高	1	2	3	4	5
MP3	实施服务化给企业带来了新的市场机会，企业因此开发出新的业务	1	2	3	4	5

第三部分：资源整合

请您根据企业在服务化过程中的"资源整合"实际表现，对下列题项内容进行判断，在您认为合适的分值上打"√"。

编号	题项内容	非常不符合	比较不符合	一般符合	比较符合	非常符合
SRI1	企业重视积累自身独特资源来开展服务创新活动	1	2	3	4	5
SRI2	企业重视从外部获取新资源来开展服务创新活动	1	2	3	4	5
SRI3	企业能够有效判断出可为其所用的服务创新资源的范围及数量	1	2	3	4	5

续表

编号	题项内容	非常不符合	比较不符合	一般符合	比较符合	非常符合
SRI4	企业能够根据服务化进程有效选择和获取来自外部的服务创新资源	1	2	3	4	5
PRI1	企业能够保持资源整合进程足够灵活，可以根据新的发现及时做出调整	1	2	3	4	5
PRI2	企业能够将新获取的资源和原有资源进行有效匹配	1	2	3	4	5
PRI3	企业能够根据服务化进程对资源组合进行有效调整	1	2	3	4	5
PRI4	企业能够利用整合的资源开发新的服务业务	1	2	3	4	5

第四部分：商业模式创新

请您根据企业在服务化过程中的"商业模式创新"实际表现，对下列题项内容进行判断，在您认为合适的分值上打"√"。

编号	题项内容	非常不符合	比较不符合	一般符合	比较符合	非常符合
PBM1	企业主要通过提升产品价值来获取和维持竞争优势	1	2	3	4	5
PBM2	企业能够为客户提供用于提升产品使用效能或实现交易便捷化的增值服务	1	2	3	4	5
PBM3	企业能够围绕核心产品，提升或开发新的服务业务以支持销售或实现差异化竞争	1	2	3	4	5
PBM4	企业注重对与产品相关的服务业务流程的改善	1	2	3	4	5
PBM5	企业的商业模式有效降低了客户使用产品的成本	1	2	3	4	5
PBM6	企业开展的服务业务能够给企业带来少量利润	1	2	3	4	5
CBM1	企业主要以客户需求为导向来组织开展各项业务	1	2	3	4	5

续表

编号	题项内容	非常不符合	比较不符合	一般符合	比较符合	非常符合
CBM2	企业构建了与利益相关者良性互动的商业生态圈，并在其中扮演核心角色	1	2	3	4	5
CBM3	企业采用了新的交易机制，引入新的运作流程和规范	1	2	3	4	5
CBM4	企业注重对客户需求的研究并致力于培养满足客户需求的能力	1	2	3	4	5
CBM5	企业开展的服务业务能够给企业带来持续收入，服务业务的盈利性较好	1	2	3	4	5

问卷到此结束，您辛苦了！请您再次检查一下是否有遗漏，确保问卷完整性！

再次感谢您的大力支持，祝您事业蒸蒸日上！

参考文献

安筱鹏：《制造业服务化路线图：机理、模式与选择》，商务印书馆 2012 年版。

蔡俊亚、党兴华：《商业模式创新对财务绩效的影响研究：基于新兴技术企业的实证》，《运筹与管理》2015 年第 2 期。

蔡俊亚、党兴华：《外部学习对商业模式新颖性的影响：动态能力的调节》，《运筹与管理》2016 年第 4 期。

蔡莉、柳青：《新创企业资源整合过程模型》，《科学学与科学技术管理》2007 年第 2 期。

蔡莉：《新创企业市场导向对绩效的影响——资源整合的中介作用》，《中国工业经济》2010 年第 11 期。

蔡三发、王清瑜、黄志明：《制造服务化的核心过程探讨》，《经济论坛》2013 年第 6 期。

曾萍、宋铁波：《基于内外因素整合视角的商业模式创新驱动力研究》，《管理学报》2014 年第 7 期。

陈国平、李晓嫚、张鑫：《服务创新资源与能力对商业模式创新选择的影响》，《科技进步与对策》2017 年第 23 期。

陈洁雄：《制造业服务化与经营绩效的实证研究——基于中美上市公司的比较》，《商业经济与管理》2010 年第 4 期。

陈伟斌、张文德：《网络信息资源著作权资产评价指标体系研究》，《情报理论与实践》2014 年第 12 期。

陈险峰：《评价指标体系的设计方法研究——基于产业集群竞争力》，《运筹与管理》2014 年第 3 期。

程东全、顾锋、耿勇：《服务型制造中的价值链体系构造及运行机制研究》，《管理世界》2011 年第 12 期。

崔连广、冯永春、张敬伟：《客户解决方案研究述评与展望》，《外国经济与管理》2016年第10期。

崔连广、张敬伟：《商业模式的概念分析与研究视角》，《管理学报》2015年第8期。

董保宝、葛宝山、王侃：《资源整合过程、动态能力与竞争优势：机理与路径》，《管理世界》2011年第3期。

董伟龙、屈倩如：《装备制造业服务化转型与创新》，《中国工业评论》2015年第Z1期。

范柏乃、单世涛、陆长生：《城市技术创新能力评价指标筛选方法研究》，《科学学研究》2002年第6期。

方润生、郭朋飞、李婷：《基于陕鼓集团案例的制造企业服务化转型演进过程与特征分析》，《管理学报》2014年第6期。

付丙海、谢富纪、韩雨卿：《创新链资源整合、双元性创新与创新绩效：基于长三角新创企业的实证研究》，《中国软科学》2015年第12期。

高闯、关鑫：《企业商业模式创新的实现方式与演进机理——一种基于价值链创新的理论解释》，《中国工业经济》2006年第11期。

耿洁：《制造企业服务创新模式与实践对服务创新绩效的影响研究》，硕士学位论文，哈尔滨工业大学，2015年。

谷晓芬、彭本红、周倩倩：《制造企业服务化转型的商业模式研究——以空中客车为例》，《管理案例研究与评论》2014年第5期。

顾莹：《服务型制造商业模式创新过程中价值主张与价值网络的适配性研究》，硕士学位论文，东南大学，2018年。

郭东海、鲁若愚：《服务创新不确定性的资源整合研究》，《电子科技大学学报》（社科版）2013年第1期。

郭海、沈睿：《环境包容性与不确定性对企业商业模式创新的影响研究》，《经济与管理研究》2012年第10期。

郭韬、吴叶、刘洪德：《企业家背景特征对技术创业企业绩效影响的实证研究——商业模式创新的中介作用》，《科技进步与对策》2017年第5期。

郭毅夫：《商业模式转型影响因素的实证研究》，《中国管理科学》2012年第S2期。

韩晨、高山行：《战略柔性、战略创新和管理创新之间关系的研究》,《管理科学》2017年第2期。

胡宝亮:《商业模式创新、技术创新与企业绩效关系:基于创业板上市企业的实证研究》,《科技进步与对策》2012年第3期。

胡查平、汪涛、王辉:《制造业企业服务化绩效——战略一致性和社会技术能力的调节效应研究》,《科学学研究》2014年第1期。

胡查平、汪涛、朱丽娅:《制造业服务化绩效的生成逻辑——基于企业能力理论视角》,《科研管理》2018年第5期。

简兆权、陈键宏、郑雪云:《网络能力、关系学习对服务创新绩效的影响研究》,《管理工程学报》2014年第3期。

简兆权、张良彩:《基于商业模式创新的制造企业服务化转型——以广电运通为例》,《科技管理研究》2017年第6期。

江积海、沈艳:《制造服务化中价值主张创新会影响企业绩效吗?——基于创业板上市公司的实证研究》,《科学学研究》2016年第7期。

蒋楠、赵嵩正、吴楠:《服务型制造企业服务提供、知识共创与服务创新绩效》,《科研管理》2016年第6期。

蒋楠、赵嵩正、吴楠:《服务知识获取模式对服务创新绩效影响研究——以服务型制造企业为例》,《科技进步与对策》2015年第9期。

康遥、陈菊红、同世隆等:《服务化战略与服务绩效——价值共创调节效应》,《软科学》2016年第3期。

李东:《在线旅行服务商业模式研究》,博士学位论文,华侨大学,2011年。

李纲、陈静静、杨雪:《网络能力、知识获取与企业服务创新绩效的关系研究——网络规模的调节作用》,《管理评论》2017年第2期。

李江涛、王亮:《包容型领导对商业模式创新的影响——差错管理氛围与即兴行为的中介作用》,《中国科技论坛》2018年第2期。

李黎、莫长炜、蓝海林:《政治资源对商业模式转型的影响——来自我国中小企业的证据》,《南开管理评论》2015年第5期。

李天柱、刘小琴、李潇潇:《对当前"制造业服务化"研究的若干理论辨析》,《中国科技论坛》2018年第6期。

李拓晨、乔琳、杨萍:《企业间信任对供应链企业组织即兴的影响机理研究——供应链柔性的中介作用与交互记忆系统的调节作用》,

《南开管理评论》2018 年第 4 期。

李巍、丁超：《企业家精神、商业模式创新与经营绩效》，《中国科技论坛》2016 年第 7 期。

李志强、赵卫军：《企业技术创新与商业模式创新的协同研究》，《中国软科学》2012 年第 10 期。

梁永康、杨水利：《企业技术创新能力与服务能力耦合评价研究》，《科技管理研究》2016 年第 24 期。

蔺雷、吴贵生：《服务创新：研究现状、概念界定及特征描述》，《科研管理》2005 年第 2 期。

蔺雷、吴贵生：《服务延伸产品差异化：服务增强机制探讨——基于 Hotelling 地点模型框架内的理论分析》，《数量经济技术经济研究》2005 年第 8 期。

刘刚、刘静、程熙镕：《商业模式创新时机与强度对企业绩效的影响——基于资源基础观的视角》，《北京交通大学学报》（社会科学版）2017 年第 2 期。

刘刚、王丹、李佳等：《高管团队异质性、商业模式创新与企业绩效》，《经济与管理研究》2017 年第 4 期。

刘继国、赵一婷：《制造业企业产出服务化战略的影响因素及其绩效：理论框架与实证研究》，《上海管理科学》2008 年第 6 期。

刘继国：《制造业企业投入服务化战略的影响因素及其绩效：理论框架与实证研究》，《管理学报》2008 年第 2 期。

刘林青、雷昊、谭力文：《从商品主导逻辑到服务主导逻辑——以苹果公司为例》，《中国工业经济》2010 年第 9 期。

刘林艳、宋华：《服务化商业模式创新架构与要素研究——以利丰为例》，《管理案例研究与评论》2014 年第 1 期。

刘卫星：《商业模式对企业绩效影响的实证研究》，博士学位论文，大连理工大学，2013 年。

罗建强、汤娜、赵艳萍：《制造企业服务衍生的理论和实现方法分析》，《中国科技论坛》2015 年第 4 期。

罗珉、曾涛、周思伟：《企业商业模式创新：基于租金理论的解释》，《中国工业经济》2005 年第 7 期。

罗兴武、刘洋、项国鹏等：《中国转型经济情境下的商业模式创新：主题设计与量表开发》，《外国经济与管理》2018 年第 1 期。

马鸿佳、董保宝、葛宝山：《资源整合过程、能力与企业绩效关系研究》，《吉林大学社会科学学报》2011 年第 4 期。

马庆国：《管理统计：数据获取、统计原理、SPSS 工具与应用研究》，科学出版社 2002 年版。

毛基业、张霞：《案例研究方法的规范性及现状评估——中国企业管理案例论坛（2007）综述》，《管理世界》2008 年第 4 期。

孟卫东、杨伟明：《联盟组合中资源整合、双元合作与焦点企业绩效关系研究》，《科学学与科学技术管理》2018 年第 2 期。

闵连星、刘人怀、牟锐：《产品市场竞争、组织资源与中国制造企业服务化转型》，《西南民族大学学报》（人文社科版）2015 年第 6 期。

庞学卿：《商业模式创新的前因及绩效：管理决策视角》，博士学位论文，浙江大学，2016 年。

庞长伟、李垣、段光：《整合能力与企业绩效：商业模式创新的中介作用》，《管理科学》2015 年第 5 期。

彭学兵、陈璐露、刘玥玲：《创业资源整合、组织协调与新创企业绩效的关系》，《科研管理》2016 年第 1 期。

戚耀元：《面向高新制造企业的技术创新与商业模式创新耦合关系及其对绩效的影响研究》，博士学位论文，北京科技大学，2017 年。

齐严：《商业模式创新研究》，博士学位论文，北京邮电大学，2010 年。

綦良群、赵少华、蔡渊渊：《装备制造业服务化过程及影响因素研究——基于我国内地 30 个省市截面数据的实证研究》，《科技进步与对策》2014 年第 14 期。

曲婉、穆荣平、李铭禄：《基于服务创新的制造企业服务转型影响因素研究》，《科研管理》2012 年第 10 期。

饶扬德：《企业资源整合过程与能力分析》，《工业技术经济》2006 年第 9 期。

史静琤、莫显昆、孙振球：《量表编制中内容效度指数的应用》，《中南大学学报》（医学版）2012 年第 2 期。

苏敬勤、李召敏：《案例研究方法的运用模式及其关键指标》，《管理学报》2018 年第 3 期。

孙林岩、李刚、江志斌等：《21世纪的先进制造模式——服务型制造》，《中国机械工程》2007年第19期。

孙林岩：《服务型制造：理论与实践》，清华大学出版社2009年版。

孙锐、周飞：《企业社会联系、资源拼凑与商业模式创新的关系研究》，《管理学报》2017年第12期。

孙文清：《高新技术制造企业服务化绩效研究——基于员工胜任力和顾客参与水平的调节效应》，《华东经济管理》2016年第7期。

孙颖：《低信任下企业网络能力对服务创新绩效的影响研究》，博士学位论文，天津大学，2009年。

孙永磊、陈劲、宋晶：《企业创新方式选择对商业模式创新的影响研究》，《管理工程学报》2018年第2期。

田庆锋、张银银、杨清：《商业模式创新：理论研究进展与实证研究综述》，《管理现代化》2018年第1期。

童有好：《"互联网+制造业服务化"融合发展研究》，《经济纵横》2015年第10期。

汪秀婷、程斌武：《资源整合、协同创新与企业动态能力的耦合机理》，《科研管理》2014年第4期。

王炳成：《商业模式创新的影响因素与作用路径的跨层次实证研究》，博士学位论文，中国石油大学（华东），2014年。

王栋、郭海：《资源柔性对企业多元化倾向的影响研究》，《科技进步与对策》2010年第23期。

王家宝：《关系嵌入性对服务创新绩效的影响关系研究》，博士学位论文，上海交通大学，2011年。

王莉、罗瑾琏：《产品创新中顾客参与程度与满意度的关系——基于高复杂度产品的实证研究》，《科研管理》2012年第12期。

王琳、赵立龙、刘洋：《制造企业知识密集服务嵌入的内涵、动因及对服务创新能力作用机制》，《外国经济与管理》2015年第6期。

王璐、高鹏：《扎根理论及其在管理学研究中的应用问题探讨》，《外国经济与管理》2010年第12期。

王绒、陈菊红、吴欣：《保障性视角下制造企业服务化战略组织影响因素探索》，《科技进步与对策》2017年第2期。

王绒:《制造企业服务化战略、组织植入对服务创新绩效的影响研究》,博士学位论文,西安理工大学,2018年。

王树祥、张明玉、郭琦:《价值网络演变与企业网络结构升级》,《中国工业经济》2014年第3期。

王鑫鑫、王宗军:《国外商业模式创新研究综述》,《外国经济与管理》2009年第12期。

王旭、朱秀梅:《创业动机、机会开发与资源整合关系实证研究》,《科研管理》2010年第9期。

王雪原、刘成龙、王亚男:《基于扎根理论的制造企业服务化转型需求、行为与绩效结果》,《中国科技论坛》2017年第7期。

王永贵、邢金刚、李元:《战略柔性与竞争绩效:环境动荡性的调节效应》,《管理科学学报》2004年第6期。

王宗水、秦续忠、赵红等:《制造业服务化与商业模式创新策略选择》,《科学学研究》2018年第7期。

魏江、刘洋、应瑛:《商业模式内涵与研究框架建构》,《科研管理》2012年第5期。

温忠麟、张雷、侯杰泰:《中介效应检验程序及其应用》,《心理学报》2004年第5期。

吴明隆:《结构方程模型——AMOS的操作与应用》,重庆大学出版社2012年版。

吴明隆:《问卷统计分析实务——SPSS操作与应用》,重庆大学出版社2010年版。

吴晓波、赵子溢:《商业模式创新的前因问题:研究综述与展望》,《外国经济与管理》2017年第1期。

吴晓波、朱培忠、吴东等:《后发者如何实现快速追赶?——一个二次商业模式创新和技术创新的共演模型》,《科学学研究》2013年第11期。

吴晓波、朱培忠、姚明明:《资产互补性对商业模式创新的影响研究》,《西安电子科技大学学报》(社会科学版)2016年第2期。

肖挺、黄先明:《制造企业服务化现状的影响因素检验》,《科研管理》2018年第2期。

肖挺、刘华、叶芃:《制造业企业服务创新的影响因素研究》,《管理学报》2014 年第 4 期。

肖挺：《高管团队特征、制造企业服务创新与绩效》，《科研管理》2016 年第 11 期。

谢孟珠：《组织间关系与企业创新绩效：组织柔性的中介作用》，硕士学位论文，东北财经大学，2017 年。

杨国枢、文崇一、吴聪贤等：《社会及行为科学研究方法》，重庆大学出版社 2006 年版。

杨水利、梁永康：《制造企业服务化转型影响因素扎根研究》，《科技进步与对策》2016 年第 8 期。

杨特、赵文红、李颖：《创业者经验宽度、深度对商业模式创新的影响：创业警觉的调节作用》，《科学学与科学技术管理》2018 年第 7 期。

杨希若：《基于商业模式创新的资源整合研究》，硕士学位论文，东华大学，2012 年。

杨志波：《制造型企业服务化绩效——商业模式和文化障碍的中介调节作用研究》，《科技进步与对策》2018 年第 2 期。

姚伟峰、鲁桐：《基于资源整合的企业商业模式创新路径研究——以怡亚通供应链股份有限公司为例》，《研究与发展管理》2011 年第 3 期。

姚伟峰、鲁桐：《文化冲突对企业商业模式创新影响的研究》，《企业经济》2011 年第 4 期。

姚伟峰：《企业商业模式创新影响因素评价研究》，《哈尔滨商业大学学报》（社会科学版）2013 年第 2 期。

易朝辉、周思思、任胜钢：《资源整合能力与科技型小微企业创业绩效研究》，《科学学研究》2018 年第 1 期。

易加斌、谢冬梅、高金微：《高新技术企业商业模式创新影响因素实证研究——基于知识视角》，《科研管理》2015 年第 2 期。

尹苗苗、马艳丽：《不同环境下新创企业资源整合与绩效关系研究》，《科研管理》2014 年第 8 期。

尹苗苗、王玲：《创业领域资源整合研究现状与未来探析》，《外国经济与管理》2015 年第 8 期。

原磊：《国外商业模式理论研究评介》，《外国经济与管理》2007

年第 10 期。

臧金娟：《资源组合方式和双元创新的实证分析》，《企业经济》2018 年第 2 期。

张春雨、郭韬、刘洪德：《网络嵌入对技术创业企业商业模式创新的影响》，《科学学研究》2018 年第 1 期。

张公一、孙晓欧：《科技资源整合对企业创新绩效影响机制实证研究》，《中国软科学》2013 年第 5 期。

张红、葛宝山：《创业学习、机会识别与商业模式——基于珠海众能的纵向案例研究》，《科学学与科学技术管理》2016 年第 6 期。

张红：《创业学习对新创企业商业模式创新的影响研究》，博士学位论文，吉林大学，2017 年。

张平、梁淑茵、王利伟：《高管变更、政治关联与被收购企业绩效——基于美的集团三次并购的研究》，《管理案例研究与评论》2014 年第 5 期。

张晓玲、李东、赵毅：《商业模式构成要素间的匹配性对企业绩效的影响研究——以创业板及中小板企业为例》，《中大管理研究》2012 年第 2 期。

张雅琪、李兆磊、陈菊红：《供应网络关系嵌入性视角下制造企业服务化战略对转型绩效的影响》，《科技进步与对策》2017 年第 24 期。

张一博、何建民：《酒店联盟网络规模对酒店绩效的影响——资源整合过程的中介效应》，《经济管理》2017 年第 10 期。

张一博：《联盟网络类型、资源整合方式与企业绩效：一个理论模型》，《现代管理科学》2016 年第 9 期。

张玉利、田新、王晓文：《有限资源的创造性利用——基于冗余资源的商业模式创新：以麦乐送为例》，《经济管理》2009 年第 3 期。

赵益维、陈菊红、冯庆华等：《服务型制造网络资源整合决策优化模型》，《运筹与管理》2013 年第 4 期。

赵益维、陈菊红、周延杰等：《IT 能力对制造企业服务创新绩效的作用路径研究》，《统计与信息论坛》2015 年第 7 期。

周丹、魏江：《知识型服务获取影响制造企业创新的机理与路径研究》，《科学学与科学技术管理》2014 年第 4 期。

周艳春：《制造企业服务化战略实施及其对绩效的影响研究》，博士学位论文，西北大学，2010年。

朱高峰、唐守廉、惠明等：《制造业服务化发展战略研究》，《中国工程科学》2017年第3期。

Alam, I., "An Exploratory Investigation of User Involvement in New Service Development", *Journal of the Academy of Marketing Science*, Vol. 30, No. 3, 2002.

Alam, I., Perry, C., "A Customer-Oriented New Service Development Process", *Journal of Services Marketing*, Vol. 16, No. 6, 2002.

Ambroise, L., Prim-Allaz, I., Teyssier, C., "Financial Performance of Servitized Manufacturing Firms: A Configuration Issue between Servitization Strategies and Customer-Oriented Organizational Design", *Industrial Marketing Management*, Vol. 71, 2018.

Amir-Aslani, A., Negassi, S., "Is Technology Integration the Solution to Biotechnology's Low Research and Development Productivity?", *Technovation*, Vol. 26, No. 5-6, 2006.

Amit, R., Schoemaker, P. J. H., "Strategic Assets and Organizational Rent", *Strategic Management Journal*, Vol. 14, No. 1, 1993.

Amit, R., Zott, C., "Value Creation in E-Business", *Strategic Management Journal*, Vol. 22, No. 6-7, 2001.

Aspara, J., Lamberg, J. A., Laukia, A., et al., "Corporate Business Model Transformation and Inter-Organizational Cognition: The Case of Nokia", *Long Range Planning*, Vol. 46, No. 6, 2013.

Aspara, J., Hietanen, J., Tikkanen, H., "Business Model Innovation vs Replication: Financial Performance Implications of Strategic Emphases", *Journal of Strategic Marketing*, Vol. 18, No. 1, 2010.

Avlonitis, G. J., Papastathopoulou, P. G., Gounaris, S. P., "An Empirically-Based Typology of Product Innovativeness for New Financial Services: Success and Failure Scenarios", *Journal of Product Innovation Management*, Vol. 18, No. 5, 2001.

Bagozzi, R. P., Yi, Y., "On the Evaluation of Structural Equation Models", *Journal of the Academy of Marketing Science*, Vol. 16, No. 1, 1988.

Baines, T. S., Lightfoot, H. W., Benedettini, O., et al., "The Servitization of Manufacturing: A Review of Literature and Reflection on Future Challenges", *Journal of Manufacturing Technology Management*, Vol. 20, No. 5, 2009.

Barney, J. B., "Firm Resource and Sustained Competitive Advantage", *Journal of Management*, Vol. 17, No. 1, 1991.

Belal, H. M., Shirahada, K., Kosaka, M., "Knowledge Space Concept and Its Application for Servitizing Manufacturing Industry", *Journal of Service Science & Management*, Vol. 5, No. 2, 2012.

Brush, C. G., Greene, P. G., Hart, M. M., "From Initial Idea to Unique Advantage: The Entrepreneurial Challenge of Constructing a Resource Base", *Academy of Management Executive*, Vol. 15, No. 1, 2001.

Bucherer, E., Eisert, U., Gassmann, O., "Towards Systematic Business Model Innovation: Lessons from Product Innovation Management", *Creativity & Innovation Management*, Vol. 21, No. 2, 2012.

Casadesus-Masanell, R., Zhu, F., "Business Model Innovation and Competitive Imitation: The Case of Sponsor-Based Business Models", *Strategic Management Journal*, Vol. 34, No. 4, 2013.

Cooper, R. G., Easingwood, C. J., Edgett, S., et al., "What Distinguishes the Top Performing New Products in Financial Services", *Journal of Product Innovation Management*, Vol. 11, No. 4, 1994.

Cooper, R. G., Kleinschmidt, E. J., "New Products: What Separates Winners from Losers", *Journal of Product Innovation Management*, Vol. 4, No. 3, 1987.

Coreynen, W., Matthyssens, P., Bockhaven, W. V., "Boosting Servitization through Digitization: Pathways and Dynamic Resource Configurations for Manufacturers", *Industrial Marketing Management*, Vol. 60, 2017.

Demil, B., Lecocq, X., "Business Model Evolution: In Search of Dynamic Consistency", *Long Range Planning*, Vol. 43, No. 2-3, 2011.

Deutscher, C., Eggert, A., Thiesbrummel, C., "Differential Effects of Product and Service Innovations on the Financial Performance of Industrial Firms", *Journal of Business Market Management*, Vol. 7, 2014.

Doz, Y. L., Kosonen, M., "Embedding Strategic Agility: A Leadership Agenda for Accelerating Business Model Renewal", *Long Range Planning*, Vol. 43, No. 2-3, 2010.

Dubruc, N., Peillon, S., Farah, A., "The Impact of Servitization on Corporate Culture", *Procedia Cirp*, Vol. 16, 2014.

Eisenhardt, K. M., Brown, S. L., "Patching: Restitching Business Portfolios in Dynamic Markets", *Harvard Business Review*, Vol. 77, No. 5, 1999.

Eisenhardt, K. M., "Building Theory from Case Study Research", *The Academy of Management Review*, Vol. 14, No. 4, 1989.

Fang, E., Palmatier, R. W., Steenkamp, J. B. E. M., "Effect of Service Transition Strategies on Firm Value", *Journal of Marketing*, Vol. 72, No. 5, 2008.

Fizgerald, L., Johnston, R., Silvestro, R., et al., *Performance Measurement in Service Business*, London: CIMA, 1991.

Fliess, S., Lexutt, E., "How to be Successful with Servitization—Guidelines for Research and Management", *Industrial Marketing Management*, Vol. 78, 2019.

Geissdoerfer, M., Bocken, N. M. P., Hultink, E. J., "Design Thinking to Enhance the Sustainable Business Modelling Process—A Workshop Based on a Value Mapping Process", *Journal of Cleaner Production*, Vol. 135, 2016.

Gorsuch, R. L., "Three Methods for Analyzing Limited Time-Series (N of 1) Data", *Behavioral Assessment*, Vol. 7, No. 2, 1983.

Green, M. H., Davies, P., Ng, I. C. L., "Two Strands of Servitization: A Thematic Analysis of Traditional and Customer Co-Created Servitization and Future Research Directions", *International Journal of Production Economics*, Vol. 192, 2017.

Guo, A. F., Li, Y. K., Zuo, Z., et al., "Influence of Organizational Elements on Manufacturing Firms' Service-Enhancement: An Empirical Study Based on Chinese ICT Industry", *Technology in Society*, Vol. 43, 2015.

Gupta, Y. P., Goyal, S., "Flexibility of Manufacturing Systems:

Concepts and Measurements", *European Journal of Operational Research*, Vol. 43, No. 2, 1989.

Hargadon, A. B., Douglas, Y., "When Innovations Meet Institutions: Edison and the Design of the Electric Light", *Administrative Science Quarterly*, Vol. 46, No. 3, 2001.

Hock, M., Clauss, T., Schulz, E., "The Impact of Organizational Culture on a Firm's Capability to Innovate the Business Model", *R&D Management*, Vol. 46, No. 3, 2016.

Hsueh, J. T., Lin, N. P., Li, H. C., "The Effects of Network Embeddedness on Service Innovation Performance", *Service Industries Journal*, Vol. 30, No. 10, 2010.

Huxtable, J., Schaefer, D., "On Servitization of the Manufacturing Industry in the UK", *Procedia CIRP*, Vol. 52, 2016.

Jaw, C., Lo, J. Y., Lin, Y. H., "The Determinants of New Service Development: Service Characteristics, Market Orientation, and Actualizing Innovation Effort", *Technovation*, Vol. 30, No. 4, 2010.

Johnson, M. W., Christensen, C. M., Kagermann, H., "Reinventing Your Business Model", *Harvard Business Review*, Vol. 86, No. 12, 2008.

Kastalli, I. V., Looy, B. V., Neely, A., "Steering Manufacturing Firms towards Service Business Model Innovation", *California Management Review*, Vol. 56, No. 1, 2013.

Kastalli, I. V., Looy, B. V., "Servitization: Disentangling the Impact of Service Business Model Innovation on Manufacturing Firm Performance", *Journal of Operations Management*, Vol. 31, No. 4, 2013.

Khanagha, S., Volberda, H., Oshri, I., "Business Model Renewal and Ambidexterity: Structural Alteration and Strategy Formation Process during Transition to a Cloud Business Model", *R&D Management*, Vol. 44, 2014.

Kindström, D., Kowalkowski, C., "Service Innovation in Product-Centric Firms: A Multidimensional Business Model Perspective", *Journal of Business & Industrial Marketing*, Vol. 29, No. 2, 2014.

Kodama, F., "Measuring Emerging Categories of Innovation: Modularity and Business Model", *Technological Forecasting & Social Change*, Vol. 71, No. 6, 2004.

Kohtamäki, M., Partanen, J., Parida, V., et al., "Non-Linear Relationship between Industrial Service Offering and Sales Growth: The Moderating Role of Network Capabilities", *Industrial Marketing Management*, Vol. 42, No. 8, 2013.

Kraaijenbrink, J., Wijnhoven, F., Groen, A., "Towards a Kernel Theory of Eexternal Knowledge Integration for High-Tech Firms: Exploring a Failed Theory Test", *Technological Forecasting and Social Change*, Vol. 74, No. 8, 2007.

Kraatz, M. S., Zajac, E. J., "How Organizational Resources Affect Strategic Change and Performance in Turbulent Environments: Theory and Evidence", *Organization Science*, Vol. 12, No. 5, 2001.

Linder, J., Cantrell, S., "Changing Business Models: Surveying the Landscape", Cambridge: Accenture Institute for Strategic Change, 2000.

Magretta, J., "Why Business Models Matter", *Harvard Business Review*, Vol. 80, No. 5, 2002.

Markides, C., "Disruptive Innovation: In Need of Better Theory", *The Journal of Product Innovation Management*, Vol. 23, No. 1, 2006.

Mathieu, V., "Product Services: From a Service Supporting the Product to a Service Supporting the Client", *Journal of Business & Industrial Marketing*, Vol. 16, No. 1, 2001.

Mcgrath, R. G., "Business Models: A Discovery Driven Approach", *Long Range Planning*, Vol. 43, No. 2, 2010.

Mcknight, D. H., Cummings, L. L., Chervany, N. L., "Initial Trust Formation in New Organizational Relationships", *Academy of Management Review*, Vol. 23, No. 3, 1998.

Morris, M., Schindehutte, M., Allen, J., "The Entrepreneur's Business Model: Toward a Unified Perspective", *Journal of Business Research*, Vol. 58, No. 6, 2005.

Neely, A., "Exploring the Financial Consequences of the Servitization of Manufacturing", *Operations Management Research*, Vol. 1, No. 2, 2008.

Osterwalder, A., Pigneur, Y., Tucci, C. L., "Clarifying Business Models: Origins, Present and Future of the Concept", *Communications of the Association for Information Systems*, Vol. 15, No. 5, 2005.

Parida, V., Sjödin, D. R., Wincent, J., et al., "A Survey Study of the Transitioning towards High-Value Industrial Product-Services", *Procedia Cirp*, Vol. 16, 2014.

Peters, L. D., "Heteropathic versus Homopathic Resource Integration and Value Co-Creation in Service Ecosystems", *Journal of Business Research*, Vol. 69, No. 8, 2016.

Peterson, R. A., "A Meta-Analysis of Cronbach's Coefficient Alpha", *Journal of Consumer Research*, Vol. 21, No. 2, 1994.

Qu, R. L., Ennew, C. T., "An Examination of the Consequences of Market Orientation in China", *Journal of Strategic Marketing*, Vol. 11, No. 3, 2003.

Rappa, M. A., "The Utility Business Model and the Future of Computing Services", *IBM Systems Journal*, Vol. 43, No. 1, 2004.

Reiskin, E. D., White, A. L., Johnson, J. K., et al., "Servicizing the Chemical Supply Chain", *Journal of Industrial Ecology*, Vol. 3, No. 2-3, 1999.

Reynolds, P., Miller, B., "New Firm Gestation: Conception, Birth, and Implications for Research", *Journal of Business Venturing*, Vol. 7, No. 5, 1992.

Sánchez, P., Ricart, J. E., "Business Model Innovation and Sources of Value Creation in Low-Income Markets", *European Management Review*, Vol. 7, No. 3, 2010.

Santamaría, L., Nieto, M. J., Miles, I., "Service Innovation in Manufacturing Firms: Evidence from Spain", *Technovation*, Vol. 32, No. 2, 2012.

Sears, J., Hoetker, G., "Technological Overlap, Technological Capabilities, and Resource Recombination in Technological Acquisitions", *Strategic Management Journal*, Vol. 35, No. 1, 2014.

Senyard, J. M., Baker, T., Davidsson, P., "Entrepreneurial Bricolage: Towards Systematic Empirical Testing", *Frontiers of Entrepreneurship Research*, Vol. 29, No. 5, 2009.

Sirmon, D. G., Hitt, M. A., Ireland, R. D., "Managing Firm Resources in Dynamic Environments to Create Value: Looking inside the Black Box", *Academy of Management Review*, Vol. 32, No. 1, 2007.

Sirmon, D. G., Hitt, M. A., "Contingencies within Dynamic Managerial Capabilities: Interdependent Effects of Resource Investment and Deployment on Firm Performance", *Strategic Management Journal*, Vol. 30, No. 13, 2009.

Sirmon, D. G., Hitt, M. A., Ireland, R. D., et al., "Resource Orchestration to Create Competitive Advantage: Breadth, Depth, and Life Cycle Effects", *Social Science Electronic Publishing*, Vol. 37, No. 5, 2012.

Spanos, Y. E., Lioukas, S., "An Examination into the Causal Logic of Rent Generation: Contrasting Porter's Competitive Strategy Framework and the Resource-Based Perspective", *Strategic Management Journal*, Vol. 22, No. 10, 2001.

Spohrer, J., Maglio, P. P., "The Emergence of Service Science: Toward Systematic Service Innovations to Accelerate Co-Creation of Value", *Production and Operations Management*, Vol. 17, No. 3, 2008.

Storey, C., Kelly, D., "Measuring the Performance of New Service Development Activities", *The Service Industries Journal*, Vol. 21, No. 2, 2001.

Svejenova, S., Planellas, M., Vives, L., "An Individual Business Model in the Making: A Chef's Quest for Creative Freedom", *Long Range Planning*, Vol. 43, No. 2, 2010.

Teece, D. J., "Business Models, Business Strategy and Innovation", *Long Range Planning*, Vol. 43, No. 2-3, 2010.

Tukker, A., "Eight Types of Product-Service System: Eight Ways to Sustainability? Experiences from SusProNet", *Business Strategy and the Environment*, Vol. 13, No. 4, 2004.

Turunen, T., Finne, M., "The Organisational Environment's Impact on the Servitization of Manufacturers", *European Management Journal*, Vol. 32, No. 4, 2014.

Vandermerwe, S., Rada, J., "Servitization of Business: Adding Value by Adding Services", *European Management Journal*, Vol. 6, No. 4, 1988.

Vargo, S. L., Lusch, R. F., "Service-Dominant Logic: Continuing the Evolution", *Journal of the Academy of Marketing Science*, Vol. 36, No. 1, 2008.

Velu, C., "Business Model Innovation and Third-Party Alliance on the Survival of New Firms", *Technovation*, Vol. 35, 2015.

Velu, C., Stiles, P., "Managing Decision-Making and Cannibalization for Parallel Business Models", *Long Range Planning*, Vol. 46, No. 6, 2013.

Voss, C. A., "Measurement of Innovation and Design Performance in Services", *Design Management Journal*, Vol. 3, No. 1, 1992.

Wernerfelt, B., "A Resource-Based View of the Firm", *Strategic Management Journal*, Vol. 5, No. 2, 1984.

Wiengarten, F., Pagell, M., Ahmed, M. U., et al., "Do a Country's Logistical Capabilities Moderate the External Integration Perform?", *Strategic Entrepreneurship Journal*, Vol. 9, No. 1, 2015.

Willemstein, L., Valk, T. V. D., Meeus, M. T. H., "Dynamics in Business Models: An Empirical Analysis of Medical Biotechnology Firms in the Netherlands", *Technovation*, Vol. 27, No. 4, 2007.

Winterhalter, S., Zeschky, M. B., Gassmann, O., "Managing Dual Business Models in Emerging Markets: An Ambidexterity Perspective", *R&D Management*, Vol. 46, No. 3, 2015.

Wu, L. Y., "Entrepreneurial Resources, Dynamic Capabilities and Start-up Performance of Taiwan's High-Tech Firms", *Journal of Business Research*, Vol. 60, No. 5, 2007.

Yin, R. K., *Case Study Research: Design and Methods*, Thousand Oaks, CA: Sage Publications, 2008.

Zhang, W., Banerji, S., "Challenges of Servitization: A Systematic Literature Review", *Industrial Marketing Management*, Vol. 65, 2017.

Zott, C., Amit, R., "Business Model Design and the Performance of Entrepreneurial Firms", *Organization Science*, Vol. 18, No. 2, 2007.

Zott, C., Amit, R., "Business Model Design: An Activity System

Perspective", *Long Range Planning*, Vol. 43, 2010.

Zott, C., Amit, R., "The Fit between Product Market Strategy and Business Model: Implications for Firm Performance", *Strategic Management Journal*, Vol. 29, No. 1, 2008.

Zott, C., Amit, R., Massa, L., "The Business Model: Recent Developments and Future Research", *Social Science Electronic Publishing*, Vol. 37, No. 4, 2011.

后　　记

本书是在我的博士学位论文的基础上修改而成的。在博士求学阶段，我非常有幸地进入西安理工大学经济与管理学院深造，在那里我开启了新的成长之路。

首先，感谢我的导师杨水利教授。初次见到杨教授，就被他的学者气质所吸引。杨教授治学上的严谨态度、学术上的敏锐洞察力、生活上的亲和力，使我受益匪浅，让我体会到"师徒之情、师生之谊"。无论是学术小论文的润色提升，还是博士学位论文的选题把控、论文框架、初稿定稿等，杨教授都悉心指导、亲力亲为，让我看到了一位师者的"坚守"。杨教授常说"科研课题是学术研究的载体"，在他的带领下，我所在的研究小组完成了若干项科研课题。每一次学术讨论，都让我对所研究领域有更深层次的理解，小组成员之间的思维碰撞更让我深受启发。可以说，我在学术道路上的每一点进步，都离不开导师的指导与关怀，在此表示最诚挚的谢意。

此外，感谢西安理工大学经济与管理学院，在学院我感受到了浓厚的科研氛围，学院各位专家教授为我"传道授业解惑"，使我的科研水平不断提高，同时也让我领略到了身边学术研究者的风采，更加坚定了科研的决心。在"艰苦"的博士求学路上，感谢一直陪伴与帮助我的好朋友、好同门，大家相互鼓励、相互支撑、攻坚克难、迎接挑战。特别要对我的家人尤其是妻子说声谢谢，有了你们的强大支持，才让我坚定信念，在学术上投入更多精力。

最后，衷心感谢延安大学，学校不仅为我提供了良好的工作和生活条件，而且为本书的出版提供支持，尤其在完成过程中相关部门的各位领导和同仁为我提供了诸多便利，在此一并表示深深的感谢。